新时代大学生思政教育工作理论研究

张建彬 著

吉林大学出版社
·长春·

图书在版编目（CIP）数据

新时代大学生思政教育工作理论研究/张建彬著. --长春：吉林大学出版社，2022.12
ISBN 978-7-5768-1279-4

Ⅰ.①新… Ⅱ.①张… Ⅲ.①大学生—思想政治教育—研究—中国 Ⅳ.① G641

中国版本图书馆 CIP 数据核字 (2022) 第 238224 号

书　　名	新时代大学生思政教育工作理论研究
	XINSHIDAI DAXUESHENG SIZHENG JIAOYU GONGZUO LILUN YANJIU
作　　者	张建彬　著
策划编辑	殷丽爽
责任编辑	董贵山
责任校对	安　萌
装帧设计	李文文
出版发行	吉林大学出版社
社　　址	长春市人民大街 4059 号
邮政编码	130021
发行电话	0431-89580028/29/21
网　　址	http://www.jlup.com.cn
电子邮箱	jldxcbs@sina.com
印　　刷	天津和萱印刷有限公司
开　　本	787mm×1092mm　1/16
印　　张	11.75
字　　数	200 千字
版　　次	2023 年 1 月　第 1 版
印　　次	2023 年 1 月　第 1 次
书　　号	ISBN 978-7-5768-1279-4
定　　价	72.00 元

版权所有　翻印必究

作者简介

张建彬，男，广西艺术学院，讲师，毕业于南京师范大学公共管理学院中共党史专业，硕士研究生，研究方向：思想政治教育与党史党建，先后发表多篇论文，获厅级以上教学比赛奖励多项，主持参与厅级以上课题9项，参与学术专著撰写1部。

前　言

青年是国家的未来、民族的希望，因此，国家对他们的思想观念教育更是不可松懈。新时代，习近平总书记多次召开有关思想政治教育工作的会议，时刻关注我国青年一代的价值观念和思想动态，大学生这一群体便是青年一代中强有力的储备军。伴随着中国特色社会主义进入新时代，思想政治教育逐渐呈现复杂性和综合性特征，既面临着瞬息万变复杂的外部环境，也存在着自身的断裂与碎片化现象，变革与创新成为大学生思想政治教育的现实之需与未来之要。新时代大学生思想政治教育变革不是局部性的零敲碎打，而是整体性的系统创新。高校思想政治教育在其本质上是一项伟大而艰巨的强基础固根本、铸灵魂培根元的浩瀚工程，切实承担着培育一批又一批为实现民族伟大复兴而接续奋斗的时代新人的光荣重任。大学生是中华民族伟大复兴的建设者，是社会主义现代化建设的后备军，大学生的道德修养影响着中华民族的思想道德素质和社会的文明水平，新的时代背景下，高校思想政治教育的主客体和教育环境都发生了巨大变化。

本书第一章为大学生思政教育概述，分别介绍了大学生思想政治教育的基本内涵，大学生思想政治教育的地位作用，大学生思想政治教育的教师队伍，大学生思想政治教育的质量评估；本书第二章为大学生思想政治教育的理论依据，分别介绍了思想政治教育的基本原则，马克思主义的理论基础，新时代思想政治教育方向的指导；本书第三章为新时代大学生的特点与成长规律，分别介绍了新时代大学生的一般特点，新时代大学生的思想特点，新时代大学生的成长规律；本书第四章为新时代大学生思想政治教育的现状，分别介绍了大学生思想政治教育的背景与使命，大学生思想政治教育的任务与特点，大学生思想政治教育的改革与创新；本书第五章为新时代大学生思想政治教育的路径，分别介绍了组织建设管理中的思想政治教育，社会实践活动中的思想政治教育，校园文化活动中的思想政治教育，职业生涯指导中的思想政治教育。

在撰写本书的过程中，作者得到了许多专家学者的帮助和指导，参考了大量的学术文献，在此表示真诚的感谢！本书内容系统全面，论述条理清晰、深入浅出。

限于作者水平有不足，加之时间仓促，本书难免存在一些疏漏，在此，恳请同行专家和读者朋友批评指正！

作者

2021 年 12 月

目 录

第一章 大学生思政教育概述 ……………………………………… 1
  第一节 大学生思想政治教育的基本内涵 …………………… 1
  第二节 大学生思想政治教育的地位作用 …………………… 9
  第三节 大学生思想政治教育的教师队伍 …………………… 24
  第四节 大学生思想政治教育的质量评估 …………………… 36

第二章 大学生思想政治教育的理论依据 ……………………… 47
  第一节 思想政治教育的基本原则 …………………………… 47
  第二节 马克思主义的理论基础 ……………………………… 52
  第三节 新时代思想政治教育方向的指导 …………………… 66

第三章 新时代大学生的特点与成长规律 ……………………… 81
  第一节 新时代大学生的一般特点 …………………………… 81
  第二节 新时代大学生的思想特点 …………………………… 87
  第三节 新时代大学生的成长规律 …………………………… 100

第四章 新时代大学生思想政治教育的现状 …………………… 109
  第一节 大学生思想政治教育的背景与使命 ………………… 109
  第二节 大学生思想政治教育的任务与特点 ………………… 131
  第三节 大学生思想政治教育的改革与创新 ………………… 138

第五章　新时代大学生思想政治教育的路径……………………157
　　第一节　组织建设管理中的思想政治教育………………157
　　第二节　社会实践活动中的思想政治教育………………163
　　第三节　校园文化活动中的思想政治教育………………168
　　第四节　职业生涯指导中的思想政治教育………………172

参考文献……………………………………………………………179

第一章 大学生思政教育概述

本章为大学生思政教育概述,共四节。第一节为大学生思想政治教育的基本内涵,第二节为大学生思想政治教育的地位作用,第三节为大学生思想政治教育的教师队伍,第四节为大学生思想政治教育的质量评估。

第一节 大学生思想政治教育的基本内涵

一、大学生思想政治教育的概念

第一,思想政治教育与社会实践关系密切。首先,思想政治教育这一概念是在实践中应运而生的,同时又在实践中不断完善其概念和内涵,在实践中思想政治教育相关的概念有了更加精准的定位和更明确的应用场景;其次,思想政治教育的目的是为了规范群体社会实践,同时,思想政治教育也促进实践教育的发展,而社会实践则能达到思想政治教育的目的,完善思想政治教育。开展思想政治教育是为了使受教育者能够形成符合社会要求的实践行为,或者是通过思想政治教育能够提升实践主体思想认识,规范实践主体的行为。因而,思想政治教育最根本的目的仍是为了使社会群体开展规范性社会实践而服务的。具体细化到大学生社会实践中,思想政治教育的目的则是转变大学生的思想认识,使其树立正确的价值观念,并且通过教育规范大学生的行为,保障日常工作规范、合理、有序地开展。但由于思想政治教育本身不具有通俗易懂性且实施手段和方式也较为单一,其所具有的性质和特征使受教育者的接受性较差。因此,需要以社会实践活动为载体,借助其灵活性、体验性、操作性强等特质,为思想政治教育提供手段。

第二,思想政治教育是建设我国精神文明的重要举措,社会矛盾和社会问题的解决需要思想政治教育。中华人民共和国成立以来,从党的思想宣传工作到意识形态工作,再到思想政治教育工作,不断发展和完善,至此已经形成了完整的思想教育体系。思想政治教育工作就是其中极其重要的一环。在思想政治教育工作中，教育主体，教育对象，教育介体，教育环境四要素构成了其整体。在这里，教育主体用一定思想观念、政治观点、道德规范对教育对象施加有目的、有计划、有组织的影响。这里的教育介体主要包括思想政治教育活动，以及网络新媒体等多种渠道和载体。教育环境则包括国内外社会环境，学校和家庭环境。在我国，思想政治教育的内容主要是中国共产党的价值体系，核心在于为中国人民谋幸福，为中华民族谋复兴。要实现这一目标，就要通过思想政治教育培育出全面发展的社会主义建设者和接班人，引导、和激励他们为实现自身发展和中华民族复兴而奋斗。中华人民共和国成立之后，思想政治教育的目标不仅在于推动经济的发展，更在于促进人的全面发展。

第三，思想政治教育是随着社会发展而不断更新的动态课程。新时代对思想政治教育的内涵与特征有了新的界定。新时期对加强思想政治理论课革新提出了新要求。新时代相对于过去的发展情况以及当前所迈向的新征程提出的新要求，是对今后发展所提出的新的准确定位。新时代我国社会生产生活的各个方面都有了很大的进步性发展，从思想政治教育方面讲，思想政治教育具有新的历史使命。思想政治理论课作为理论集合体，本身存在着固有的先进理论，但面对处于加速发展时代下成长的学生而言，必然要以学生发展的方向与时代的要求作为自身更新变革的动力。具体来看，对学生进行相关理论课程即马克思主义理论、爱国精神、品德建设等系统全面的教育培训，并以相应的社会实践作为检验手段，以提升学生的道德品质，使其成为具有基本素养的新时代青年。在课程学习中，帮助学生筑牢政治方向，增强爱国主义精神与党性建设，树立积极投身于社会主义建设的伟大理想。在使学生树立积极"三观"的基础上，帮助其升华思想境界、优化精神世界，成为更加符合社会主义接班人的优秀人才。新时代下，思想政治教育为国家的发展培育出品德与创新性兼得人才。学生在相关理论课程与具体实践的共同作用下，实现着提升道德品质、牢固政治方向、建设思想修养的课程效用，从而不断进步并投身于社会主义建设的伟大实践中。思想政治教育是我国精神文明建设的重要一环，是有效缓解各种矛盾和解决各种不和谐问题的重要方法，最终的目的是服务于社会主义建设，满足社会和人的发展需要。而大学生是我国社会一个十分特殊而重要的群体，是国家的未来和民族的希望，因此，大学生思想政治教育工作是十分重要的。大学生思想政治教育主要研究大学生思想现状、意识形态、理想信念和发展规律，使其达到社会或社会群体要求的思想政治道德素养水平，实现为其服务目的的实践活动。作为一门学科，也作为一个思想工具，大学生思想政治教育应该把握以下三个方面。首先,大学生思想政治教育是一种实践活动,是有目的、有计划、有组织、合乎社会规范的,必须按照大学生的发展需要,落到实处。其次,大学生思想政治教育必须与国家和社会的发展密切相关。人的本质就是一切社会关系的总和,只有立足时代、顺应时代、把握时代,才能在国家与社会发展的大浪潮中,乘风破浪,发挥个人价值,实现自身发展。最后,事物的发展是有着客观的发展规律的,这一点同样体现在我国大学生的思想政治教育工作中。要实现发展,必须遵循客观规律。思想政治教育本身就是一个循序渐进的过程;是知、情、意、行的逐渐统一的过程;是一个从量变的不断积累最终发生质变的长期过程。因此,对大学生进行思想政治教育一定不是一蹴而就的,要结合大学生自身发展需要,循序渐进,因材施教。

第四,大学生思想政治教育是为了培养高素质人才,促进大学生全面发展。相关教育者要利用一系列的思想教育实践活动,使大学生更加明确自己肩负的责任与使命,更好的投身于社会主义现代化建设的实践教育。总的来说,大学生思想政治教育是面向大学生群体,通过学校教育对青年学生进行的思想上和政治上的引导,帮助他们形成正确的远大的理想信念,其目的是在于通过思想政治宣传、理论教育、党校培养、思想政治教育社会实践等一系列活动,使广大学生掌握基础知识和基本技能,并将正确的价值观内化于心外化于行,能够潜移默化地形成正确的观念,促进他们综合素质的提升,思想品德的养成。马克思主义是被社会实践证明的科学理论,也是立党立国的根本指导思想,任何时候都要坚持、毫不动摇。因而,思想政治教育也必须坚持用马克思主义理论来分析问题、解决问题。思想政治教育作为马克思主义理论的二级学科,与马克思主义理论下的其他几个二级学科相比,有其自身的独特性,它包含的内容和具体表现形式与其他二级学科不同,而且它包含的内容和具体表现形式在不同时代、不同国度也是不同的。比如西方国家有思想政治教育这方面的内容和课程,但是称呼不一样,他们称为公民教育,而且教育的具体内容和方式与我们国家是根本不同的。尽管如此,任何一个国家都要对其公民进行思想政治教育,包括政治教育、思想教育、道德教育等。这就说明思想政治教育本身有共通性,内在包含其共同特征,即借助特定的思想观念、道德规范等,以特定的社会成员为对象,对之实施有计划、有目的的影响和教育。从这一点来看,思想政治教育是培养人们的思想观念和精神素质的活动。思想政治学科与其他知识型学科的区别在于,它更注重对人的思想观念,目的不仅仅是引导教育对象掌握和应用知识,而是通过教育对象个体对知识的理解,形成科学的世界观和方法论,具有坚定的信心和良好的道德品质。

总的说来，大学生思想政治教育，是以大学生作为接受教育的主体，以高校作为教育的主要场所开展的提高大学生群体整体素质和思想道德水平的社会实践活动。党的十八大以来，习近平总书记把高校思想政治教育工作提升到新的高度，为新形势下高校思想政治教育提出了明确方向，思想政治教育要从内容、形式等方面不断完善，与时俱进。高校教育要充分认识到思想政治教育在人的培育中的作用。大学生是促进社会发展的推动者和主力军，我们应该通过思想政治教育最大限度地激励起他们为社会主义现代化建设不懈努力不断奋斗的决心。大学生思想政治教育的内容要不断丰富与时俱进，大学生思想政治教育形式要不断创新体现时代特色，把大学生思想政治教育上升到战略高度，是新时代促进大学生全面发展的必然要求。

二、大学生思想政治教育的内容

（1）理想信念教育。其主要是以科学的理论为指导，通过有目的、有方法、有计划的实践活动，帮助大学生在重要的节点上形成正确的世界观、人生观、价值观；在确定理想的过程中树立正确的个人理想与社会理想，坚定他们为实现理想坚持不懈奋斗的信念；始终把个人的发展步伐同社会主义建设事业、国家繁荣富强协调一致。它包括对大学生进行世界观教育、人生观教育和价值观教育。世界观教育指的是通过思想政治教育活动引导大学生树立马克思主义世界观，即培养大学生形成科学的辩证唯物主义和历史唯物主义世界观。人生观教育包括以下几个内容：第一，解决大学生在生活中遇到的人生问题，回答人生是什么，人为什么活着，要怎么样活着等问题；第二，把大学生从享乐主义、悲观主义、权力意志主义中剥离出来，着力于培育大学生服务社会的意识，引导大学生形成马克思主义关于全心全意为人民服务的人生观。大学生价值观教育指的是帮助大学生形成集体主义价值观。集体主义价值观强调的是在遇到利益分歧时，集体的利益要高于个人的利益，而且个人利益要服从于集体利益，保证集体利益的优先实现。

（2）爱国主义教育。即通过实践活动，引导大学生在领会爱国主义时代内涵的基础上，调动和培养大学生爱国主义情感，确立爱国主义信念，并把这些情感与信念逐渐付诸行动；在增加自立向上的恒心与建设祖国的自信中不断增强大学生的民族自尊心与自豪感；使其明确自身的社会使命，承担自身的社会责任，积极主动地投身社会主义建设。爱国主义教育包括国家历史文化教育、国防建设教育和民族自信心教育等。另外，党的路线和方针教育也是爱国教育的重要内容。进行党的基本路线方针等教育可以让大学生明白我们要建设一个怎么样的社会主义国家,我们要实现一个什么样的社会主义共同理想,进而可以推动我国改革开放和社会主义建设的进程。

(3)道德规范教育。在大学生思想政治教育中进行道德规范教育的目的就是让大学生掌握并内化社会占主导地位的道德规范,从而使大学生养成规范的道德行为以及持续践行道德行为的能力。道德规范包括公民基本道德规范以及与时代发展与时俱进的网络道德规范、生态环境道德规范等等。道德规范教育是培养大学生精神文明的重要手段,它包括社会公德教育、职业道德教育以及家庭美德教育。社会公德是指人在一定的社会环境中应该遵守的行为准则,是人和社会共存的基本要求。社会公德教育主要包括爱护环境、遵守秩序和热心公益等。职业道德教育倡导大学生在今后的工作中要爱岗敬业、奉献社会,同时还注重培养大学生的职业道德操守以及规范大学生的职业行为。家庭美德教育则是教育大学生要尊老爱幼、勤俭节约。加强大学生道德规范教育,培养大学生的道德修养,注重大学生高尚品格和职业道德的培养,对大学生的成长发展具有积极意义。大学生道德规范教育最终目的是促使大学生形成良好的社会道德行为,所以在进行理论知识灌输的同时,高校思政教育者应注意引导大学生将自身形成的新思想外化为良好的行为,从而产生良好的教育效果。

(4)法制教育。法治意识是当代大学生必备的素质之一。德润人心,法安天下。法治是维护社会和谐稳定的基本保障也是现代文明的制度保障。高校在思想政治教育课堂中通过宣传法律知识,讲解法制案例,引导大学生学习各级各类法律法规,以增强大学生的法律意识,让大学生成为一个遵法、懂法、守法、用法的新时代青年。

(5)"四史"教育。"四史"是我们伟大的精神财富,是中国共产党引导带领全国人民抵御外侵、争取民族解放和实现民族伟大复兴的历史,反映了我们党、我们民族艰苦卓绝的奋斗精神,是高校思想政治教育内容的重要组成部分。首先,"四史"可以帮助大学生树立科学的、正确的历史观。历史观是"三观"的重要基础,历史观正确与否,关乎民族凝聚力和向心力。"四史"反映我们党的政治选择历程和政治奋斗过程,与一般的历史教育有很大的区别,其实质是在历史基础上的思想政治教育,与当代中国的政治密不可分。高校在开展"四史"教育时,要把握正确的政治方向,使学生更深刻地认识祖国的过去,把握人类历史发展规律,使他们珍惜当下,开拓未来,自觉传承红色基因,坚决反对历史虚无主义,建立对社会主义制度的历史认同和价值认同,帮助学生树立崇高的理想,坚定理想信念,投身于伟大的事业中去。其次,"四史"能够增强学生的使命担当。现如今的大学生正处于我国最好的时代，肩负着实现中华民族伟大复兴的历史使命。高校开展"四史"教育，就要坚持用伟大成就鼓舞学生，用优良传统教育学生，用历史经验劝诫学生，使学生更加爱党、爱国。教师要讲透社会主义的本然和应然，将"四史"教育的内容同祖国未来的发展方向结合起来，让学生增强"四个意识"，坚定"四个自信"，做到"两个维护"，从而不断坚定初心使命。

（6）社会主义核心价值观教育。社会主义核心价值观是当今时代精神的集中体现。习近平总书记一直高度重视社会主义核心价值观的重要作用，他不仅紧密围绕坚持和发展中国特色社会主义的时代主题，系统论述了社会主义核心价值观的理论与实践意义，更是将其视作党和国家思想道德建设的基础纲领。作为一股助力前进、引领发展的基础性力量，社会主义核心价值观为高校思想政治教育工作和广大高校青年学生的未来发展注入了蓬勃的底气。践行和培育社会主义核心价值观对高校思想政治教育来说有着举足轻重的重要意义。习近平在党的十九大报告中指出："社会主义核心价值观是当代中国精神的集中体现，凝结着全体人民共同的价值追求。"[①] 这是基于多方面周密思考下得出的切实结论。首先，提出社会主义核心价值观这样一个关键概念，是建立在实现中华民族伟大复兴的中国梦这样一项意义非凡的历史使命之上的，这对广大高校青年学生构建符合主流价值观念的理想信念有着显著的促进作用。其次，社会主义核心价值观中的诸多理念都立足于中华民族传承千年的优秀文化，有利于当今高校青年学生树立民族认同感，坚定文化自信。最后，社会主义核心价值观政治立场明确、思维视域广阔、落实观点具体，涵盖了从个人到社会再到国家各个层面所应具备的重要素养，是符合主流价值取向的先进校园文化。在高校范围内践行和培育社会主义核心价值观是一个相对漫长但意义重大的渗透过程，高校是核心价值观落实和传播的主流阵地，青年学生是培育和践行的主体。因此，高校思想政治教育领域在落实培育和践行社会主义核心价值观上不能盲目跟风，更不能急于求成；要综合分析，结合时代，身体力行。一方面，各大高校要综合历史背景，结合时代发展，将社会主义核心价值观的重要内容融入思想政治教育教学日常之中，切实发挥思政课堂主阵地作用，努力营造积极、和谐、健康的校园文化氛围，使广大高校学生在无形之中沐浴于优秀社会主义先进文化之中，真正做到"润物无声"。另一方面，高校思想政治教育工作要完善教评体系，善用前沿科技，创新教育模式，不断丰富和拓展思想政治教育途径，以高效、新颖，利于新时代青少年消化吸收的方式贯彻落实社会主义核心价值观的培育践行。

---

① 2017年10月18日《习近平在中国共产党第十九次全国代表大会上的报告》.

（7）中华优秀传统文化教育。中华民族是有着五千年悠久历史的文明古国，数千年的沧海桑田、岁月更替孕育出了如瑰宝般璀璨耀眼的中华优秀传统文化。中国共产党人历来都十分重视对中华传统文化的继承与发扬，他们紧密联系时代背景，结合社会发展需要，将宣传中华优秀传统文化视作己任。习近平同样十分重视中华优秀传统文化教育，他不仅经常抛砖引玉、引经据典，运用古典文学提升自身讲话深度，更是在多次会议中强调要高度重视中华优秀传统文化教育。传统文化教育，应取精去糟，凝聚古圣先贤之精髓，应厚德载物，沉淀华夏千年之历史。优秀传统文化是中华民族根与魂的文化瑰宝，是广大中华儿女为之骄傲的不竭财富。中华优秀传统文化不仅是泱泱大国数千年的历史积淀，还是数亿国人都应视作珍宝的精神财富，更是培育文化自信，坚定中国特色社会主义道路的理论渊源。"以史为鉴，可以知兴替""文以载道，文以聚力，文化自信从历史中来。"将中华优秀传统文化融入高校思想政治教育工作之中，对广大高校学生坚定文化自信起到了重要作用。一方面，对高校学生加以中华优秀传统文化教育，有助于其领略历史之璀，巩固文化之基。研学儒学经典，细品道佛助力，将百家争鸣的思想碰撞之火与百花齐放的诗词交融之流相结合，惊叹于古圣先贤留存百世的哲学光芒，启迪于哲人大家惊艳后世的道德理念，民族自豪之情油然而生，文化自信之基悄然扎根。另一方面，熏陶在浓厚的中华优秀传统文化氛围之中，有助于高校学生参悟更替之道，树立报国之志。侠胆义士，斗米之交，也报誓主之情；文客骚人，以笔为剑，畅聊胸怀志向；热血青年，初临战场，刀光剑影，为国而战。斑驳老将，尚能饭否，心念家国，涕泗交流。徜徉在如此的文化血液之中，青年怎能不强？民族怎能不兴？在如何将中华优秀传统文化与高校思政教育相结合这一问题上，习近平从传承与创新两个维度进行了论述。他告诫高校思想政治教育工作者自身要有着坚定的文化自信，认真踏实地落实对中华优秀传统文化的宣传教育工作，要在高校内培育起浓厚的传统文化学习氛围，营造积极主动的传统文化学习模式。同时，习近平总书记还深情嘱咐："对历史文化特别是先人传承下来的价值理念和道德规范，要坚持古为今用、推陈出新，有鉴别地加以对待。"[1] 这一论述无不是在鼓励各级高校组织要将中华优秀传统文化教育与我国实际国情相结合，与世界发展的脉搏相结合，让高校成为扎实文化根基的摇篮，散发文化光芒的灯塔。

---

[1] 2014年02月24日《习近平在中共中央政治局进行第十三次集体学习时的讲话》

三、大学生思想政治教育的目标

高校思想政治教育要切实担负起新时代赋予的时代使命，明确立德树人的根本任务。民族复兴，要依靠人才和教育，推进人才强国和科教兴国战略，建设教育强国。党的十九大强调，优先发展教育事业。提升高等教育质量，要把育人、思想政治教育放在核心位置，培养德智体美劳全面发展的、堪当民族复兴大任的时代新人。思想政治素质和道德素养是大学生综合素质的关键内容，要突出思想政治教育在高等教育中的重要位置，关键在于立德树人，引导大学生树立正确的三观，形成健全完整的道德人格。高校应当抓好思政课教学这个主渠道，同时开展课程思政教学改革，实现思想政治教育与专业知识教育的内在统一，主导性和主体性的统一，推进思想政治教育教学在内容、方法和手段上的改革创新。新时代，高校要把握民族复兴的战略全局，在统揽"四个伟大"中实现思想政治教育的时代化，加强理想信念教育和中国梦教育，坚定"四个自信"，增强高校师生的历史使命感和时代责任感；还要充分认识到自身在新时代的定位，探索改革发展的有效路径，拓展思想政治教育的资源和内容，在提升大学生专业知识能力的同时，更加注重思想政治素质和道德价值观的提升和塑造。

思想政治教育的目标是整个思想政治教育工作的核心理念，是一种实践预期和价值取向。它概括了一定阶级和社会对受教育者所预期的质量要求。而大学生作为受教育者，是一个庞大而重要的群体，对其所要造就的在思想、政治、品德方面的质量和规格，也与当前社会发展需要的人才培养标准息息相关。大学生思想政治教育的目标反映着我国当前社会主义国家的性质和我国社会主义发展的时代需求。新时代，我国大学生思想政治教育的目标是坚持以人为本，培养德智体美劳全面发展的高素质人才。针对所有在校学生，促进他们健康成长，注重培养其报效祖国、为人民服务的社会责任感，敢于进取的创新精神与处理问题的实践能力是十分必要的。立足我国当前所处的新阶段与发展的新需要，培养有理想信念、有核心价值、有中国精神、有能力素养的时代新人是大学生思想政治教育的重要目标。

（1）有理想信念。理想信念是个人的精神食粮，事关我们党和国家事业的未来。习近平总书记曾将理想信念用"钙"来比喻，形象贴切，直中要害。因此，大学生作为建设社会主义伟大事业的重要力量，拥有坚定的理想信念是必备的基本条件之一。大学生不仅有远大的个人理想信念，还要有坚定的共产主义理想信念，更要有通过艰苦奋斗实现共产主义，继而有实现个人理想信念的坚定决心。

（2）有核心价值观。如今，经济全球化发展正处于迅猛态势，改革开放处于攻坚克难时期，价值观念的多元化所带来的严重威胁也日益凸显，价值选择迷失现象时有发生。在这种情况下，确立为大多数社会成员所认同和接受的核心价值，是维护社会稳定和良性发展的关键，也是个人健康成长的必然选择。尤其是大学生正处于价值观形成的关键时期，需要正确的、优秀的、主流的核心价值观作为引领。

（3）有中国精神。我国悠久的民族精神和社会主义建设中的时代精神，是中国精神的主要内容。中国精神是推动中国特色社会主义事业不断取得胜利的强大精神力量，是社会意识形态的集中体现，是指引我们取得伟大胜利的重要法宝，是实现中国梦的精神支撑，大学生要将中国精神作为引领，只有这样才能将其生根、转化，生成建设和维护祖国的不竭动力。

（4）有能力素养。人才的培养过程，不只简单要求知识的与日俱增，而是要坚持知识与能力以及素质的齐头并进，要促进大学生德、智、体、美、劳各个方面的协同发展。这不但是我国社会发展对人才需要的要求，也有利于人民素质的整体提高。因此，有能力素养就要求大学生具备健全的身心素养、科学文化素养以及思想政治道德素养。

第二节　大学生思想政治教育的地位作用

一、思想政治教育的作用

首先，思想政治教育有助于提升国家文化软实力和建设文化强国。现如今，我们正处于一个革故鼎新的伟大时代，但无论时代的主题如何演进变化、国家的实力是强盛还是衰落、不同民族之间是经历冲突还是融合，都始终需要思想政治教育来把控正确的政治导向和舆论导向，不断提升国家文化软实力，为建设文化强国开创最快最新路径。思想政治教育作为文化建设的重要阵地，总是能在增强外在的、有形的硬实力的同时提升内在的、无形的软实力；也能在提高物质生活水平的同时加强精神文化素养；还能在制定具体奋斗目标的同时给予内生动力和信心。文化因其极强的"渗透力"正潜移默化地影响着人们的生活方式、思考方式、价值观念和行为规范。正是思想政治教育这种绵绵用力、久久为功的特性，决定了思想政治教育的文化功能是提升国家文化软实力和建设文化强国的应有之义。从国家安全角度来看，文化安全与意识形态安全始终是不可松懈一丝一毫的重中之重，当许多涉及人民群众切身利益的实际问题被陆续解决后，意识形态层面的防护、保障也应随着国家的发展不断做出相应调整。只有通过思想政治教育不断提升大学生的文化自觉自信和建设文化强国的参与度，才能在国际的大舞台上讲好中国故事、传播好中国声音。思想指导实践，考虑到国家的长远发展，文化安全与意识形态安全应是首先解决的问题。因此，思想政治教育文化功能在本质上是指向人的理想自我和社会思想政治教育未来的，它对思想政治教育的发展起着一种引导作用。因为思想政治教育的存在，社会思想不再处于无方向的运动之中，文化也有了发展的方向和动力。唯有当中国14亿国民都愿意在正确的教育指引下与国家站在一起，坚守我国的文化安全和意识形态安全，才能在全球化的大背景下拥护党的领导，将维护国家安全这一大事具体到每一国民身上，用实际行动坚守国家方针路线，真正与国家同命运、共呼吸。此时，思想政治教育文化功能的强大凝聚力和号召力就为维护文化安全和意识形态安全提供了强有力的支撑。

其次，思想政治教育是培育具有文化素养的时代新人的内在要求。"青年兴则国家兴，青年强则国家强"。[1]党和国家对青年一代抱有殷切的期望，青年一代应勇于承担，努力成为能够担当民族复兴大任的时代新人。新时代下思想政治教育的文化功能就是根据社会主义现代化建设的现实需要，在多元文化之中甄别出最适宜我国社会主义核心价值观要求的主流文化，融入思想政治教育的课程之中，以贡献自身的文化价值。鉴于此，思想政治教育工作者应充分挖掘文化资源、创新文化形态、丰富文化内容、提高文化素养、增强文化自信，为我国培育具有高度文化素养的时代新人发挥自身的优势。新时代对思想政治教育的文化功能提出了更高的要求，要求思想政治教育在引领政治导向、牢固政治信仰、提升文化自信、建设文化强国上充分发挥自身优势。一个国家的发展理念是否符合人类社会发展要求，最重要的是看这个国家的人民所蕴含、体现的精神文化特质和意识形态需求是否取得了极大的进步、获得了丰富。而培育具有文化协调理念、文化开放格局的时代新人并不是一蹴而就的，需要经过循序渐进的教育和漫长时间的洗涤，经过思想政治教育进行文化整合与思想引领，方能将沉淀、积攒了数千年的前人智慧凝结转化为高度的文化素养，根植在人们的心灵深处并融入血脉之中。鉴于此观点，培养具有高度文化素养的时代新人这一时代任务显得尤为紧迫，而发挥思想政治教育的文化功能正是培育具有高度文化素养的时代新人的内在要求。

---

[1] 2017年10月18日《习近平在中国共产党第十九次全国代表大会上的报告》。

再次，思想政治教育是落实高校铸魂育人根本任务的必由之路。高校是实现人身心全面发展和自身超越的社会大环境，期间离不开文化的熏陶。文化承担着传承、创新思想政治教育课程的重要作用，反过来，思想政治教育课程同样是以其深厚的文化含量来感化人、影响人，以此对受教育者进行思想政治教育的。思想政治教育通过其课程中传递的思想观念、价值体系、行为规范等铸魂育人，培养青年大学生成为社会主义现代化的接班人。文化作为一种广泛存在于生活实践方方面面的精神财富，有着极强的群众性和持续性。而中国特色社会主义中的社会主义核心价值观是对优秀历史文化、积极多元的当代先进文化进行选择、整合、创新之后形成的价值理念和道德规范。依照社会主义核心价值观可以更好地对现存良莠不齐的文化思想有鉴别地加以对待，进行全过程、全方位的育人，以完成高校铸魂育人的根本任务。现代大学制度下，教育的涉及范围已经不再局限于智力范畴，高校开始通过思想政治教育这个课程培养和塑造大学人健全的人格品质。作为特殊的文化教育场所而设立的各大高校，肩负着不同的文化使命。其中，营造和谐积极的文化大环境极其重要，好的校风、师风、学风都具有深刻的感染力，都在时时刻刻地影响着学生的思想、规范着学生的行为，这些隐形的教育往往都可以起到"不言自明"的奇效。唯有通过思想政治教育的文化功能将社会主义核心价值观的二十四个字融汇为独具中国特色的有筋骨、有血肉、有温度的优质精神食粮，才能更好地唤起人们的意志，教化人们的思想，培育共同的理想信念和价值追求。因此，思想政治教育的文化功能是落实高校铸魂育人的必由之路。

最后，思想政治教育是凝心聚力，增强受教育者文化自信的必然要求。文化自信是一个国家、一个民族的发展过程中更基本、更深沉、更持久的力量。因此，文化自信的培育是全社会、各阶层、各学科的共同任务，其中，思想政治教育课程是文化自信培育任务的重要承载者，这是由思想政治教育课程本身的学科性质和使命所决定的。面对当代多元文化的冲击和社会上许多消极言论的负面影响，许多公民对我国文化以及实力地位多有不自信之感，诸多困境对思想政治教育提出了更多、更高的要求。若要对其现状进行合理有效的改善，就应从思想政治教育课堂主阵地开始，同时筑牢网络新阵地，勇于创新、积极探索拓宽提升大学生文化自信的培育路径，动员社会各方面形成合力做好全体社会成员的思想政治工作，正确看待本国文化，充分肯定自身的文化生命力与文化前景，增强民族自尊心、自信心、自豪感等，从思想心灵本质根源处树立文化自信和文化自觉。文化作为一种"软实力"，与思想政治教育的"隐功效"有着异曲同工之妙。两者从本质上来看就极具共通性。两者有机地结合在一起，就可以于无形之中进行精神的建构与人格的塑造。正是思想政治教育文化功能的"隐功效""持续力"决定了它是凝魂聚气增强全民族文化自信的必然要求。

二、思想政治教育对大学生的现实意义

（一）增强大学生克服困难的能力

当前大学生心理素质较差，并且文化程度越高所承受的各种压力越大，由心理问题引发的悲剧也与日俱增。2020年10月13日，大连理工化工学院一名研究生在实验室自杀身亡引起社会广泛关注。逝世前他曾写下遗书，从遗书内容来看，是次次实验的失败，是毕业论文做不出来，是面对生活的无力与疲惫驱使他选择了死亡。此前，有过人生履历上写满"优秀"的中科院在读博士生因精神抑郁在研究所教学楼纵身跃下，北大学生因学习压力过大而在宿舍自杀身亡等等事例。类似这种事情的层出不穷不得不引人深思大学生的心理素质教育问题。当人的思想认知水平停留在某个阶段，很多事情很难想明白，容易面对压力、挫折产生紧张焦虑的情绪，无法克服困难，造成不可挽回的后果。现在很多大学生在遇到无论是情感层面、人际关系处理层面还是学业就业压力等层面问题时，很容易轻易地向命运低头，不敢抗争而通过选择死亡解决问题。

早期共产党人面对封建主义、帝国主义、官僚资本主义三座大山的压迫，面对各种救亡图存运动的失败，仍勇于革命，大胆尝试新的方式去战胜前进路上的种种困难。当前面对困难、压力，轻易放弃生命的心理素质较差的大学生们缺乏的正是这种勇于革命的精神。当压力大到无法承受，当前路走到尽头，想一想这些革命先烈在整个中国走投无路的时候仍敢于放手一搏，在几乎全党覆灭时仍寻找新的生路，那现在自己这些个人问题都不是无法攻克的困难。因此，早期共产党人面对困境，勇于开辟新的革命道路，改变革命现状的精神能够鼓舞当代大学生在面对压力的时候，在觉得现状无法打破的时候，不要轻言放弃，要敢去做、去抗争、去改变，并且在这一过程中要有战胜困难的坚强意志，要有即使失败仍然去进行新的抗争的革命乐观主义，勇于开启改变自己的新"革命"，从而提高战胜自我、克服困难的能力。增强大学生克服困难的能力，是提升大学生能力素质的关键一环，有助于提升大学生整体素质，从而培育全面发展的大学生。

（二）提高大学生的责任担当意识

"担当"在《辞海》中的解释是："承担并负责任；勇于承担责任，有魄力；所承担的责任；承受"，其表现在个人意义上应该是对个体生命、价值负责，尊重生命意义以及充分实现人生价值；表现在社会意义上是对所处的环境承担起相应的责任，对家庭、国家甚至整个人类做全局考量并承担相应的责任。但是，当代大学生在个体意义上，不对自己人生负责甚至轻视自己生命的行为屡见不鲜。部分学生对未来缺少规划，没有人生奋斗目标，或者好高骛远，没有实干精神，不仅基本的学习任务都完成不了，更忽视对社会实践能力和道德品质的培养，不注重提升实现人生价值的内在条件，没有对自己人生负责的意识。例如2020年6月份某大学本科生仅仅因为考试作弊被发现而跳楼自杀的，这些学生轻视生命的意义，没有对自己的生命负责。在家庭责任的承担中，父母对独生子女过度宠爱，父母对孩子的责任意识超重导致了孩子家庭担当意识的失重，年轻人看不到对父母、家庭的责任。而在社会关系中，受开放而又隐蔽的网络环境影响，青年拥有充分的言论自由，甚至不用为自己的网络行为承担后果，担当意识愈来愈弱化。受利己主义、功利主义等不良社会思潮影响，部分学生在与他人利益、集体利益关系处理中，较多地以自我为中心，尤其是当前实现中国梦的进程中，部分青年不能正确认知国家的梦与个人的梦之间的关系，无法承担实现中华民族伟大复兴的历史使命。无论是当代大学生层出不穷的轻视生命意义行为，还是肩负不起社会主义接班人的使命，都既影响了个人的全面发展，又阻碍了社会进步，都是应该引起重视的。

新时代要求新担当，中国特色社会主义发展进入新时代要求新时代青年要以实现社会主义现代化、建设社会主义现代化强国为使命，为实现中华民族伟大复兴贡献新力量。但从大学生担当意识的表现来看，他们现有的责任担当感是远远不够的。在对自身负责层面，早期共产党人从不会轻易放弃自己的生命，为了使有限的生命做出无限的事业，在保护自己生命安全上付出了极大的努力，这在某种意义上能使大学生认识到生命的珍贵，体会生命的脆弱，从而更加珍爱自己的生命，为自己的人生负责。在社会担当层面，革命文化中内含的敢于担当精神，是在国家危难之刻敢于挺身而出，有着不畏任何艰难险阻、敢于承担的胆识和气概。这种精神外在于大学生，能为大学生树立起良好的榜样，在情感上振奋心绪，使其不自觉地效仿；而通过一定程度的教化，能内化为大学生自己的意识，使其自觉地产生"天下兴亡，匹夫有责"的责任感，并转化为为实现伟大复兴中国梦贡献自己力量的实际行动。习近平指出："青年一代有理想、有本领、有担当，国家就有前途，民族就有希望。"①陈独秀、李大钊等人在革命斗争中肩负起了保卫国家的重担，建立了中国共产党，改变了中国命运，而在新的历史起点上，我们仍面临许多具有新特点的伟大斗争，同样需要当代新青年肩负起历史的重任，为实现伟大梦想不懈奋斗。

（三）提升大学生的创新素养

创新是民族的灵魂，是一个国家兴旺发达的不竭动力，也是中华民族最鲜明的民族禀赋。2017年党的十九大强调创新是引领发展的第一动力，是建设现代化经济体系的战略支撑，并提出加快建设创新型国家和人才强国。创新发展与人才强国始终是国家两条并行发展战略，人才强国战略实施离不开创新发展，人才的塑造离不开创新精神的涵养。但当前学生的创新素质对于建设创新型国家而言是不够的。新时代的学生具有一定的好奇心和求知欲，但是创新的意识和能力无法满足探究的欲望，无法实现理想目标。多年的应试教育体制，束缚了学生的创新思维，学生在实践过程中仍缺乏大胆创新的精神，处理问题墨守成规，没有独立判断的能力，容易陷入本本主义、经验主义和权威定势的思维模式中，做不到破旧立新。部分学生虽然有好奇的欲望，但是在长期安逸的生活下，没有打破现状的勇气，没有知难而进的毅力，因此，现在大部分学生学习上仍完全"听师从书"，学问没有突破，工作中安于稳定，没有创业的意识和能力。

大学生的创新素养，包含着自我创新意识、自我创新意志和自我创新人格的培养。中国共产党另辟蹊径，探索符合中国实际革命道路的大胆创新实践能够激发学生敢于质疑、尊重科学的创新意识；中国共产党面临惨淡现状仍大胆探究求索，从不轻言放弃的创新气概能够锻炼学生越挫越勇、执着坚强的自我创新意志。因此，革命建设的开拓创新精神有助于学生养成创新意识强烈、创新信念坚定、勇于创新实践的自我创新人格，提升大学生的自我创新素养。自我创新精神作用于大学生，能够使他们以超越常规和传统的独特的、新颖的方法解决问题，开拓新境界，对于提高人才培养质量具有重大的现实意义。

（四）引领大学生正确的价值方向

首先，思想政治教育是对大学生提供正确价值引领的客观要求。社会存在决定社会意识。从当前国内国际社会的发展状况来看，当今世界和当代中国都处在

---

① 2017年10月18日《习近平在中国共产党第十九次全国代表大会上的报告》。

百年未有的深刻变革中,这种社会客观存在反映到人们的主观思想观念中,必然会产生形态多样、纷繁复杂的思想观点和价值观念。某种思想观点如果能够持续产生较大的社会影响力,就会在一定时期一定范围内成为相对稳定的思想价值观念,由此形成整个社会中多元多样的社会思潮。复杂多变的社会思潮是人类社会不断演进过程中的正常存在,但是在多元并存的社会思潮中,必然有一种占据主导地位、符合统治阶级意志的社会思潮,即主流意识形态,所以各种思潮在社会中的存在状态是"主流意识形态一元主导、各种社会思潮多元并存"。当前,我们必须在坚持马克思主义指导地位的同时,时刻警惕西方资本主义国家各种非马克思主义与反马克思主义的错误思想观点、话语和声音对我国社会主义主流价值观的冲击,坚持建设具有强大凝聚力和引领力的社会主义意识形态。大学生是新时代青年群体的重要组成部分,是民族复兴任务的直接参与者和建设者,他们的价值取向决定了我国未来社会的价值取向。由于高中毕业后直接进入大学校园,社会经验和人生阅历有所欠缺,一部分大学生在面对一些社会敏感话题时,处理问题的能力稍显不足,甚至有时会受到一些偏激观点的影响,站在与人民对立的立场上做出错误的价值判断。在此形势下,高校必须在大学生成长的关键时期对其加以正确引导,用正确的思想价值体系引领他们的成长成才和全面发展。这对作为思想政治工作主渠道的思想政治理论课提出明确要求,必须着力解决大学生价值认识模糊的问题,引导学生在批判鉴别中明辨是非,使其辨明社会假恶丑,弘扬真善美。

其次,思想政治理论课价值性的内在要求就是对大学生进行价值引领。思想政治理论课的价值性表现为其中包含着丰富的价值内容,并且课程在坚持马克思主义价值立场的基础上,通过这些价值内容能够对学生进行思想价值塑造,实现对学生价值引导的属性。第一,从现阶段凝聚社会价值共识的角度来看,思想政治理论课程教学是各级各类学校坚持和弘扬社会主义核心价值体系和核心价值观的关键环节。例如,高校本科层次四门主干课程的主要内容与社会主义核心价值体系的四个核心要义高度契合,社会主义核心价值观在其中也有鲜明体现。在青年学生群体中凝聚价值共识、确立价值自信、形成价值自觉,必须强化课程的价值引领作用。第二,在高校范围内,思想政治理论课虽然作为一种学科知识课程而存在,但是它不同于一般的学科专业课程。从一般学科专业课程与思想政治理论课的区别上来看,思想政治理论课的主要对象是大学生的思想观念和品德认识。学生在课堂内外对马克思主义理论的学习,不单单是一种获取马克思主义学科具体知识的过程,也是一种自觉改造自己的主观世界,促使个人的思想品德认识、情感、意志、信念、行为综合形成发展的复杂过程。从以上两个方面来讲，思想政治理论课是极具价值性的课程，坚持对大学生进行价值引领，是课程本身肩负的使命所在。

再次，我国社会主义办学方向要求为大学生提供价值引领。无产阶级政党的思想政治教育活动无疑具有鲜明的无产阶级党性，在我国是为无产阶级、广大人民群众和中国特色社会主义事业服务的。坚持社会主义办学方向是新时代贯彻党的教育方针的根本要求，必须重视强化高校思想政治理论课对大学生的价值引领。第一，新时代教育坚持社会主义办学方向，就要坚持以人民为中心的价值取向，坚持为无产阶级和广大人民群众服务。新时代，中国共产党的思想政治教育工作牢牢坚持以人民为中心的政治立场，在高校思想政治理论课中则体现为在授课中全面贯彻以人民为中心的发展思想，提高大学生的思想认识水平，使其步入社会的在服务人民的过程中实现个人价值。思想政治教育的这一阶级性和人民性原则，决定了必须强化高校思想政治理论课的价值引领功能，教育引导学生牢固树立以人民为中心的价值取向。第二，新时代教育坚持社会主义办学方向，就要重视加强对学生的思想建设。我国的根本制度是以马克思主义为指导的社会主义制度，高校作为社会主义意识形态建设的前沿阵地，特别是思想政治理论课作为在马克思主义指导下逐步发展起来的课程，其学科建设和人才培养与社会主义意识形态建设紧密相关。这决定了思想政治理论课作为高校思想政治工作的主渠道，必须坚持把马克思主义理论作为核心内容，增强大学生对马克思主义理论的思想认同与价值认同。

（五）培养大学生艰苦奋斗作风

社会主义转型时期各种矛盾冲突相互交织，使得当前大学生奋斗观异化，对奋斗精神存在错误认知。首先，近几年"寒门难出贵子"一直是社会热点问题，现实仿佛一直在证明普通人再怎么努力也跨越不了阶层的鸿沟，家庭背景注定了人生能实现的天花板。因此，"奋斗无用论"的错误认知在大学生中普遍流行，部分学生以此作为否定奋斗的借口，产生奋斗无用的消极心态，浑浑噩噩度日，不愿意付诸行动。再者，近两年"佛系"概念受到年轻人追捧，"佛系青年"愈来愈多地涌现。"佛系"概念源于人陷入遇到困难无法解决却又不甘于放弃的两难境遇，因此"与世无争，一切随缘"的生活态度流行开来。但某些时候"佛系"的不过分计较得失的态度发生异化，在大学生中尤其明显，表现在学习态度上即不勤奋好学，秉持自由散漫的学习观念；表现在工作态度上，即不积极进取，安于现有的环境,不跨出工作的舒适圈;表现在生活态度上,即一切无所谓的生活消极观。异化的"佛系观"容易使大学生产生遇到难题轻易放弃的消极倦怠心态,缺乏攻坚克难的奋斗精神。此外,安逸的生活条件下还产生了奋斗过时的思想,即认为奋斗只存在革命战争时代,和平环境下不需要奋斗精神,现有条件完全能满足安稳度日的需求,奋斗精神不再被社会需要。以上关于奋斗精神的认知,容易将大学生引入没有目标追求、贪图享乐的误区,使得新时代青年被摒弃在时代发展的浪潮中。

先进共产党人早期的实践探索,充分证明了奋斗精神的重要意义。在四面楚歌的旧中国,早期共产党人凭借他们勇于实践的精神传播了马克思主义真理,建立了全新政党,成立了中华人民共和国,中华民族以全新的姿态屹立于世界民族之林,开辟了新世界。中国共产党人在艰苦环境中通过自己的奋斗实现了国人面貌的焕然一新,实现了中华民族发生翻天覆地的变化,论证了"奋斗无用论"不成立。"寒门学子"相较于出身环境较好的"天之骄子"确实在学习和就业上面临更多的障碍,但是努力奋斗却是改变命运的唯一机会,同时只有努力奋斗才能真正实现人生价值,因此"寒门难出贵子"不应是大学生逃避努力奋斗的借口,而应该是为改变现状努力奋斗的动力。此外,"佛系"的生活态度应该是拥有平和的心态,而不是现在某些年轻人所表现出来的不求上进、自由散漫、遇难则退。共产党人在残酷的实践斗争中,面临的不仅是艰苦的求学条件,更有敌人的暴力残害,但是从未想过退缩放弃,因此,现在的学生更不能因为奋斗过程中遇到的小难题而轻易退缩,不求上进。中国共产党在社会主义革命、建设过程中始终重视实践出真知,在实践探索过程中始终坚持艰苦奋斗精神,因此居安仍要思危,艰苦奋斗精神永不过时。总之,共产党人无惧困难、敢闯敢做的勇于实践精神充分体现了艰苦奋斗的精神意义,将其作为学生思想政治教育的重要精神补给,有助于增进高校学生对艰苦奋斗精神的认同,发扬大学生艰苦奋斗的作风。

(六)坚定大学生理想信念

大学生理想信念教育是大学生思想政治教育内容的核心,也是大学生成长成才的必备品质。为此,习近平总书记多次提出理想信念是大学生精神上的"钙"等形象论述。在各种力量的努力下,绝大多数大学生能认识到理想信念的正确价值导向是坚定马克思主义信仰,树立共产主义远大理想和中国特色社会主义共同理想,但是,受现实条件影响,大多数学生只达到认识层面,而没有真正内化为自己的价值追求并付诸实践行动。其一,全球化时代的社会环境:全球日益成为紧密联系的统一体,各种思想相互交织激荡,在学习西方先进文化成果同时,各种腐朽思想也迅速传入中国,挑战着意识形态领域马克思主义一元化的领导权;其二,全媒体时代的网络环境:课堂不再是大学生接受理想信念教育的唯一渠道,大学生接触网络媒体的时间远高于接受课堂教育时间,各种错误信息全方位重复性出现,产生了课堂教学与日常信息价值观的矛盾,因此在网络环境多渠道、多样化信息弱化了理想信念教育课堂正确价值导向的主导性;其三,21世纪新大学生的特征:新世纪的大学生思维活跃,比较容易接受新鲜事物,对事物有自己的认知和判断,并且批判性思维明显,喜欢质疑主流的价值观,价值取向的多元化威胁着主流价值观的地位。因此,总体上,当前大学生没有形成崇高的价值理想,没有坚定的为中国特色社会主义事业奋斗的信念追求,这也成为大学生思想政治教育工作面临的重点问题。新时代大学生理想信念薄弱的现状对大学生思想政治教育工作提出了更高的要求。但在实践过程中,思想政治教育重形式而轻内容,课程、活动内容空洞且枯燥,不仅没有起到坚定大学生理想信念的目的,反而使得学生对理想信念教育存在排斥心理。在这个层面,早期共产党人为实现革命理想百折不挠的奋斗实践能提供充沛的史实案例,从而丰富大学生理想信念教育内容,增强理想信念教育的吸引力和信服力。早期先进思想分子面临多重势力的威逼利诱、多次革命前途受挫的境遇,仍坚定不移地为实现共产主义革命理想而战斗。也正是在革命理想指引下,他们才能无惧一切挫折,为实现心中的理想世界而奉献一切。因此,早期共产党人为实现马克思主义革命理想所彰显的百折而不挠的精神能够为大学生提供坚定理想的精神动力,同时他们为实现理想无惧挫折、永不言弃,不惜放弃一切的努力也宣扬着理想信念的重要性。坚定的理想信念使早期先进思想人士在一穷二白的困境中建立中国共产党,当前世情、国情愈加复杂,社会面临新矛盾的形势下,新时代大学生更要坚定理想,以百折不挠的勇气为实现中华民族伟大复兴的中国梦而持之不懈的奋斗。

(七)构建大学生良好网络文化

首先,有利于加强网络文化内容净化。网络文化由于庞杂性,充斥着暴力、色情、反社会等网络亚文化的内容,使得大学生极易受到不良影响,并且严重威胁到了社会的发展。大学生思想政治教育在网络文化内容净化的过程中,发挥着自身的文化功能属性,具体而言即文化选择功能与文化传承功能,所谓文化选择功能即思想政治工作者剔除阻碍学生进步的落后文化,选择利于学生发展的先进文化,实现学生个体的良性进步。在网络文化与大学生思想政治教育融合的过程中，主动规避网络亚文化，从而使学生免受不良文化的影响，能够促进学生身心发展。网络传承功能即思想政治教育者对文化的选择主要侧重于传递民族精神与道德观念，将传统文化中的优良品质转化为大学生的自觉道德表现。新时代大学生思想政治教育优化了网络文化内容，使得网络主流文化以我国优秀传统文化与符合社会主义核心价值观的新兴文化为主。传统文化作为网络文化的发展根基，推动新兴文化的创造；新兴文化作为网络文化的发展趋势，巩固传统文化的脉络。二者作为网络文化内容的主力军，共同净化网络文化建设，实现了网络优秀文化的传承。

其次，有利于促进网络文化产业发展。在科技时代迅速发展的背景下，由于盲目追求经济效益，网络上产生了大量的文化产品，此类网络文化产品因其过度追求经济价值，扰乱了市场秩序，由于其成本低、收益大，形成了违反社会主义核心价值观的网络不良文化产业，一度处于蔓延发展的态势。对于与网络文化密切接触的大学生而言，由于网络部分文化产业的不良发展，以及自身缺乏相对判断和自控力，若缺少正确引导，便只可被动接受。大学生思想政治教育在促进网络文化产业发展的过程中，发挥着自身的经济功能属性，具体而言即经济调节功能。思想政治工作者在净化网络内容的条件下，引导学生积极开拓对网络文化的学习，以学生需求带动网络市场供给，从而带动网络主流文化产业的发展。在网络文化与大学生思想政治教育融合的过程中，由于教师对于学生的正向指引，学生对于网络主流文化的学习需求必然大幅度提升，此时便发挥了文化对于经济的正面推动力，即以精神动力推动社会生产力发展。由于网络文化内容的净化整合，优秀传统文化与新兴文化必将占据网络市场体系，这无形中形成了与此相关的网络文化产业链，与之相关的网络文化产业均得到了发展。综上，思想政治教育催生了大量网络文化产业的发展，既推动了经济发展，又保障了社会主义性质和方向，维护了和谐的网络社会文化与经济环境。

再次，有利于营造良好网络文化氛围。由于网络开放性和多样性，网络文化长期处于复杂环境中，网络去中心化、反社会言论、西方网络话语占有强势地位等问题的出现，都严重影响到大学生正确政治观的建立，另外，网络文化由于包容性，充斥着各种政治文化观点，大学生难以辨别主流文化意识，从而难以形成健全的政治观。由此可以看出网络的不良文化氛围威胁到了我国的政治安全，对社会稳定发展带来了挑战。大学生思想政治教育在促进网络文化产业发展的过程中，发挥着自身的政治功能属性，具体而言即政治导向功能，所谓政治导向功能有两方面内容。一是指思想政治工作者在净化网络内容、推动网络文化产业发展的条件下，积极对学生进行社会主义核心价值观、习近平新时代中国特色社会主义思想等先进思想的学习与贯彻，提高学生自我鉴别文化信息能力，并进行相关爱国主义精神教育。大学生作为网络文化参与者，在进行相关学习与思考后，能够树立起符合社会发展的政治舆论导向，从而建立良好的舆论文化氛围。二是指发挥出思想政治教育自身的政治属性，思想政治教育工作者与大学生作为高校思想政治教育建设主体，都肩负着促进社会政治稳定发展的责任，以流通性、传播性较为强大的互联网为体系，以网络文化为载体，以政治教育学习为目的，能够更好地贯彻落实传播主流意识观点的责任，建立起符合社会主义建设的政治观点，从而优化社会精神发展，规范人们的政治言论与行为，进而有益于建立积极的文化氛围。

（八）引导大学生求真务实

当前大学生理想信念的不坚定很大程度上是由于他们没有正确把握社会历史规律，错误判断基本国情。市场经济下，西方包裹着物质诱惑的价值输出使得大学生错误判断社会历史形势，错误的价值判断导向错误的价值选择，从而使大学生对西方的"民主"充满向往，而对社会主义事业的实现产生怀疑，理想信念发生动摇。

社会主义道路是社会历史规律发展的必然趋势。中国共产党立足于中国社会实际，探索出坚定不移走社会主义道路的正确规律认识，并为社会主义事业不懈奋斗，使社会主义在21世纪焕发新生机，充分体现了革命奋斗精神中彰显的实事求是的重要意义。党的实践证明了只有正确把握社会历史规律，才能取得革命胜利。因此，实事求是的奋斗精神要求当代大学生不能有价值判断上的海市蜃楼，要擦亮眼睛，认清历史发展的必然趋势，认清中国特色社会主义的制度优势，从而坚定制度自信，坚定中国特色社会主义理想信念，做出求真的价值判断。百年前青年学生正确判断中国社会发展的历史趋势，做出由信仰无政府主义到马克思主义的重大思想转变，并在马克思主义指导下，通过艰苦奋斗建立领导中华民族伟大复兴事业的伟大政党。因此，实事求是的奋斗精神要求当代大学生不能有行动上的眼高手低，要做出务实的价值选择。总之，早期共产党人在为理想奋斗的实践中从中国基本国情出发，找到第三条道路，实现了人民解放和民族独立的实事求是精神品格能引导大学生求真务实，帮助大学生正确判断历史发展规律，正确把握中国现阶段基本国情，树立坚定的中国特色社会主义理想信念。

（九）提升大学生道德境界

当前大学生成长在市场经济环境下，受市场经济激烈的物质掠夺和竞争氛围影响，生存竞争意识尤其强烈，甚至过分地追求个人利益的最大化，导致部分大学生心理冷漠、精神空虚，利己主义思想主导个人行为。在生活中，追求个人利益满足，不理会与自己物质利益无关的事情，是他们处理问题的第一准则。在处理与他人的关系时，他们也过分地以自我为中心，更多地考虑自我需要的满足，不为他人着想，所以与身边人的关系冷静而淡漠，缺少情感温度。如在自媒体上引发广泛讨论的江歌案，同为留日学生，作为室友的刘鑫在遇到生死问题时，不顾任何感情道义，只顾自己安危，将自己的闺蜜紧紧封锁在门外，最终江歌被捅数刀不治而亡。这样层出不穷的事件，可见有些大学生对生命的漠视，对情感道义的漠视。关爱他人，奉献社会是处理社会关系的基本准则，也是学生健康成长的基本道德规范，但是当前大学生更多关注个人利益是否实现，缺乏为他人、集体奉献的意识，处理与他人的关系时表现冷漠，个人精神世界极度空虚，无法成为担当民族复兴大任的时代新人。

中国共产党登上历史舞台，从几十人政党发展成为被全体中国人民拥护的第一大党，很重要的原因是早期马克思主义者心怀兼济天下的情怀，展现出关注人们的现实境遇，为全体人民谋幸福的人道主义精神。当前大学生出现利己主义行为，正是因为缺乏为他人着想的道德情怀。陈独秀等早期共产党人十分关注百姓生活疾苦，为群众生活得更加幸福，不惜自己过得艰苦一些。新时代习惯以自我为中心的学生，学习更多这样将他人利益放在自我利益前面的事迹，受其彰显的人道主义情怀感染，能在一定程度上降低市场经济条件下大学生过分看重个人利益的影响，提升大学生道德境界层次。另外，培养学生积极的社会关怀意识，也能够帮助学生更好地处理与他人的关系，帮助他人的同时获得自我精神世界的满足。与利己主义相对的，利他主义是人文情怀的重要体现。革命精神所展现出的为他人着想，为集体付出的人道主义精神有利于重塑大学生心灵世界，提升大学生道德境界，培养人文素养高尚的素质人才。

（十）激发大学生爱国情怀

2020年1月份，一场特殊的战役打响，一种可怕的传染性病毒席卷全球，在这场"战疫"中，中国发挥了中国特色社会主义能集中力量办大事的优势，为全球做出良好表率。中国共产党在疫情中将人民生命放在第一位，较快地控制了疫情大范围传播，使得无数中国人为自己生在中华家感到骄傲，但是仍有一部分大学生崇洋媚外，散播辱骂自己国家言论，如中国药科大学留学生许可馨在网络上发布"如果我有医生朋友在武汉一线，我会希望他们临阵脱逃""就是恨国党怎么了，你打我呀，给我涨流量呀"的言论，可见部分学生爱国主义意识仍然不够强烈。此外，中国处于社会转型期，改革进入攻坚克难阶段，这一时期涌现出如经济增速放缓，社会保障不够完善，医疗体制不够健全等一系列社会问题。而这一年龄阶段的一些大学生不能用辩证思维看待问题，从而认为资本主义国家的幸福感高于中国，对中国特色社会主义事业产生怀疑。在当前，爱国与爱社会主义事业是一致的，学生对中国特色社会主义事业的不信任，也是爱国意识的不坚定。

爱国主义是坚定的民族自豪感、民族责任感及民族自信心，是激励大学生为祖国发展不懈奋斗的精神源泉。高校思想政治教育是社会主义意识形态教育，爱国主义教育是其最为重要的组成部分，培养学生的爱国主义情感也是思想政治教育育人目标的第一要务。革命精神是爱国主义教育的重要内容。爱国主义不是空洞的言论说教，而是由无数爱国主义人士的精神凝聚而成。近代革命战争中无数青年学子为革命事业抛头颅、洒热血的敢于牺牲精神，充分体现了肩负民族责任、捍卫民族尊严的爱国主义情怀。一位位为中华民族复兴事业付出自己生命的人，在历史的长河中凝聚而成当前爱国主义的精神内核。

三、思想政治教育对文化自信的现实意义

（一）确立社会主导价值取向

社会思潮是西方资本主义国家传播其意识形态和价值观的主要形式，尤其在当代依托信息化、数字化、智能化的传播载体影响着大学生的价值构建。社会思潮一般代表了某个阶级以及利益群体的利益诉求，兴起于西方的实用主义思潮、拜金主义思潮、民主社会主义思潮以及新自由主义思潮等，以多样化的文化形式在中国快速传播，并对国内文化市场具有一定消极影响，吸引着当代大学生，影响大学生对个人与社会、个人与集体、个人与国家之间关系的价值判断。西方文化思潮的渗透动摇了大学生的文化立场和文化理念，这些立足于个人主义价值取向的社会思潮弱化了大学生对马克思主义的信仰，对当代大学生造成了重大的思想冲击，影响其树立正确的价值观和实践观。高校思想政治教育只有引导学生掌握和运用马克思主义基本观点、立场、方法，学会用马克思主义的视角来认识问题和分析问题，不断提高学生鉴定和辨别西方文化思潮的能力，明确西方文化思潮的本质，才能帮助学生有效甄别和解析实用主义、拜金主义、新自由主义等社

会思潮本质，同时又要号召大学生对核心价值观的践行，培养大学生树立正确的价值观念和情感倾向，确立社会主义核心价值观的主导价值地位，增强大学生对社会主义核心价值观的认同，凝聚当代大学生的思想共识，从而有效提升大学生的文化自信。

（二）增强优秀文化认同

历史虚无主义通常否定和篡改历史客观事实和历史人物，以及剥离历史背景和环境抽象化评价历史事件，误导大学生对历史的认识。历史虚无主义的重要表现就是虚无中华优秀传统文化和革命文化。一方面，历史虚无主义者主张全盘西化，盲目追求西方文明，将西方推崇的价值观作为"普世价值观"在国内大肆宣传，他们否认中华优秀传统文化，否认中华优秀传统文化对中华民族发展的历史作用及其创新性发展的现代价值；另一方面，历史虚无主义试图通过大肆抹黑历史英雄人物，戏说革命历史事件，弱化人们对壮烈的革命历史以及革命英雄的敬畏之心，试图歪曲人们对革命文化的认识和了解。思想政治教育过程中，教育主导者要引导大学生群体树立正确的文化观念及文化辨别力，同时发挥自身引领作用，主动回击不实文化言论及观点，引导大学生形成正确导向，增强对自身文化的认同感。

（三）遵循本土文化发展规律

不同国家的文化有不同的历史渊源，具有不同的特色，同时也反映着不同的意识形态。国际文化比较不仅能够呈现出不同国家的文化优缺点，还能够从中挖掘出适宜我国文化发展的部分，完善我国文化的发展。高校在开展国际文化比较中能引导当代大学生坚守对本土文化的信仰，将本土文化"守正创新"的发展规律传递给大学生，使其认识规律，尊重规律。同时，进一步确定"守正创新"的文化发展规律，首先是要坚持党的领导，保证中华文化在党的领导下稳步发展。党的领导具有科学性和正确性，保证文化发展的方式在党的领导和指引下进行，是本土文化当前发展和未来发展的关键点，确保党对文化工作的领导与决策，才能保证本土文化发展方向不偏离，及时发现文化发展中出现的问题。其次是要清楚文化离不开人民群众，要尊重人民群众的文化创造成果。最后是明确本土文化的发展要不断自我革新，满足现实需要，与新时代同步，不断向世界弘扬中华文化的多样性、包容性。处理好继承传统与发展创新的关系，本土文化才能迸发其活力，显露其精髓，展现其深厚底蕴和时代价值，走出"照着讲"的巨大历史惯性。高校思想政治理论课通过国际文化的比较,能揭开国际文化的"面纱",使大学生群体能够理性认识国际文化,了解其文化本质,增强大学生文化安全意识,在实践中积极践行符合本土文化的发展规律的活动。

(四)提高思想道德和科学文化素质

精神是力量、是动力,如若没有精神力量,一个民族就会没有生机,走向堕落,注定是落后的、失败的民族。现代化国家的发展一定是精神与物质均衡的发展。把我国建成社会主义现代化强国,不仅仅要在物质上强大,还要在精神上更加丰富、更加坚定、更加坚不可摧。十九届五中全会就指出我国的现代化是物质文明和精神文化相协调的现代化,在"两个一百年"奋斗目标的历史交汇点,只有重视精神的力量、思想的号召、文化的滋润,才能不断建设好社会主义精神文明,提高大学生群体思想道德和科学文化素质。高校思想政治教育主要通过以下三个方面来推动社会主义精神文明建设。一是推进社会主义核心价值观和思想道德建设,引导大学生在理论上掌握其内容,实践上积极践行社会主义核心价值观念。坚定推动党史教育,增强"四个自信",将社会主义核心价值观和"四个自信"成为大学生群体的价值追求和行为准则。二是通过创建文明校园,鼓励展示优秀文化作品和产品,传递正能量,激发大学生内心情感,营造文明校园氛围,增强大学生群体的凝聚力和向心力。三是树立校园模范,发挥模范人物的带头作用,通过树立教师、学生等校园模范,展现模范人物的人格魅力,引领学生树立正确的价值导向,切实提升校园文明程度,提高大学生群体思想道德和科学文化素质,助力文化自信的形成。

第三节 大学生思想政治教育的教师队伍

一、思政教师的核心素养

(一)政治要强

高校思政课教师秉承"政治要强"这一核心素养,心中有信仰,传授的信仰才能使人信服。思政教师做到发自内心信仰马克思主义,要站稳自己的立场,坚决抵制各种错误的思想,把握前进的方向,构筑意识形态的前沿阵地。真知真懂才能做到真信,思政课教师对马克思主义理论尤其是中国特色社会主义理论体系有充分的理解，才能始终坚定不移地信仰马克思主义。如果教师不能感同身受中国特色社会主义一路走来的艰辛与困难，思政课堂就失去了色彩。如果一个思政课教师对于自己所要讲授的内容和理论没有达到发自内心的尊崇和信任，或者依旧存在质疑或不解，那必定有些事情是和学生讲不明白的，讲出来的话是没有底气的，也是苍白无力的，这样又怎么去有效引导和带动学生坚定马克思主义信仰呢？

自马克思主义理论作为专门课程的独立地位被确认以来，教育部更进一步提出和完善了关于相关课程标准中对教师队伍建设的明确且细致的要求，思政课教师应当具有高文凭兼党员的双重属性，并成为高校马克思主义理论教学名副其实的排头兵与先行者。对于高校思政课教师来说，政治要强的核心是要搞清楚"培养什么人、怎样培养人、为谁培养人"的问题。这就需要思政课教师本身具有较高的政治站位，从政治高度去思考教育问题。

思政课是一门相对特殊的课程，最突出也是最重要的一点就是其带有一定的政治属性和价值导向性。如今的大学生对各种社会思潮和社会问题的关注度普遍增长，因此要求高校思政课教师在面对部分"敏感问题"时要保持头脑的清醒和镇定，分析问题要站在一定的政治高度和角度上，跟随政治主流，同党和国家的主旋律保持高度一致，用清晰的思维辨别是非。高校思政课教师必须做到对自己的话负责，保证课堂上讲述的内容不脱离主流，不颠倒是非，不人云亦云，不随意听取他人煽动，课堂话语要逻辑紧密，时刻紧跟主旋律的脚步。高校思政课教师要牢记自己首先要做一个政治过硬的人，而后才是一位合格的思政课教师。

（二）情怀要深

情怀代表了丰满的内心世界，是人们对自己向往的精神境界的执着追求。不同于其他专业课程，思政课的核心在于以教学的方式使所听之人从内心深处认可其主张和观点。而最主要的教授方式之一便是"以情育人"。家国情怀指的是传统思想中"家国一体"的概念，是将对家庭的信仰与对国家的信仰联结在一起的方式。"国家兴亡，匹夫有责"便是对家国情怀的最好体现。家国情怀就是指人们对于自己国家前途命运的牵挂，对人民生活幸福、生活安康的美好与期望，是一种高度的情怀大爱，也是一种发自内心的精神追求。家国情怀蕴含了优秀传统文化的深厚力量，是社会主义精神文明的深刻体现。在新时代，家国情怀更倾向于个体对于国家和人民的一种大爱，承载着人们对于国家富强、自身幸福的不断追求和期待。

情怀要深，是要求高校思政课教师在日常教学工作中，自身要有浓厚的家国情怀，家是最小国，国是千万家。思政课程的定位决定了思政课教师是一位家国情怀的传播者，单纯依靠思政课本身内容来吸引学生是难以成功的，对思政课的讲解要有一定家国情怀的支撑。马克思主义在高校思政课这个阵地中的传播和教学不能只是空有华丽外表的包装，更不能只是一个空壳，需要思政课教师用爱和情怀填满。教师能感动自己才能感动学生，先打动学生再引导学生。只有拥有真情实感的家国情怀，真正对国家和人民充满热爱，才能引起学生的情感共鸣，只有一个心中真正装有家国和民族的教师，才能教出对家国有归属感的学生。思政教师应当对共产主义、中国特色社会主义怀有赤诚之心，才能真正在各种社会思潮博弈的今天，坚定政治立场，始终自觉抵制不良思想的侵蚀、坚定政治信念，为大学生的思想保护筑起一道铜墙铁壁。

思政教师拥有并保持浓厚的家国情怀，就应该及时关注时代和社会的发展。我们现在正处在一个全新的时代，是中华民族逐渐走向复兴和强大的时代，教师要满怀激情地把伟大祖国创造的辉煌历史展示在课堂上。同时，思政教师既要完成日常教学任务，又要关注社会，把目光投向现实社会，关注现实中的重大热点事件，重大新闻，关注国际局势，要善于从各种媒体尤其是互联网上获取能够引起学生注意力的时事政治和热点问题，引导学生用正确的世界观和方法论进行分析，提高学生解决现实问题的能力。思政课教师不仅要学会关注，还要善于从时代和社会的信息中汲取养分。思政课教师担负的职责比较特殊，既要传授科学的理论知识，又要加强育人思想，通俗地说，思政课教师既要给学生喂好精神食粮，也要给学生喂饱精神食粮。教师要输送精神食粮给学生，那么教师首先就要做到加强学习，汲取充足的养分，让自己的精神是纯粹的。其次教师还要密切结合实际，从社会实践中学习新颖的改革成果，汲取朴素的思想感情，丰富社会经验，涵养自身精神品格，从而去潜移默化地影响学生。思政课教师是感染学生真正热爱国家、热爱人民的关键角色，要厚植中华五千年优秀传统文化传统，树立起坚定的文化自信，用丰厚的文化底蕴铸魂育人。国家未来的接班人要对自己的国家和民族发展过程中所形成的文化价值给予认同和肯定，才能拥有深厚植根的情怀，才有面对文化质疑和外来文化冲击的底气和信心。

（三）思维要新

思政课教师思维要新，是基于时代不断变化和发展的基本要求。做到思维新，思想灵活，是思政课教师应当具备的素养，亦是创新思政课教学模式所必须具备的素养。如今的国际环境是动态的，新的环境、新的形势，也给我们国家带来了新的机遇和挑战。思政课教师思维不能是固化的，更不能是一成不变的，不能永远按照一种模式讲授思政课，要随时保持一个灵活转变的头脑，可以做到打破常规局限性，紧跟国际形势，不断创新思维。讲好思政课是一项伟大的工程，也具有很强的创造性，建设好这项伟大工程，需要新思想、新理念、新思维。教师要创新思维，深化改革教育教学模式，坚持做到"八个统一"来提升思政课的质量。教师用好思政课课堂的主渠道，把握辩证唯物主义和历史唯物主义与创新的协调发展，深化教学改革创新。教师在锻炼自身思维创新的时候，也会提供给学生一种科学创新的思维方式，锻炼学生在活泛新颖的思维中，运用辩证唯物主义和历史唯物主义去看待、分析和解决问题的能力。

（四）视野要广

新的历史时期，构建人类命运共同体不断凸显共建、共享、共生的重要意义，教育也是如此。无论是出于"供给侧改革"还是基于新文科建设的考量，都需要紧扣新时代人文精神的主题，做出契合当下的意义阐释。为了从学理上深刻解释中国特色社会主义"是什么""为什么""怎么做"，向全世界充分展现中国特色哲学社会科学的魅力，思政课教师必须志存高远、胸怀大局，既要充分掌握本土，又要放眼国际，搭建有广度、有温度、有方向、有力量的传播矩阵，培育既有笃定的民族观念和爱国情怀，又有辽阔的全球视野和人类命运共同体情怀的时代新人，这样的"新青年"才能积极主动担当民族复兴大任。思想政治理论课的对象是"人"，关键是"思"，重点是"政"，讲政治是具体且生动的实践，思政课教师一定要牢牢把握坚持和发展中国特色社会主义这一改革开放以来党的全部理论和实践的主题。其中，至关重要的一点是，广大思政课教师要增强把握大局的能力，即要站得高、看得远，怀着长远的考量而构筑"道统"的堡垒，要投身于实际的历史处境中，建构自己的身份认同，以保有从事教学科研和灵魂拷问的思想能力，否则便是对时代不负责任。思想政治理论课教学是一门带有缺憾的艺术，但是"一个人有无尖锐犀利的眼光，有无开阔广大的眼界，是事业成败的关键性因素"。一名好的思政课教师肩负着引领大学生成长发展的职责，需要自觉运用关怀伦理于教学实践，以培养学生的关怀理想与关怀能力为目标。在新时代的多重挑战下，教师更应该针对大学生的思想共鸣点、情感触发点而精准发力，提升大学生的理论获得感。从供给侧分析，思想政治理论课的生命力在于供给内容的针对性和供给方法的互动性，为此，思政课教师亟待树立大局观，聚焦于新时代大学生必备品格及"眼光""眼界"的养成，以便早日更好地让中国话语"走出去"。

（五）自律要严

孔子曾指出"修己以安人"。自律要严是对思政课教师的内在约束，是通过对责任感与使命感的培养逐渐建立起来的一种自我约束的能力。讲规矩、重纪律，是其本质要求。思政教师应将立德树人作为最高职业道德要求，严于律人，更要严以律己。作为一名教师，一名知识的传授者，只有自身先严格要求自己，才能做好授业解惑的工作，使教育对象产生信赖感，在课堂上得到归属感。教师在课堂上表现的方方面面，都会潜移默化地影响学生。自律是一种珍贵的品格，也是每个教师都应当具备的职业素养。自律意喻规束自我、谨慎内省，自觉遵守各种道德准则，高校思政课教师必须先严于律己，才能以身作则。思政课具有价值导向性，带有浓郁的政治色彩，因此无论在课前还是课后，校内还是校外，工作还是闲暇之时，高校思政课教师都应当时刻注意自己的言行举止，牢记自己的身份，切忌随意评论和发言，不乱说话，不说错话，做到课上课下一致，网上网下一致，要时刻把社会主义核心价值观放在心间。

古有云："自律不严，何以服众"。因此，思政课教师只有做到了自律，才能督促"他律"，教师的一言一行还应当是学生的样板。严格要求学生的前提是先严格要求自己。在教师做到自律的同时学生也会被带动养成自律的好品格，继而自觉遵守法律、遵守党纪党规、遵守学校纪律，不违规、不逾矩，做好新时代德智体美劳全面发展优秀大学生，做新时代社会主义事业的建设者和接班人。

（六）人格要正

思政课教师在对马克思主义理论进行教授的过程中，采用的最好的教学方法是言传身教。而人格特质是集诚实守信、与人为善、待人有礼、公平公正等诸多优良品德于一身的综合体现。只有拥有高尚的品德与人格，才能在纷繁复杂的社会现实中激浊扬清，做好马克思主义理论的传播者、讲述者与践行者。人格是一个人性格、气质、价值观等方面的总和。古语有言，"亲其师，信其道"，学生亲其师，才有可能信其道。学生对一位教师表现出尊崇，首先产生于对这位教师的人格崇拜，是教师自身产生和散发出的巨大吸引力，去吸引学生真正愿意走进课堂，坐下来学习知识；当学生在生活上面对困难时，在成长的道路上，在人生的路口迷失方向时，愿意去找教师开导，寻求帮助。而这些正是思政课教师所要起到的作用，做到的工作，也正是思政课的初心。

高校思政课教师应是集人格之善、知识之丰、育人之美于一身的人。有人格，才有吸引力。学生一天中的大部分时间都是和教师在一起，思政课教师的格局和气度，长久时间下来也会潜移默化地影响到学生。学生对一位教师的判断与评价、反抗或喜欢是基于学生每天面对这位教师的直接或间接感受的，一位能打动学生的教师仅仅只有专业是不够的，重要的是要有健全和正确的人格。教师的独有人格魅力是一把开启优秀课堂的钥匙，做一位值得学生喜欢的教师是讲好一堂思政课十分重要的一个前提因素，自身引起学生反感的教师也不可能在课堂上收获学生的认可与喜爱。只有具有自身魅力的教师，才能得到学生的亲近和认可，愿意与之交流沟通，这就要求思想政治教育者不仅要塑造大方得体的外在形象，还要不断完善自身的内涵，将内在美与外在美完美统一起来，更好地增强自身感染力，用高尚的人格感染学生、打动学生、赢得学生，提升学生的信任度，与学生产生情感上的共鸣，成为"学生喜爱的人"，做学生满意的教师。

二、思政教师的形象概述

（一）以知识形象为基础

知识形象事关高校思想政治理论课教师能否教好书。知识形象作为教师内在专业知识的外显，关涉其职业身份的确立及他人是否对其形成职业认同。就教师这一职业而言，对教育不仅要有敬业、勤业的精神，更为重要的是还要精业，也就是承担起教书育人的大任。能教好书首要的就是教师有充足的知识储备，高校思政教师在社会主义教育中担负的特殊任务，显然对其知识形象也提出特殊的要求。新时期思政教师知识构成应当科学、完善才能适应时代需要，从而确保立德树人根本任务的完成。具体来说，马克思主义基础理论知识、思想政治教育基本理论知识与相关学科领域具体知识的集合是一个合格高校思想政治理论课教师应有的知识构成。

1. 扎实的马克思主义基础理论知识

思想政治理论课最为坚实的学科基础就是马克思主义理论，具备深厚扎实的理论知识是思政教师最为关键的专业素养。马克思主义基础理论既以马克思主义基本原理作为根基，也蕴藏着马克思主义中国化过程中衍生出的相关理论成果。思政教师自身能够"真学、真懂、真信、真用"马克思主义理论知识，就能自觉站在马克思主义的立场上引导当代青年大学生解决好成长中遇到的难题，这是思政课教师赢得大学生信服的无形力量。

作为一名思想政治理论课教师，传播和研究马克思主义既是一项光荣使命，也是终身追求。作为当代青年大学生理想信念和道德规范的示范者，思政教师必须养成高度的政治自觉性，必须具备坚实的理论基础，充分认识并自觉拥护现行国家政治制度和政策法规；必须坚定正确的政治立场、严格遵守政治纪律，并且要具备高度的政治敏感性和鉴别力；要清晰地认识到自己的职责和使命，秉持负责认真的态度，全身心地投入教育和培养学生这一伟大事业中去。

2. 丰富的思想政治教育基本理论知识

思想政治教育本质特征、地位作用、过程规律以及思想政治教育主体、对象、内容、方法等相关基础理论都应是高校思想政治理论课教师内熟于心的重要知识结构。基于思想政治教育实践活动产生的思想政治教育理论体系能否被高校思政课教师掌握并运用，关乎青年大学生在成长成才的过程中能否受到有效、正确的引导。作为专门从事思想政治教育的人，高校思政课教师只有深入了解思想政治教育的历史沿革、明晰相关教育规律、懂得学生教育的根本方法、全面掌握国内外思想政治教育实践活动存在的主要差异，才能在教育教学过程中探索出立德树人的可行方案。这也是高校思政课教师塑造良好知识形象的重要保障。

3. 广泛的相关学科领域具体知识

思政课教师要有渊博的学识。大量研究经验表明，要想在教育过程中发挥人格魅力感染学生，教师首先必须具有深厚的知识理论储备，知识储备是思政课教师在课堂上理直气壮讲好思政课的底气。思政课教师不仅要对专业知识有精深的认识，还要有广博的学识。"精深"就是知道得透彻，对专业知识不仅能知其然，还要知其所以然。当代大学生是生活在信息化时代的群体，他们乐于关注国内外时事大事，也经常会有自身的想法和思考，思政课教师只有精准把握好相关知识，才能直面学生提出的问题，并给予正确完美的解答。"广博"就是"知得广"，思政课不能是单独开展的，还与其他理论知识和学科息息相关，是一个十分广泛的领域，古今中外都有涉及，需要教师掌握多方面的知识并融会贯通。

实践已证明，对高校思政课教师而言，其知识形象的建构既需要以扎实的马克思主义基础理论知识和丰富的思想政治教育基本理论知识作为基础，也同样需要广泛的相关学科领域知识作为补充。随着思想政治教育这一学科的深入发展和大学生思想政治教育实践的不断革新，综合学科、交叉学科的色彩愈发浓厚。加之互联网时代发展迅猛，各学科都交融在一起，借鉴其他相关学科的理论与方法成为高校思想政治理论课教学的重中之重。

具体来看，高校思政课程首先本身具有非常显著的跨学科特点，它在不同程度上涉及了哲学、法学、伦理学、经济学、政治学、历史学、社会学等相关学科的知识；进一步看，在具体的教学过程中也离不开应用心理学、教育学等非本学科的相关知识。所以，相关学科领域知识也内蕴在高校思政课教师的知识体系之中。

（二）以教学形象为关键

教学形象事关高校思想政治理论课教师能否引好路。教师的从业之要在于课堂教学，而课堂教学也正是教育对象接受教育的必经环节，因此，课堂是高校思政课教师形象建构的重要场所。当今高校思想政治理论课教育模式仍然主要以理论教育为主，尽管有课程思政、社会实践活动等相关辅助形式作为大学生思想政治教育途径，但目前由教师开展且围绕课堂这一场域进行的教学活动仍是大学生接受教育的主要方式，高校思想政治理论课教师的教学形象也就相应地占了较大的比重。思政课教师在课堂中生成的教学形象是其使用的教学语言、采用的教学方法、进行的教学互动等各方面的综合反映。这种教学形象是高校大学生对思政课产生亲近感、增加兴趣的影响因素，直接关系思政课教师能否与学生顺畅地进行沟通对话、思维碰撞甚至思想融合，可以说是高校思政课教师塑造良好形象的关键。课堂教学作为教师传授知识的主要渠道，也是高校思想政治工作的中心环节。在课堂教学中要落实马克思主义理论教育，关键是要增强新时期高校思想政治理论课教师"在马言马"的自信心。思政课教师要努力在自己的教学过程和学术研究中不断增强自信，拒绝社会不良风气的侵蚀，避免成为宣扬西方话语的推手。在课程设计和内容呈现上，教师要坚持政治性与学理性的统一。不仅要帮助学生加深对马克思主义的理论意义和现实性作用的认识，同时要让学生真正理解马克思主义的本质，与时俱进，在把握世界发展趋势的基础上，成为时代的弄潮儿。

1. 灵活的教学语言

单一的语言模式定会造成教育对象对教师的反感、对课程的无视，教育效果必然无从说起，因而灵活的教学语言将是高校思政课教师理想教学形象形成的助推器。其一，针对思政课的课程内容而言，政治属性极为明显，涉及有关意识形态领域许多抽象的原理、概念问题，特别是还会关乎社会主义道德与法律规范的传导，高校思想政治理论课教师首要的就是使用通俗易懂的语言将这些科学性的系统知识讲准、讲清、讲透；其二，在课堂教学中若想让教育对象自觉将内化接受系统保持开放状态，就必须使用具有时代感、吸引力的语言将现实与理论联系起来。特别是新时代的大学生思维十分活跃，紧贴时代脉搏的新词汇、新语体都应该进入高校思想政治理论课教师的语言表述范围之内；其三，高校思想政治理论课教师还需要用一些幽默语言的切入来增强课堂吸引力。曾有学者做过一项关于高校思想政治理论课教师语言表述的调查，超过90%的大学生认为教师风趣幽默的语言是自己对教师形成好印象的加分项。适时、恰当地使用幽默语言会改变大学生心目中思政课教师"马克思主义老太太"的刻板印象。简言之，教师的教学言语技能越高、越熟练，对教学产生的正向影响就越大。

教师的语言是向学生讲解知识最直接的工具，思政教师要塑造语言魅力。思政课教师虽然肩负着传播与教导马克思主义理论的职责，然而不应该仅仅把自己看作理论的"搬运工"，要将课堂授课看作一种创作，钻研课堂话语的魅力和艺术，注重课堂话语亲和力。此外，思政课教师最重要的是注意言辞，应当避免在部分场合将带有个人主观色彩的话语讲给学生，要说美丽的话语，说弘扬社会主义主旋律和加强社会主义精神文明建设的话语。与此同时，教师加强行为魅力也同等重要。德行良好的教师不仅能赢得学生的尊重，还能教出人文素质高的学生。教师的言谈举止影响面很广，因此教师更应严格要求自己，做到严格自律：有亲切和蔼的态度，有大方自然的仪表，有文明礼貌的举止等。

2. 高效的教学方法

高校思政教师进行教学活动时为实现教育目的必须借助的工具就是教学方法，它是影响思想政治理论课教学实效性的有效途径和手段。"满堂灌""填鸭式"这样陈旧的教学方式极易遭到当代"00"后大学生群体的反感，在新时代探索出学生欢迎且能收获教育实效的教学方法将成为高校思政课教师形象的加分项。一方面，教师要运用现代化教学技术创新课堂教学方法。思政教师需要不断提升自己运用信息技术的相关能力，既要学会充分利用网络平台来更新教育观念、丰富教育内容、改进教育方法，又要利用现代信息技术来利用并开发新的课程资源以此激发大学生的学习热情。另一方面，高校思想政治理论课教师还应该根据课程特点和个性特征丰富课堂教学方法，教师可以将德育课堂看作一个活的舞台，让自己成为舞台上的"演员"，形成自己独特的风格，找到适合自己个性特点的高效教学方法，既能赢得教育对象对教师的正向评价，还能促进大学生完成对教学内容由知到行的现实转化。

3. 有效的情感沟通

对于思想政治理论课而言，它与自然科学类课程的教学相比，既没有大量的公式推导过程，也没有相应的实验课程来进行相关科学研究，主要就是依靠教师在课堂上进行讲授具有阶级意志性的教学内容，最终将理论转化为现实力量来对教育对象的思想和行为进行规约，特别是我国高校思政课直接关涉为党育人、为国育才。高校思想政治理论课教师在课堂上能否发挥最大的教育效能还依赖于能否进行有效的情感沟通。对于思政课而言，教学过程中能添加有效的情感沟通，能拉近教师与教育对象的心灵距离，使思政课教师成为青年大学生成长、成才过程中贴心的引路人。高校思政教师应当通过情感交流去触及当代青年在学习、生活中存在的现实问题与思想困惑，当然也要注意把大学生的共性困惑和个性问题区别开来，及时做出相应疏导，并引导他们做出正确的价值判断与价值选择，凸显出思想政治理论课教师的"有用性"。与此同时，教师沟通过程中也要把握流行于新时代大学生群体中的各种社会思潮，引导他们辨识错误的思潮，聚焦于大学生关注的社会热点问题，通过学理分析引发学生积极思考，用真理的力量来赢得思想和情感上的共鸣。总之，只有客观、全面并准确地了解当代青年大学生的特点和需求，才能有针对性更新教育内容、创新教学方法，才会深入对象心理世界并与其产生有效沟通，这样的育人过程才具有现实意义，才能真正将外在的教育内化为内在的需要。在这一教育过程中高校思政课教师形成的教学形象也就会处于吸引教育对象的样态。

（三）以人格形象为核心

人格形象事关高校思想政治理论课教师能否育好人。思想政治理论课自产生以来就是一门兼具政治性和思想性的育人课程，教师的综合素质对教育对象"做什么样的人""如何做人"有直接性的影响。人格形象反映的是教师思想意志、道德品质、价值取向及行为方式的惯常模式。作为立德树人、铸魂育人的高校思想政治理论课教师而言，人格形象更是具有超越理论教育的强大感召力、影响力，就像是一本"活教材"，直接起着思想、行为的导向、示范作用。因此，人格形象应被置于新时代高校思想政治理论课教师应然形象的核心位置。

1. 崇高的理想信念

引导大学生坚定理想信念，提高思想道德素养，是思想政治理论课的目标和任务，也是思政课教师上好课的必然要求。思政课教师对大学生进行马克思主义教育，宣讲党的方针政策，最终目的都是要引导大学去真正领悟理解其核心意义，为建设社会主义事业提供理论指导，引导大学生为社会主义建设而奋斗。思政课教师要承担好组织者、参与者、引导者的角色，明确自己的教学目标，积极主动对大学生学习成长中遇到的问题和困惑进行科学的解答，科学辩证分析我国在改革发展过程中存在的一些现实问题、热点问题，避免学生在遇到这些问题时缺乏辩证的思维而产生过激的想法或行为，正确引导大学生理性看待社会现实中的各种矛盾，培养大学生明辨是非的能力和应对复杂多变的社会环境以及应对各种复杂问题和突发事件的能力，承担起建设社会主义现代化国家的重要使命。大学生思想上尚未完全成熟，人生观价值观正在逐步形成，在复杂的社会环境和复杂的网络文化下，容易被社会上的负面因素所侵蚀，发挥思政课教师引导者的作用，能够帮助大学生正确看待问题，明是非，识大局，让大学生在成长过程中不迷失方向。

高校思政课教师职业的特殊性，决定了其在理想信念上必须有高位追求。高校思政教师必须既高度认可马克思主义理论学科，又高度重视对共产主义事业有执着追求。高校思政课教师要具备坚定马克思主义信仰，不仅要自觉自主地加入中国特色社会主义事业的建设进程当中，还必须将这一崇高信仰作为自己的精神支柱，积极地投入高等教育事业当中。

2. 高尚的道德情操

高尚的道德情操是教师对教学内容是否真信、真用的直接体现。高校一向是国家及社会的知识高地和道德高地，培养大学生成为具有高尚道德品质的社会主义事业建设者和接班人是立德树人根本任务落地生根的重要价值指向。较之于其他学科专业教师，思政课教师具有无法替代的德行影响力，特别是他们在学生政治意识形态、价值观取向、人生态度、道德行为、社会责任承担等方面会产生一定影响，而这种影响实质上源自思政课教师人格中的德性部分，也就是教师的道德情操。思政教师良好的德行修养与高尚的道德行为是其在教学过程与日常生活中体现自身独特价值的重要显示器。大学时期正是一个人的人格健全与道德成型的关键时期，处于这个时期，从某种程度上来说大学生会对教师的品行、性格、思想、语言进行不自觉的模仿。高校思想政治理论课教师更应成为社会规范、社会道德的化身，以自身的人格魅力成为大学生争相模范的对象。

3. 良好的心理素质

新时代高校思想政治理论课教师持有良好的人格形象并不意味着思政课教师是一个僵化的道德标本，而是身上也体现出丰富的人性内涵，其中心理素质就是一项重要显示器。处于一定历史条件和社会关系中的个体，都会面临各种困难和压力，心理健康和心理素质的培养则成为青年教育中极为重要的问题。特别是新时代的大学生群体，面临着更高的发展要求，经历着更严峻的现实挑战，教师若能做好率先垂范，用理性的态度、积极健康的心态去直面压力、解决问题，学生就会潜移默化地被影响。因此，良好的心理素质也应是高校思政课教师人格形象的重要组成部分。思政教师应当以积极的态度面对生活的喜怒哀乐，面对个人的生存与发展，教育对象和周围的社会成员都能受到正面影响，进一步将这种健康的情绪带到社会主义建设的事业当中，这也是新时代高校思政课教师应然形象的重要指向。

4. 得体的仪表风度

高校思政课教师要树立良好的人格形象既要从理想信念、道德情操、心理素质这些大层面着眼，也不能忘记要从仪表风度这些小处着手。也就是说，高校思想政治理论课教师在平时要保持衣着得体大方，不能衣冠不整，也不要过度粉饰；还要注重自身气质风度、礼仪修养对学生的影响，尽量持有积极饱满的精神状态，对学生产生一种全方位的影响。简言之，高校思政课教师做到内外兼修，才可以将美好的人格形象融入立德树人的教育过程中。

（四）以学术形象为升华

学术形象事关高校思想政治理论课教师能否治好学。新时期思政教师要"会教"，更要"会学""会研"，成为一名不断学习、不断探索的思政课教师。专家与学者，是对高校思想政治课教师的最高定位。思政课教师在立德树人的过程中既应精于教学业务，也应以科研为抓手，塑造良好的学术形象以夯实思政课的育人功能。在中华人民共和国的发展道路上，我国高等教育事业也在迅猛发展，高校逐渐演变成为科技创新的重要基地，教学和科研相结合俨然已成为培养高质量人才、推动高校学科建设的强大动力，这也就意味着科研成为高校一项极为重要的工作内容，教师成为高校开展科研工作的重要力量。思想政治理论课作为高校课程之一，也和其他课程一样需要具有科研能力的教师来支持并促进学科步入高速发展轨道。所以，持有良好的学术形象对高校思政课教师来说显得十分必要。学术形象的关照既能使高校思想政治理论课教师形象变得更加丰满、挺立，也定将会强化教育对象、教师同行及社会公众对其形象的正向评价。高校教师的主要职责就是教学和科研。作为一名优秀的思政课教师，其专业素质不仅体现在较高的科研水平上，更体现在较强的教学能力上。在过去相当长的一段时间里，思想政治理论课教师的主要任务就是完成教学工作，仅有的一点科研任务还是为了满足职称评定的需要，进行科研项目的时候往往缺乏深层次的研究。繁重的教学任务也成为制约教师在科研上取得成果，在职称评定上取得进步的重要因素，也严重影响了思想政治理论课的教育实效性。作为一名思政教师，虽然说基本任务是教学，但进行科学研究也非常重要，教师自身教学能力提高的同时也能有效地促进科学研究水平的提高，由此也能不断丰富教学内容并且改进教学手段，从而提高教学水平，所以思想政治理论课教师必须平衡好两者的关系。思政课教师要齐抓教学与科研，使之达到相互促进的效果，从而更好地履行教书育人的职责和使命。

1. 具备一定的理论研究水平

要想思政课具有说服力，教师就要对理论进行及时的学习和深入的研究。照本宣科的生硬灌输早已不能适应新时代开展大学生思想政治教育的客观要求。思政教师应当将前沿性的理论研究成果充实于教学之中，培养学生的科研思维与分析能力。同时，能深入研究国内外相关思想政治教育理论也是提升其理论研究水平的重要途径。

2. 具备一定的学术研究能力

一个合格的高校思政课教师必须有较强的学术科研能力。紧紧抓住思政课育人功能的整体方向和最新的研究成果，并将之用到自身的实际教学当中，不断提升思政课的授课能力和大学生思想政治教育的水平，是思政课教师学术研究能力提升的方式之一。当然教师也可以通过积极参加学术研究活动，使自身的学术研究能力达到一个符合高校教师要求的令人满意的境界。

第四节 大学生思想政治教育的质量评估

一、思想政治教育质量评估体系要义

高等学校思想政治教育评估体系主导高校思想政治教育发展。科学的高校思想政治教育评估体系，能够克服高校思想政治教育健康发展的制度阻力，营造创新环境，为高校思想政治教育质量进而为整个高校教育质量提升，实现高校教育高质量发展提供动力保障。高校思想政治教育评估体系是关于高校思想政治教育的评估系统及运行体制，是高校思想政治教育评估主体根据一定要求和指标，对高校思想政治教育的过程、效果诸方面实行全面评估的活动系统和运行机制。其主要涉及评估主体、评估客体、评估环体、评估介体、评估载体、评估内容、评估方式和评估效果等问题。高校思想政治教育评估体系来自教育又高于教育，它与教育息息相关又特立独行。教育评估体系至关重要，其运作引领、驱动教育进

步。评估体系建设是高校思想政治教育发展的内在诉求。评估体系以教育过程和效果作为评估对象。评估更看重过程而不是只重结果。既全神贯注达成目标，又念念不忘运作质量。评估体系既定性也定量，既局部也整体，既具体也抽象，既即时性也历时性，既是结论性也是过程性的，既是阶段性也是综合性的。高校思想政治教育评估体系紧扣教育质量，指向性和目标性一目了然。指向性是指它心无杂念，专心致志，只关心、针对和评估高校思想政治教育而不大包大揽、涉及其他领域。目标性是指评估体系之诉求与思想政治教育的培养目标相向而行、高度契合，而且助力目标达成。

（1）宗旨要求。发挥高校思想政治教育功能，立足培养合格人才，为社会主义建设服务。提高教育的方向性、实效性和可控性。教育学生坚定共产主义信仰，培养科学的世界观、人生观、价值观。形成良好品德、崇高理想，正道而行，健康成长。

评估体系应秉持政治期待。以习近平新时代中国特色社会主义思想为指导，"全面贯彻党的教育方针"[①]；立德树人，铸魂育人，为党育人，价值引领，政治挂帅，不忘初心。价值性是高校思政评估不可或缺的重要内容。高校思政评估应体现知、情、意、行的高度统一。评估体系应高扬整体意识，科学设计评估内容及指标体系，全面考虑、系统应对、抓住关键方面，从全局大局谋划，突出整体效果评估。评估体系应体现层次归属，设定层次，划分区间，区别对待，有的放矢，因材施教。评估体系应表达问题思维，不夸夸其谈、一概而论，针对、联系学生实际，理论教育和社会实践教育评估糅合融通；评估体系应具有创新本质，与时俱进，锐意创新，改革求变，寻求最好方式，探索最好方法。评估体系应具有协作情怀，做到教育、管理、保障三位一体，教师、学生、领导各尽其职，统筹兼顾、协作一致。评估体系应展示民主氛围，教师、督导、专家、领导、学生各尽其职，评估体系各方尤其师生彼此尊重，主客平等互信、内外同心同德。

（2）主体客体。主体有内（部）主体高等学校、外（部）主体政府教育部门和社会中介组织。主体包括管理主体、教育主体、学习主体、服务主体、用人主体。客体是高等学校及其内属党政团部门（如宣传部、教务处、马克思主义学院）等工作人员、思政课教师和大学生的工作、学习和表现。学校领导、教师、学生主客一体。

（3）内容结构。教育评估体系主要包括制度建设、体制建设、队伍建设、课程建设、教材建设、学科建设、社会实践、经费保障与实际效果。

---

① 2016年12月7日至8日.《习近平在全国高校思想政治工作会议上的讲话》

评估体系有内外（部）两个评估体系。内（部）评估体系是高等学校独立组织评估的体系，是高校对所属部门主要是宣传部、教务处、马克思主义学院、总务处、财务处领导，组织、开展、协助与保障思想政治理论教育状况定期进行的检查和评估，具有计划性、经常性特征。外（部）评估体系是政府教育部门、社会中介组织等外（部）评估主体对高校思想政治理论教育活动进行的检查和评估，具有阶段性、指导性特征。两者相辅相成，关联呼应，内主外辅，内督外促，一体并立，殊途同归，共同生成一个完整的评估体系。

高校思想政治理论教育评估体系主要由水乳交融、相互贯通的主体、客体、环体、介体、载体、过程及效果评估组成。"体系"比"系统"更丰盈动态。

二、思想政治教育质量评估的原则

（一）结果与过程相统一

世界不是既成事物的集合体，而是过程的集合体。高等学校思想政治教育工作是一个不断实施、发展和完善的过程，围绕高等学校思想政治教育工作开展的质量评估也是一个动态发展的过程；同时，高等学校思想政治教育工作以人为对象的基本特征，也导致其工作效果的显现具有一定的延迟和滞后性。因此，开展新时代高等学校思想政治教育质量评估，要科学把握结果与过程的统一，在评估过程中，既重视在某个阶段可呈现可观测的实际工作和相应结果，又坚持动态性、发展性的眼光，始终关注高等学校思想政治教育工作的整个过程和长期效果。科学把握新时代高等学校思想政治教育质量评估结果与过程的统一，一方面要深刻把握结果评估的重点和目标，运用多种有效可行的具体手段，了解和掌握高等学校思想政治教育工作在各方面所呈现的实际状况和效果，以及教育对象在教育教学目标方面的接受度和完成度等，有效呈现高等学校思想政治教育工作在一定时期内静态性的成果或问题，将静态性的结果作为进一步肯定或改进高等学校思想政治教育各方面工作的重要依据，及时肯定并宣传积极的成果，形成以点带面的辐射效应；另一方面，要深刻把握过程评估的重点和要求，紧扣产生思想政治教育效果的各方面因素，探索总结高等学校思想政治教育的发展规律，及时调控优化高等学校思想政治教育的实施过程。在评估实施过程中切实将结果与过程评估统一起来，实现以评促建、以评促改的良好效果。

（二）分类与综合相统一

高等学校思想政治教育的实施场域包含各种不同风格、类型的高等学校，实施内容涉及思想政治理论课教学、日常思想政治教育等多个方面，参与主体囊括党委政府、高等学校、教师、学生、社会第三方等多个类别，是一个复杂的庞大系统。因此，要科学把握分类与综合的统一，在评估过程中，既针对不同层面的评估标准和体系进行分类设计、分类推进，有的放矢地考核评估不同层面内容的实际状况，以减少多头评估、重复评估，有效减轻基层和高等学校负担，又把准评估实施的多元参与主体，以及学生成长发展的多样化和综合性，构建政府、学校、社会等多元参与的综合性评估体系，并进一步健全对学生成长发展的综合性评估。一方面，要深刻把握分类评估的要义和关键，在评估实施前后始终贯穿分类设计、分类推进的思维意识。针对不同主体、不同类型高等学校、不同侧重内容、不同阶段学生特点，设计实施不同的评估方案和计划，针对性解决不同层面的难点和问题，调控和完善相应的高等学校思想政治教育实践举措，有的放矢地提升高等学校思想政治教育质量。另一方面，要科学把握综合评估的要义和关键，科学理解新时代高等学校思想政治教育质量评估的多元评估主体和多样评估内容，统筹规划、整体推进，构建党委政府、高等学校、教师、学生、社会等多元参与的综合性评估体系，增强评估的系统性、整体性和协同性，同时把准大学生对全面发展的需求和期待，结合中国特色、时代特征和世界水平，探索更加多元的评估办法，健全完善大学生成长发展的综合性评估体系。

（三）精确与模糊相统一

提升高等学校思想政治教育质量评估工作的科学性、专业化和客观性，要求在评估实施中界定精确的评估内容，制定明确的评估标准，实施严格的评估程序，并形成具有一定信效度的评估结果。然而，高等学校思想政治教育工作从根本上说是在"做人的工作"，涉及影响因素众多，是一项庞大复杂的系统工程。因而开展高等学校思想政治教育质量评估很难穷尽评估对象的所有方面，也无法对评估结果进行分毫不差的精准描述。因此，要科学理解精确与模糊的统一，在评估过程中，既注重评估过程和环节的科学性、严谨性，以明确的标准、严格的程序，形成具有信效度的评估结果，保障评估实践的客观性和精确性，也充分把握质量评估工作的复杂性，对特殊的思想政治教育质量状况做出整体把握、分析预测和大致区分，以模糊的形式有效反映思想政治教育质量的真实状况和水平。科学理解精确与模糊的统一，在质量评估实施过程中，将二者紧密结合起来，以精确评估把准模糊评估的方向，实现在精确评估基础上的模糊评估。一方面，在模糊评估中贯穿精确评估的方法要求，运用多种手段精准确定高等学校思想政治教育质量评估的对象内容、评估标准、测评指标和评估实施的严格程序，通过实施评估的精确过程、清晰指标和科学环节，将可量化的评估结果有效呈现，将难量化的大致情况做出相对模糊的有效描述，以保障评估实践的科学性和专业化；另一方面，以模糊评估形式呈现精确评估的科学结果，以适应高等学校思想政治教育实践及其质量状况的特殊性和复杂性，特别是大学生思想变化的复杂性。人的思想和感情是不可能完全量化的。任何关于人的思想感情的量化都是不准确的。因而在评估标准、指标清晰明确的基础上，要充分采用相对模糊的方式来衡量或预测高等学校思想政治教育质量的实际状况，比如运用等级评定区隔、合格评定区间等标识评估结果。在评估实施过程中切实将精确与模糊统一起来，有效解决部分评估指标难以精确量化，以及工作投入和产出不完全对等之类的现实问题。

三、思想政治教育质量评估体系内容

高校思想政治理论教育评估应该理论联系实际，知、情、意、行融合，内化外化过程循环往复。

（1）评估内涵认识。高校思想政治教育评估体系是关于高校思想政治教育评估的主体框架及运作状态，是评估者按照教育目标和指标，对教育内容、方式、方法、组织、制度、生态、效果和影响进行评估的整合系统和运作状态。

（2）评估功能界定。评估功能不一而足，辐射教育教学全过程、全领域、全方位，涉及多层次、多视角、多界面，既有传统的检查、考核、制约功能，又有先进的激励、指导、创新、发展与建设功能。评估要保持基本的检查、测定与制约功能，突出激励、创新与发展功能。

（3）评估指标设计。评估指标应分级分类、一体多维。围绕教育要素、过程和结果三大方面，对应体制、制度、队伍、课程、教材、学科、管理、保障与生态建设诸多领域及具体目标、任务、态度、方式、方法、设施、条件、生态、行为、效果设定一、二、三级指标及权重标准。

（4）评估体系确定。评估主体多元并存，不同评估交叠影响。正确处理学生与教师、督导与领导、业内与业外、个人和组织、上级和下级评估等关系，追求评估实效，突出专家、督导评估，淡化、弱化学生评估，合理确定评估量化体系，使评估回归正道，体现教师主体价值。

（5）评估方式选择。评估要静态动态、理论实践、线上线下、主观客观、单一复合、领导督导、专家同事、教师学生结合，加大动态、实践、线上评估比例，提高督导、同事评估权重，突出客观、复合评估。管理部门、学生、督导、同行评教有机结合。鼓励创新评估。

（6）评估方法改进。夯实评估平台，完善评估制度，改进评估方法。转变观念、推陈出新、贯通融合，教师学生评估、领导督导评估、专家同行评估、学部学校评估、上级下级评估、校内校外评估、中介社会评估、线上线下评估多种方法并行不悖，灵活运用，实现评估效能。

（7）评估生态优化。学校领导高度重视，部门之间相互协作，学校内外同心协力，上级下级团结一致，教师学生顾全大局，各方整合，全校一盘棋，从而生成良好评估环境。建章立制、科学谋划、有效领导、精心组织、充分保障、依法实施、有效治理，全面营造良好评估生态。

（8）评估原则捍卫。理论实际同步、思想实践并重、内化外化共生、守正创新一体、变与不变交融、过程效果兼顾，坚守评估捍卫教育，激发活力，清除障碍原则，以学生为本、实事求是、持之以恒、灵活机动、务求实效，督促教师真教真讲真懂，学生真学真听真信。

（9）评估理念转变。评估不是目的、形式，评估只是手段、工具，要以评估为抓手、为动力，服务至上，以评促教、促学，激励教师愿教善教会教，学生愿学善学会学。评估要有温度，关心、尊重教师，体现人文关怀。用考核功能，重视创新、发展功能，促进师生健康发展。

（10）评估内容整合。教育评估要高屋建瓴，系统整合评估内容，顶层设计和面上布局协同一致。以知情意行，全面培养人的目标体系为标准设定评估内容，主要在基本理论、基本情感、基本信仰与基本道德培养等方面有所作为。评估内容全面广泛，评估体系动态多变。

（11）评估时间设定。解放思想、更新观念，适当进行教育评估时间调整和改革，有的课程在统筹安排、科学论证的基础上，根据教育教学规律和课程实际情况改变本学年度、本学期评估的传统做法，允许另学年度、另学期评估，以有效提高评估质量，实现教育效果。

四、思想政治教育质量评估体系实施框架

构建思想政治教育评估实施框架，需要仔细分析指标的数据来源，厘清不同

指标的类别，确立评估的原则，建构体系结构，真正增强评估的针对性和有效性，真正发挥评估指挥棒的作用，服务人才的培养。

第一，指标的数据来源。围绕政策要素开展评估体系设计，指标的数据来源一般四类：一是来自中央部委有关文件要求，对其中影响学校思想政治工作发展并具有一定可测量性的要素进行提取，通过反复论证，作为指标体系中的核心组成部分。二是来自学校思想政治工作实践，归纳总结实践工作中影响学校思想政治工作的要素，尤其是当前影响发展的突出问题，通过反复论证，转化为指标体系中的重要组成部分。三是来自国内外相关指标体系的参照，研究国内典型做法，国际组织（联合国教科文组织、世界银行等）相关报告中公民教育或道德教育发展指标以及其他国家公民教育、道德教育的先进经验，通过反复论证，吸纳进入指标体系，转化为指标体系的参照组成部分。四是来自反映区域特色中的相关指标，这是推动区域和学校思想政治工作百花齐放、各具特色、持续发展的必要举措，吸纳转化为指标体系的特色指标。

第二，指标的功能类别。围绕指标数据来源，我们可以将指标的功能类别分为三个层次：一是基础性指标。代表评估体系科学性的核心要求，要选取具有代表性的关键要素，体现高校思想政治教育评估的目标内容，突出评估导向和指标有效性。二是引领性指标。思想政治教育评估不仅要注重目标结果，还要引领高校思想政治教育变革和发展，对未来发展的发力点进行重点监测。三是特色性指标。各地各高校的资源、基础不同，直接决定了思想政治教育的推进、落实、建设情况也不尽相同。评估指标应因地制宜，增加特色要素，反映出区域和学校的特色，保证评估指标的科学性和立体完整性。

第三，指标的设定原则。一是以问题为导向。评估指标的设计要"落地"，必须以实践中亟须解决的突出、关键问题为指标设计依据，通过抓住思想政治教育的"时间节点"和"工作节点"推动质量持续提升。二是系统性原则。要建立多元多层、科学有效的立德树人测评指标体系，改变教育行政主管部门自上而下的传统评估模式，建立政府、学校、学生、社会的多元评估模式。三是可操作性原则。完善过程评估和结果评估相结合的实施机制，选择内涵明确、可重复验证、数据容易获取的指标。在基本保证评估结果的客观性、全面性的前提下，指标体系尽可能简化，减少或去掉一些对结果影响甚微的指标。

第四，指标的体系框架结构。高校思想政治教育质量评估指标体系要以准确反映国家系列政策文件在执行过程中的质量提升度、目标达成度和未来持续度为目标。能够重点涵盖高校思想政治教育的历史积淀、建设现状和发展潜力特征。

国际通用的教育指标模式为"投入—过程—产出"模式，高校思想政治教育质量评估实施框架也可以借鉴这个模式开展。从投入来看，重点涉及思想政治教育重大工作举措，有关的支撑和保障体系建设。从过程来看，重点是对思想政治教育系列政策举措的针对性和实效性进行评估，是评估内容主体。从产出来看，最根本的是人才培养质量。

五、思想政治教育质量评估体系特性

高校思想政治教育评估体系以科学性、实效性、目标性为评估导向，具有鲜明的特性。

（1）评估目标的统一性。一是评估目标要瞄准国家教育目标，保持统一，唯国家教育目标是从，不能我行我素；二是评估目标与具体活动目标保持统一，在国家教育目标规范下，根据不同类型、不同学校、不同专业教育活动目标有的放矢地制定教育评估目标，从而能够有效影响和引导具体教育活动而不是泛泛而谈，脱离实际。统一性还表现在必须围绕学生学习效果进行评估。学生学习效果是检验教育质量的最核心要素，必须以学生学习效果为核心标准。

（2）评估内容的全面性。高校思想政治理论教育评估体系贯穿于教育全过程，囊括各方面。教育评估涉及教育目标、教育内容、教育方法、教育制度、管理体制、保障机制、运行状态、教育生态、政治认同、道德素养和教育效果等方面。首先，评估高校思想政治理论教育目标、内容和方法。其次，评估内部系统及运行状况。然后评估学生政治认同、理性思维、公民素养即思想政治道德、观念、理想、信仰、认识和知识掌握、内化实际情况。最后评估高校思想政治理论教育效果。

（3）评估方向的科学性。高校思想政治教育评估体系要深刻认识和科学把握教育目标、内容、方法、本质和规律等，对各影响因子作用进行合理的权重设定；以学生学习质量为逻辑中心；坚持教与学统一，重点放在学生所学上；坚持过程与结果统一，重点放在结果上，力求符合规律性，从"供给者本位"转变为"需求者本位"，确保评估客观公正可行。

（4）评估领域的广泛性。评估领域广泛，从内容到形式、从制度到体制、从管理到服务、从主体到客体、从环境到保障，无不涉及。评管理、评教及评学紧密结合，促进学生全面发展。评估教与学、结果与过程、学生知识认知与非知识认知、校内教育与校外影响，统筹兼顾，范围极其广泛。

（5）评估主体的多元性。评估主体多元并存，由内而外。学校领导、部门主管、教师、学生及政府机关、中介机构皆为主体。教师和学生兼具评估对象与评估主体双重属性，督促师生对教与学活动审视自省、查漏补缺，以求至善至美。教育评估采取教师、学生、学校与社会等多方面评价。教育评估不能置主体多元于不顾，单纯以学生评教或者督导评教为主，甚至无视评估规律，只推崇学生评教。

（6）评估方法的多样性。评估方法多种多样，实行过程性评估，采取目标与过程并重的价值取向。评估方法兼容并包，不一而足。比如定性与定量，自评与他评相统一，过程与结果，动态与静态，形成性评估与终极性评估，规范性评估与开放性评估，一般评估与特殊评估，线下评估与线上评估相结合，方法多样，效果合理。

（7）评估过程的动态性。思政教育不同于单纯知识教育，过程相对漫长，效果呈现并不同时，评估具有更加明显的阶段性、动态性，不能急于求成、一锤定音，要有耐心，善于等待。评估的动态性见证教育的艰难和规律性，只有静动态相结合，过程性与结果性相一致，才能真实评估，有效指导。过程评估，注重对教学效果的动态测评。主体对作用于教学质量和效果的各主客体因素进行阶段性的考量。

（8）评估功能的服务性。评估体系服务性功能贯穿始终，评估及时给教师反馈信息，使其有针对性地开展教育教学活动，提高为学生发展服务质量。教育要有效启发大学生觉悟，指点迷津，帮助学生发现和纠正错误认知。在大学生陷于迷茫、困惑时，利用思想政治理论教育评估体系给予扶持。

（9）评估活动的客观性。教育活动是客观，而不是主观臆想的，教育活动的开展要有明确、客观、切实可行的目标、标准和方式，没有明确、客观、务实的目标、标准和方式的规范和指导，凭主观意愿办事，脱离实际，好高骛远，教育将寸步难行。评估要有客观、精准的目标、标准，以此客观性引领科学性评估。

（10）评估标准的多维性。高校思想政治教育评估标准多向多维，要全面动态把控。评估标准必须同时兼顾理论知识、家国情怀、理想信念、道德品质与文明素质等方面，进行多维考问，围绕政治信仰这个点，为党育人、为国育才这个最高目标全景瞭望。大学生思想意识评估，必须多向多维而不应是单一的。

（11）评估效果的深刻性。高校思政教育立德铸魂。教育内容需要大学生有深刻的知识认知、情感认同、理论领会、思想觉悟、道德升华和行为美化。高校思政教育评估体系需要相应的深刻性表现。评估体系要科学、深刻地评估学生对马克思主义世界观、人生观和方法论的掌握、运用情况及共产主义信仰和社会主义道德的养成情况。

（12）评估行为的灵活性。高校思想政治理论教育评估体系应当高度灵活，既坚持原则又随机应变。大学生思想道德素质外在表现千姿百态，实际接受情况因人而异，评估不确定性因素很多，完全按标准评估往往既不可能又不可靠，既不现实又不合理。因此，高校思想政治理论教育评估体系应灵活机动，不能固守教条。

（13）评估结论的可调性。高校思想政治理论教育评估结论不是最终性结论而是形成性结论，具有可变性、可调性。要重视评估又不能迷信评估，评估结论只是阶段性依据而不是决定性标尺，不能一成不变，一评定高低，要用发展的眼光看待评估，在评估中发展，在发展中评估。大学时代是大学生思想意识逐步成熟而仍变动不定的阶段，评估要有包容性、大局观。因此，高校思想政治教育评估应该因势利导、定而可变。

（14）评估体系的导向性。高校思想政治教育评估体系评估导向为科学性、实效性、目标性的三位一体。教育评估体系完整统一、协同创新，科学指导、推动评估有效实施。教育评估体系由外部评估子体系如上级教育主管部门、校外中介机构和内部评估子系统如学校党政领导决策、制度支持、部门协同、指标设计、队伍建设及评估应用体系组成。内外部评估体系之间相互关联、照应、互动，全面指导高校思想政治理论教育评估，有效推动高校思想政治理论教育发展。教育评估体系有对结果的关切，更有对引导的诉求。教育体系既是一个评估工具，更是一种理念的引导，引导关注思政理论教育系统效果。

（15）评估应用的可行性。可行性要求指标体系的设计相对具体、直接、简便，易于操作，而不能笼统、烦琐、不切实际、模棱两可、无从把握。指标体系要建构科学、开放的体系架构，规范、易懂和便捷的使用流程。

第二章　大学生思想政治教育的理论依据

本章为大学生思想政治教育的理论依据，共三节。第一节为思想政治教育的基本原则，第二节为马克思主义的理论基础，第三节为新时代思想政治教育方向的指导。

第一节　思想政治教育的基本原则

一、导向性原则

导向原则启示高校教育者要抓核心、抓重点，树立问题意识，以当前大学生面临的主要问题为导向，不断解决高校思想政治教育存在的问题。教育部明确指出了大学生思想政治教育要坚持问题导向原则，要有问题意识，以高校存在的问题为导向，着力解决主要问题，提高发现问题、研究问题、探究问题的意识以及解决问题的能力。社会主要矛盾构成"社会问题"的核心，新时代的社会主要矛盾是当前国家面临的阶段性特征和症结所在，为高校思政教育现阶段需要解决的问题提供方向指引。所以，新时代大学生思想政治教育要遵循问题导向原则，并且要具有以社会主要矛盾为问题导向的大局观，着力解决目前现代化强国建设的要求与大学生思想状况不能满足这一要求之间的问题，着力解决其教育供给与学生需求之间的矛盾。正如习近平同志所说："树立历史眼光……坚持问题导向，从历史和现实相贯通、理论和实际相结合宽广视角"[①]考虑问题，当前，大学生思想政治教育只有正确认知社会主要矛盾这一变化给社会带来的影响，不断改进和提升其实效性，坚持问题导向原则，抓住重要的问题、重要环节，以及坚持不断关注和提升师生的获得感，才能在解决社会核心问题的过程中发挥应有的作用。因此，目前强化大学生思想政治教育的原则意识中，坚持问题导向原则至关重要，

---

① 2018 年 1 月 5 日《习近平在学习贯彻党的十九大精神研讨班开班式上的讲话》

各个高校思政工作者都应该树立该原则,确保其工作的针对性和实效性。

二、方向性原则

方向原则规定了思想政治教育要有明确的政治方向,并且要坚持以完成其目标为准则,使大学生在成长成才的过程中形成正确的三观以及实现全面发展。坚持方向原则,是由中国共产党党性的本质特征、我国高校的性质和任务以及现阶段大学生思想政治教育的迫切要求决定的。社会主要矛盾转化的背景下大学生思想政治教育更应该有明确的政治方向,遵守方向原则,紧跟中国共产党的领导,自觉贯彻和执行国家相关政策和方针,不断优化和改进教育教学,以为社会主义建设服务,为培养国家所需要的人才服务。大学生思想政治教育应时刻明确其方向原则,以国家要求和学生需求为中心不断改进和优化。高校思想政治教育要把现阶段党的政策方针和大学生的政治观教育、思想教育结合起来,以大学生这一主体为中心不断改进和优化,从当前社会主要矛盾转化中认识到我国生产力水平、社会发展状况、教育对象的思想变化,综合大学生的日常生活、学习、思想修养、心理健康等确立教育的内容和改进教育的方法。社会主要矛盾转化背景下大学生思想政治教育坚持方向原则,有利于新时代的大学生明确其理想信念,自觉跟党走,自觉拥护自己国家的尊严和安危,自觉抵制错误的思潮;有利于大学生形成集体主义思想,能够把个人的梦想与国家的梦想联系起来,自觉转化为奋斗的目标;有利于加强大学生实现美好生活的冲劲,发挥自己的价值,帮助解决社会发展存在的一些不平衡和不充分,比如:自觉参与到国家扶贫工作中,为脱贫攻坚战献出一分力量,帮助解决脱贫问题,主动积极去山村支教,帮助解决教育不充分问题等。

三、人本性原则

人本性原则指在思想政治教育过程中坚定以人为中心,牢固确立人的重要性和影响,在此基础上,全面把握人的能动性,以实现人的最终发展为目标。人本性原则的目标是促进人的全面发展,既包括个体理论知识、道德观念的全面发展,也包括个体思想观念的全面发展。就知识观念发展而言,在教学过程实施之前,教师应当充分了解到学生的不同需求,从而制定多样性教学计划。在教学过程实施阶段,应打破长期教师占主导地位的灌输机制,结合拟定教学计划,灵活变通具体教学任务,与学生建立随时沟通、共同进步的师生关系。这能够在一定程度上使学生加强对思想政治教育的亲切力,从而建立和谐的课堂氛围。

就思想发展而言,在结合网络文化的过程中,应充分发挥网络丰富便捷的特点,在提升文化技能和道德水平共同发展的基础上,应回归于人本性原则的最终结果,即发挥以人为本的最高形式,达到观念的革新。马克思曾把"思想"形容为让人觉醒的"闪电",由此可见,解放思想是影响甚至决定个人发展的关键要素。教师应以网络作为平台,充分发挥理论知识的先进性,引导学生冲破固有思想的枷锁,使其具备适应社会发展的独立新思想,从而充分发挥人本性原则中以人为本的理念,促进学生全面且长远的发展。

四、求实性原则

求实原则,即实事求是的原则,指大学生思想政治工作要始终坚持理论联系实际,一切从实际出发,实事求是。社会主要矛盾转化背景下大学生思想政治教育必须坚持求实原则,正确认知目前存在的不平衡不充分现象,才能满足大学生对美好生活的需求,从而实现其优化和创新发展。大学生思政工作要始终围绕社会发展现状,把握好新时代的"变"与"不变",注重根据大学生知识水平、生活经历等的不同,因材施教。思想政治教育要通过各种形式的教育活动,深入客观实际,积累和总结实践经验,形成一些规律性的认识,以更好地为学生办实事。改革开放以来,高校思想政治教育正是在不断总结过往经验的基础上取得显著成就的。正确的实践经验为开展高校思想政治教育工作指明了道路,形成了具有普遍指导意义的准则、原则,错误的实践经验给高校思想政治教育工作以教训和启示。当前,大学生思想政治教育要牢牢抓住我国目前发展的症结所在,正确认识变与不变,实事求是地总结反思当前大学生思想政治教育存在的问题。遵循求实原则,要求大学生思想政治教育要及时寻求改进,不断解决现在教育教学中课程体系和实践体系不充分、教育资源不足、教育者理念落后等问题,并且要善于积累教育教学实践经验,敢于尝试敢于创新,理论结合实际,遵循客观规律,科学且有针对性地实施教育。

五、主体性原则

社会主要矛盾转化更加注重人的全面发展,新时代的大学生自我意识和主观能动性越来越强烈,思想政治教育过程中对教育主体的特点和自主性要充分重视。如今,高校学生以"00"后大学生为主,他们成长于我国社会发展的和谐美好阶段，并且大部分都处于独生子女的家庭氛围中，自主意识和主观能动性较强。他们更加追求精神文化方面的需要，不再仅仅呈现在低层次的需要上，而是高层次的需要。往往低层次的需求简单容易满足，教师很容易关注到其需求，而高层次的需求复杂难以满足。尤其是大学生精神层面和自我实现层面的需要，往往被教育者所忽视。所以，当前高校学生思想政治教育要加强主体原则，关注大学生的真正需求。目前，高校所提倡的素质教育和通识教育都比较注重教育者自身的主体性，在德育方法上提倡受教育者自我育德，这正是以学生这一主体为原则的教育观，但是事实中有部分教育者没有很好地遵循和落实这一原则。部分教育者把思政工作看作对人的外部改造活动，而没有考虑人自身的需要，忽视了大学生的主体地位。这对于大学生的全面发展很不利，应及时改进。新时代思政教育更应该凸显人自身的价值，以及实现人的主体性的充分解放。加强主体原则，是充分贯彻以学生为本的理念，符合素质教育的要求。加强主体原则，对于大学生思想政治教育而言，有利于高校思政工作者把大学生作为服务对象，更好地完成教育任务和目标；对于教育对象而言，有利于深入激发大学生自身能力和人生价值，从而实现大学生自由全面发展。

六、时代性原则

时代性原则指在思想政治教育过程中以习近平新时代中国特色社会主义思想指导，解决大学生思想政治教育发展中的问题，认识网络全球化的变化趋势，贯彻十九大精神的理论成果，实现立德树人的教育成果。在现今面对着西方话语权强势、网络意识形态多样化的问题上，思想政治教育应当发挥对学生积极的舆论导向，在贯彻、实践上做好"三进"，从而在意识和行为上准确把握时代性的脉搏。十九大报告曾多次指出当今时代是一个全球化发展的时代，在思想政治教育过程中，教师应当将十九大精神深入落实到思想政治教育中，引导学生加强对于国内外政治事件与时代问题的深入剖析，以此来培育大学生的大局意识，将思想政治教育的课程意义提升到全局高度。

面对网络世界的多样化以及社会发展的不可预知性等现象，大学生思想政治教育必须始终牢牢响应党和国家的要求，在此基础上要明确不同历史时期不同的历史定位。从根本上来讲，时代性始终是以立德树人作为根本目标，从而促进社会主义建设，从形式上来讲，时代性是根据社会与网络的变化所制定的时代使命。时代性原则既立足当下发展，又考虑到未来变化，促进大学生思想政治教育适应现实需求和未来发展方向。

七、实效性原则

实效性原则指在思想政治教育过程中协调各方位要素的配合，实现课程效果最佳化，从而以提高学生的品德和能力，以学生取得的实际效果为评判标准。实效性原则包括过程实效与结果实效两部分内容。

就过程实效而言。传统的思想政治理论课以理论性强为特点，这在一定程度上强化了学生对于理论知识的理解，但学生较难转化为自身内在品德，即未实现对知识的完全吸收，因此教师要敢于打破旧有的授课形式，注重理论知识的实践载体，从而使思想政治教育的特点由僵化单一到丰富多元发生转变。网络文化是思想政治理论课载体，教师应当在相关部门的规范化与高校针对性的筛选下，运用科学方法将其与思想政治教育融合，从而提升课程吸引力与价值性。

就结果实效而言。针对学生现有问题，高校应不断做出新的评估与对策，以提升学生品德、能力为最终目标。高校的调控与应对措施会加强实效性原则的贯彻，但要在社会各方协同带动的条件下而言，具体来说，主流媒体牢牢把握主流话语权地位，引导正确的舆论导向，思想政治理论课要因时而变，从而适应社会发展，相关部门加强对于不良网络文化的规范，发挥网络媒介的真正效用。在社会各界的协同带动下，思想政治理论课各要素的合理配置，从而达到实效性原则的实现。

八、激励性原则

大学生思想政治教育中的激励原则，是鼓舞和推动大学生主动追求真善美，激发大学生勇于实现美好生活的重要教学手段。简单来说，就是通过一些激励措施，运用外部动机激发和调动大学生的积极性，久而久之使其转化为内部动机，形成自觉学习的行为。在物质生活富裕的当下，许多大学生容易形成享乐主义和奢靡主义的倾向，理想信念薄弱，甚至不想通过自己的努力去创造美好生活，缺乏为之奋斗的动力。大学生思想政治教育利用激励原则，可以借助外部力量来激发大学生的积极性和拼搏精神，使其逐渐养成良好的行为习惯，将这种力量转化为内部动机，自觉形成积极向上的奋斗精神。当前社会主要矛盾转化下的思政教育如果善于运用激励原则，将会事半功倍。大学生处在成长过程中，需要外部动力来施压以使自己的惰性和懒散慢慢改掉，最好的方式就是奖惩激励机制，使大学生在追求奖励的同时，形成优胜劣汰的危机感，从而不断奋发努力变得优秀。需要注意的是，思想政治教育在建立和设置激励机制时，要从学生的心理出发，把握其内在需求，通过物质奖励、精神鼓励等，帮助教师达到教育的目的。总之，社会主要矛盾转化背景下思想政治工作者在对大学生进行思想引导和价值观塑造时，更应该强化和重视激励原则，对于学生的闪光点，要多肯定多表扬，鼓励他们发扬优点和长处，使他们学有所用，才有所施。并且通过适当惩罚，使他们改正错误，激励他们增强积极向上的信心和决心，从而带动广大学生不断前进，共同进步，成为社会栋梁之材。

第二节 马克思主义的理论基础

一、马克思主义关于思想政治价值的理论

首先，马克思的价值学说。它最初是来源于马克思主义的政治经济学中的价值学说，那里有关价值的概念有三个，价值、使用价值和交换价值，其中使用价值强调的是物对人的有用性。即表示对象为人而存在，也就是客体为主体而存在。而马克思的价值学说要远远高于政治经济学中的价值学说，根本在于它深入研究人类的生活实践，用主客体相互作用所产生的客观实际来阐释价值的本质。具体来讲，马克思主义价值学说中，价值的主体是人，价值来源于人的需要，这是价值产生的终极根源，其他物体因为和人的需要产生关联才具有价值。当然除此之外价值客体自身的属性以及功能是价值得以产生的物质承担者。只有在价值客体自身的属性、功能与人的需要相互适应与契合时才会产生价值。同时，马克思主义价值学说中讲到实践才是价值实现的根本途径。现实生活中，人类按照自己在实践中的需要去选择和利用客体的属性，以使其与自己的目的相对应，最终实现客体主体化的过程，即表现出价值的本质。大学生的思政价值实现过程总是通过实践并在实践中形成和实现的。其中，马克思的价值学说是伟大的马克思从实践唯物主义理论层面出发得出的有关价值的科学理论，为今后在研究思想政治教育价值实现路径问题领域提供了重要的理论基础。

其次，马克思的需要理论。顾名思义，它是从人类的最基本的生存发展需要出发，进而阐释人类的各种需要以及它们之间的相互关系。值得注意的是这里的需要是指现实中的人的需要，即存在于一定社会关系中的人。这里人的需要其实

就是人的本性。马克思认为最应该放在第一位的是作为人的最基本的生存需要，正如马克思所说人类的第一个历史活动是"生产它们所必需的生产资料"，只有满足了人类生命存活的衣食住行等基本物质生活条件，才有可能去要求其他。基本物质生活条件得到满足之后，人类的其他需要接踵而至，如精神需要、发展需要、劳动需要等等。各种需要之间相互作用、相互渗透，最终，以劳动为媒介，形成了各种各样不同的生产方式。价值主体也就是大学生此类群体，他们的需要是大学生思想政治教育价值实现路径研究的起点，只有提前掌握大学生这一群体的实际需要，才能提高其价值实现的针对性和高效性。所以，马克思的需要学说是大学生思想政治教育价值的理论基础。

最后，马克思关于人的全面发展理论。这一理论是建立在社会现实基础上现实的人本质上的，马克思阐释出只有当每个人能够完全按照自己的意志去决定自己的发展方向、内容，成为自己的主人时，才是真正的自由。全面即人的社会关系、意识、能力和情感需要等各个方面的要素都可相互协调性地得到发展。马克思在运用辩证唯物主义的基础上对人的自由全面发展理论进行了系统的分析，马克思学说中关于人的自由全面发展理论基本成熟。无论哪个时代，哪个国度，任何人都倾向于去打造更好的自己，更好地激发自身的生存发展的积极性，马克思学说的这一理论明确了人的自由全面发展的内涵，指明了大学生应该如何自我提高、自我完善，为大学生在思想政治教育价值实现方面奠定了理论基础。

二、马克思主义关于文化的理论

马克思主义经典作家关于文化的直接论述较少，其主要是从侧面的角度对文化进行阐述，表达了自身对文化的见解与认识，而相关文化的论述体现在马克思主义经典作家相关的教育思想以及教育工作之中。

马克思主义思想以其科学性为社会发展带来了重大变化，给社会发展指明了新的方向。马克思主义思想的出现，为近代中国注入了活力，使我国走上了马克思主义思想指导下的发展道路。正因为马克思主义思想蕴含了重要的价值，为我国社会发展的各个方面提供了有效指导，才使得我国的国际地位不断提高。文化的产生也离不开社会实践，人们在自然界中不断进行实践，在实践的过程中不断认识世界和改造世界，探索社会生活的本质和规律，创造属于自身的历史，形成了人类的文化。实践产生了文化，文化又在一定程度上推动了社会实践的不断发展，指引社会发展方向。文化的发展受限于生产力和经济的发展水平，但同时文化也具有反作用，文化的不断发展也会推动经济的不断发展。从人的全面发展角度来说，马克思认为，"教育是提高劳动者素质，提高劳动生产率和造就全面发展的人的唯一方法。"① 马克思认为教育能够有利于人的全面发展，顾名思义教育有利于人们提高自身的文化水平和素养。

列宁继承了马克思和恩格斯的思想，并在此基础上加以创新，形成了适合苏联社会发展的指导理论。列宁的思想成功指导了十月革命，并建立了世界上第一个社会主义国家，其思想蕴含了重要的政治、经济、文化价值。列宁十分注重文化的发展以及文化培育人，强调要加强国民教育，通过扫除文盲，提高人们的文化知识水平以及文化素养，列宁认为，"在一个文盲的国家里是不能建成共产主义的。"② 表明了教育在共产主义实现中的重要作用和地位。当前，思想政治教育，不仅仅是为了传递文化内容，更重要的是丰富大学生精神世界、灌输精神动力，坚定大学生理想信念，为实现共产主义助力前行。列宁的论述充分强调了思想教育和文化在历史进程中的重要意义。

三、马克思主义经典作家的道德理论

（一）马克思恩格斯的道德理论

第一，道德起点："现实的人"。区别于以往道德哲学家们的"抽象的人"，马克思恩格斯以"现实的人"为道德起点。马克思和恩格斯都认为，对任何一个个人来说，出发点总是身处一定历史条件和社会关系中的自己，而非思想家们所理解的"纯粹"的个人。世界上根本不存在"纯粹的人"，而只有"现实的人"。任何个体都活动于现实实践关系之中，是"具有感性的、单个的、直接存在的""有血有肉的"人。马克思恩格斯从"现实的人"出发对资本主义社会道德展开批判，揭露了资本主义道德的非人道性和虚假性。马克思在《资本论》中批判了资本家对工人进行剥削而又试图掩盖的虚假道德，恩格斯呼吁工人们"挽救自己的人类的尊严"③。可见，资本主义生产关系所带来的人的异化只能带来"不完整的人的道德"，只有共产主义社会才可能产生"真正的道德"。

第二，道德特性：历史性、阶级性、实践性。首先，马克思恩格斯坚持历史唯物主义的道德观，一般来说，社会所提倡的道德往往是统治阶级利益的集中体现。此外，实践性是道德的本质特性，为实现共产主义所进行的具体实践就是道

---

① 马克思恩格斯文集（第8卷）[M].北京：人民出版社，2009：234.
② 列宁选集（第4卷）[M].北京：人民出版社，2012：294.
③ 马克思恩格斯全集（第2卷）[M].北京：人民出版社，1957：402.

德实践的最好体现。

第三，道德本质：经济利益的集中反映。道德是经济利益的集中体现，而任何道德主张无外乎是现实的人利益的具体彰显。在《反杜林论》中，恩格斯就曾强调，人们在社会生产和交往中必须形成各种社会关系，而各种关系之间难免因利益产生各种矛盾和冲突，而为了调节社会关系，就逐渐产生了一些行为准则和观念，就是道德。

第四，道德理想：实现人的自由全面发展。共产主义道德是马克思恩格斯道德理论的灵魂和主旨。马克思将共产主义的实现分为三个阶段：第一阶段是人与自然关系的解放，以达成人类自我决定的阶段性目标；第二阶段是要解放人与人的关系，建立人类共同体；第三阶段是要完成道德的解放，实现人的自由全面发展。只有在共产主义社会中，个体与自然、个体与个体、个体与社会之间的关系，才可能是协调一致而非对立冲突的。而只有在摒弃私有财产这个"工人对自然界和对自身外在关系的产物、结果和必然后果"[①]及其所携带的旧道德，建立共产主义社会制度之后，人们才可能实现对自我生命本质的全面占有。因为一旦社会占有了生产资料，产品对生产者的统治将随之消除，个体生存斗争将停止。人在一定意义上也才得以最终脱离动物界，进入真正人的生存条件。

以上论述是马克思恩格斯以人的发展理论对共产主义社会所做的道德评价。但同时，马克思也坦然承认，共产主义虽然是社会历史发展的必然归宿，但是却要经历一个漫长的历史叙事过程，共产主义道德理想的实现也不可能一蹴而就。

（二）列宁的社会主义道德学说

列宁不仅强调道德建设对提升社会主义国家中人民基本素养和提高社会文明程度的重要作用，而且形成了以目标、内容、重点、方式等为主要框架的社会主义道德学说。

第一，社会主义道德建设的目标旨向——建立社会主义道德体系。列宁认为，社会主义道德体系的建立和发展对社会主义建设至关重要。农民阶级、知识分子、青年学生思想发展情况各异，如果要使他们具备良好的道德，必须对其进行马克思主义理论的灌输。列宁认识到当时资产阶级思想体系与社会主义思想体系的斗争已经到了非进即退的激烈地步，强调必须加强社会主义思想体系建设。他认为一旦我们对社会主义思想体系有任何的轻视和脱离，资产阶级思想体系就会立刻反扑过来，社会主义思想将面临倒退危机。列宁反对道德的自发性获得，主张在

---

① 马克思恩格斯文集（第1卷）[M]. 北京：人民出版社，2009：166.

社会主义条件下对人民进行自觉的、有意识的马克思主义思想体系的灌输。

第二，社会主义道德建设的核心要义——共产主义道德。列宁在马克思主义道德理论的基础上，将共产主义道德视为社会主义道德建设的核心要义，并对共产主义道德的基本内容和要求进行了概括总结。

列宁在马克思关于共产主义社会阶段划分基础上，将共产主义第一阶段（社会主义社会）作"初级形式社会主义""完备形式社会主义""发达社会主义"的更细致划分。他一方面坚信社会主义社会取代资本主义社会是历史的必然，而资产阶级道德因其虚伪性和历史局限性也终将被社会主义道德所取代；另一方面，他认同共产主义社会实现的长期性和曲折性，认为社会主义道德发展也必将由低级阶段走向高级阶段，最终实现共产主义道德。社会主义道德建设要充分发挥先进意识对人的道德及社会文明风尚的引领作用，由此，列宁强调社会主义社会必须提倡社会主义信念，但同时也必须注重加强共产主义道德。

列宁主张培养具有共产主义道德的社会主义劳动者。首先，列宁认为，无产阶级忠于共产主义事业是共产主义道德的基本要求，每一个共产主义者都应将共产主义事业放在最高位置，不断加强对共产主义理论的系统学习，在为人民群众服务的具体实践中践行共产主义道德；其次，列宁在马克思主义关于集体主义论述的基础上，强调了无产阶级坚持的集体主义应该是集体利益与个人利益的高度统一，他反对资产阶级的个人主义，提倡"大家为一人，一人为大家"[1]的集体主义。

第三，社会主义道德教育的重点对象——青年。列宁十分强调青年在社会主义革命和建设中的重要性，他将青年视为党和国家的未来，认为要成就共产主义伟大事业，就必须把青年培养成真正的共产主义者，而在培养青年共产主义道德过程中，他尤为注重世界观、人生观、价值观的培育，号召广大青年"树立严整的革命人生观"。此外，列宁还十分强调青年对错误社会思潮的批判能力培养。他要求青年加强对主要社会思潮的分析研判，尤其要警惕那些别有用心的"假朋友"，即以友善面目伪装的错误社会思潮。学习是培育青年共产主义道德的重要方面，但是列宁认为青年仅学习马克思主义是远远不够的，文化遗产和传统道德对于青年道德教育同样意义重大，列宁要求青年必须坚持批判吸收的态度，正确地看待文化道德遗产。同时，实践教育对于青年道德形成意义重大，关于以道德实践提升青年人道德水平的途径，列宁提出实践教育与生产劳动相结合、与生活实际相结合两条主要思路。以俄国文化扫盲工作为例，列宁主张让青年在配合完

---

[1] 列宁全集（第39卷）[M].北京：人民出版社，2017：100.

成扫盲工作中提升自身的共产主义道德水平。他认为以往的资本主义道德都是为自己工作的道德,而共产主义道德是"我为人人、人人为我"的道德样态,要通过使青年投身扫盲工作的生活实践,增强青年为人民工作的意识和能力,从而提升共产主义道德水平。

第四,社会主义道德建设的主要方法——批判斗争法、理论灌输法、榜样示范法。列宁不仅强调外在的理论灌输,而且重视内外结合发力,强调灌输教育与自我教育的结合。除了理论教育,列宁还十分注重发挥典型示范的引领作用达到道德建设目的。他曾经对农民、青年以及党员道德教育中的榜样作用进行强调,认为当语言不足以说服工人和农民时,榜样是很好的说服办法。

四、马克思主义经典作家的爱国理论

(一)马克思主义关于社会意识及意识形态理论

马克思主义关于社会意识及意识形态理论能够为家国情怀的形成和发展规律进行理论确证,马克思主义所阐述的社会意识与社会存在的关系、意识形态的阶级性特征、社会主义意识形态"灌输"等理论为家国情怀培育提供了科学理论指导。

第一,"社会存在决定社会意识"是对家国情怀形成与发展规律的理论确证。马克思主义关于社会意识理论强调社会存在的第一性,人类的一切社会精神生活都是由物质生产和生活方式所决定,作为社会意识重要组成部分的意识形态也包含在社会精神生活当中,是现实社会生活的反映。因此,意识形态由物质生活状况所决定,社会存在决定社会意识的产生、性质和变化发展,人们的想象、思维、精神交往是人们物质行动的直接产物,人们的感性思维会随着社会关系的改变或转移而发生变化。

家国情怀是中华民族在长期历史进程中孕育、形成和发展的精神产物,是人们在长期的社会实践活动中,为维护共同体的存续所积聚的心理动力。"社会存在决定社会意识"的理论确证了家国情怀产生的历史必然性:当人们认识到自身的生存发展、家族的兴旺延续和国家的繁荣稳定之间相辅相成,就自然会产生由家及国的情感,人们会在这种情感的驱动下产生在家尽孝、为国尽忠的爱国行动意向。同时,社会关系的改变也会使人们对祖国的态度发生相应变化,家国情怀不断被赋予新内涵,为历史发展提供持续的动力。现实的人及其活动是社会历史存在和发展的前提,社会结构和国家总是产生于一定的个人的生活过程中,这证明了家国情怀在中华民族延续发展中产生和存在的必然性。

第二，意识形态的阶级性特征明确了当代家国情怀的价值取向。意识形态属于观念的上层建筑，具有阶级属性。在阶级社会中，不同阶级现实生活和利益上的不同决定了阶级之间思想观念的差异，统治阶级和被统治阶级均具有各自的思想观念和价值取向，但在私有制下由于被统治阶级不具有精神生产资料，其思想只能从属于统治阶级。

中华人民共和国的成立使人民成为国家的主人，在社会主义制度之下，国家利益和人民利益实现了高度统一，无产阶级意识形态的阶级性赋予当代家国情怀新的内涵。在爱国行动意向层面，实现"中国梦"成为国家和人民共同的理想目标和价值取向。

第三，意识形态作为观念上层建筑的能动性凸显了培育的作用。经济基础决定上层建筑。在社会生活中，意识形态是一个能动的组成部分。意识形态不能自我产生，而是由经济基础和社会存在所决定，但是意识形态一旦形成，其自身就具有相对的独立性和能动性，这种能动性能够对人类社会发展发挥推动或阻碍的作用。意识形态作为上层建筑的重要组成部分，其本质是国家和阶级意志的思想表达。统治阶级利用意识形态来影响和左右人们的思想和行为，是统治阶级用来对人们进行精神统治的工具，能够为人们认识和改造客观世界提供强大的内在精神力量。

第四，列宁的社会主义意识形态"灌输"理论为培育提供策略引导。列宁关于社会主义意识形态"灌输"理论是思想政治教育最基本的方式之一，为家国情怀培育目标、方式和路径的确立提供了科学指引。理论的内在科学性是意识形态灌输的前提，列宁认为马克思主义符合工人阶级和人民群众的需要，是一种科学的理论，能够指导革命实践，因此才能得到工人阶级和人民群众的认可和拥护。在灌输的方式方法方面，列宁指出，"我们需要在实践中说明应该如何建设社会主义"。[①] 意识形态的灌输不能局限于向工人阶级和人民群众教条、呆板地灌输政治理论，关键是要带领工人阶级和人民群众将理论与实践相结合。同时，列宁还指出社会主义意识形态灌输的内容应具有创新意识，充分体现时代精神，灌输的内容必须要贴近实际，而且能够经得起实践检验。

列宁还特别明确了教育队伍对于意识形态灌输的重要性，由马克思主义理论武装头脑的知识分子应当担负起意识形态灌输的责任，扮演好意识形态工作者的角色，以引导人民群众消除旧的社会制度所遗留的不良习气，利用与生产活动和

---

① 列宁选集（第4卷）[M]. 北京：人民出版社，1995：308.

日常生活密切相关的通俗化、大众化的方式引导人民群众树立社会主义信念。

（二）马克思主义经典作家的家国关系论述

恩格斯以婚姻制度的发展为起点详细考察了家庭的血缘亲属关系发展，揭示了随着私有制的出现，国家代替氏族社会的历史必然性。家庭背后隐藏的是劳动分工和阶级对立，"现代社会则是纯粹以个体家庭为分子而构成的一个总体"，[①]家庭是国家和社会发展的细胞。家国情怀的产生建立在劳动分工和阶级社会产生的基础之上。

十九世纪随着生产力的不断提高，资本家对工人的剥削日甚，二者之间的贫富差距拉大，资本主义生产关系不断紧张，资产阶级和无产阶级之间的矛盾在日益加剧。无产阶级的生活跌入苦难的深渊，为了无产阶级的解放和全人类的解放，马克思恩格斯号召"全世界无产者联合起来"应对联合起来的资产阶级压迫。马克思恩格斯把无产阶级和全人类的解放作为毕生追求之事业，实现了爱国主义的民族性超越，走向了国际主义的爱国主义。所以在马克思恩格斯的著作中较少论述如何爱国，而更多论述无产阶级联合的大爱精神，注重国际主义精神的发扬。

马克思的一生波澜壮阔也颠沛流离，他被普鲁士政府驱逐，被法国政府驱逐，被比利时政府驱逐，然而他始终怀抱人类解放的崇高目标，摈弃资产阶级式的狭隘爱国主义，把自己称为"世界公民"。他和恩格斯站在人类共同体和人类解放的高度来看待爱国主义，反对民族主义式的爱国主义。马克思恩格斯的文献当中很少使用爱国主义之类的词汇，而是通过对不同民族、国家和国际问题的关系论述来表达人类解放情怀。

随着资产阶级和无产阶级斗争局势的不断变化，列宁对爱国主义和国际主义进行了不断发展，但列宁并没有否认需要民族国家的独立，只是说民族国家的爱国主义应该是具有超越性的，爱国主义不应仅仅局限在狭隘的当前利益，而应看到长远利益。不同历史条件下爱国主义的具体内容不同，但应始终从本国无产阶级同各国无产阶级的利益相协调这一立场出发。在无产阶级夺取政权之后，列宁认为，这时的爱国主义和国际主义都要求无产阶级成为自己祖国的护国主义者。当无产阶级掌握政权的时候，阶级国家成为人民国家，无产阶级和人民国家不存在阶级冲突，爱国主义与无产阶级利益高度一致，国际主义成为爱国主义的升华。批判资本主义国家的爱国主义，是无产阶级实现跨越国界的大联合并使自身获得

---

① 马克思恩格斯文集（第4卷）[M]. 北京：人民出版社，2009：87.

解放的首要条件，没有国际主义的联合就没有无产阶级解放的结果，这是马克思在结合自身时代环境和条件下做出的唯物史观判断。

（三）马克思主义经典作家的爱国主义思想

1. 马克思和恩格斯的爱国思想

马克思、恩格斯多次阐述了他们的爱国主义思想。在他们生活的年代，因为"爱国主义"一词已经被资产阶级滥用，成为资产阶级用来欺骗公众的"骗人的幌子"，所以他们从不以"爱国者""爱国主义者"自居，也很少直接使用"爱国主义"的说法。但不可否认的是，在他们的著作中，包含着大量关于爱国主义的观点的论述。马克思和恩格斯的爱国主义思想，在思想内容上主要表现为两条思想理路：一是从爱国主义的"阶级性"出发上升到"革命性"，主张"无产阶级"不能只是采用和平的手段，要想实现无产阶级的自由，个人的自由，必须通过"革命"的手段，这样才算得上是真正的自由。这时的无产阶级才"有国可爱"，这样的国家也才"值得爱"。二是将爱国主义的"民族性"上升到"世界性"，殖民地半殖民地国家的爱国主义民族解放运动的目标就是实现自己的当家做主，虽然无产阶级的人民生活在不同的国家，但是却有着一个共同的目标，就是从自身的解放进而拓展到整个人类的解放。总体来看，马克思、恩格斯是爱国主义思想的理论者，也是实践者。理论上，他们提出了无产阶级的爱国思想，行动上，他们直接参与了爱国主义革命行动，是把无产阶级的爱国主义与社会主义和国际主义三者结合在一起的倡导者。

第一，马克思和恩格斯的革命性的爱国思想。爱国主义是一种关系存在，关键是爱什么样的国家。马克思于1842—1843年在《莱茵报》发表了他身为一个德国人，对于沙俄政府这样的外国竟然对自己祖国事务更多干预的不满。文章反映了马克思在自己的祖国受到不公正对待时的愤怒。在马克思、恩格斯早年生活的德国，普鲁士专制制度使得德国远远落后于法国和英国。马克思本人也遭受到普鲁士政府的多次迫害，甚至不得不在1845年被迫脱离普鲁士国籍开启了长期的流亡生活。但马克思并没有因此背离自己的祖国，反而加深了他对爱国主义的思想认识。马克思以彻底的无产阶级革命精神，将自己的爱国主义思想对准了德国的专制制度。他指出：德国要想实现真正的民主和自由，必须要"摧毁一切奴役制"，只有这样才能推翻德国的专制制度，实现国家和人民的自由。之后，马克思、恩格斯在1848年欧洲革命中亲自领导了德国革命。在此期间，马克思和恩格斯在巴黎还提出了《共产党在德国的要求》，为无产阶级制定了统一祖国和民主革命的纲领,以强烈的爱国主义革命思想,将完成祖国统一和走上社会主义道路紧密联系在一起。

在《共产党宣言》中,马克思和恩格斯的爱国主义思想得到了更为集中和详细的阐释。《宣言》指出:"工人没有祖国。"[1] 马克思说工人阶级没有祖国,并不是说工人没有爱国主义思想,而是反对不加分析、不加区分地抽象爱国。马克思反对的是资产阶级狭隘的爱国主义思想,"资产阶级的沙文主义"[2]完全不能算是一种爱国主义。现实就是资产阶级为了维护自己的阶级统治,可以肆意说假话,带着"资产阶级偏见"[3],全然不在乎无产阶级水深火热的生活。资本家作为一个自私的主体,所有的出发点就是维护资产阶级自身的利益,完全不会考虑到工人阶级的利益和所处的局势,工人的存在在他们眼中,就是一种工具,仅仅是"为了增值资本而活着",所以,工人们完全没有能力和大环境来维护好自己利益。在这种残酷的生存和生活条件下,工人阶级连自身最基本的需求都满足不了,所以就不可能团结起来,去爱这个社会,去爱这个国家,他们没有机会和精力去考虑国家的前途和利益,所以就谈不上有一些爱国主义的行动,从这个角度来说,工人阶级是没有祖国的。因此,为了让工人阶级享有和资产阶级一样的利益,就必须"反对外来敌人"。

第二,马克思和恩格斯的无产阶级国际主义爱国思想。马克思、恩格斯有浓厚的国际主义情怀,只要是被压迫的国家和民族,他们都会给予关心,并设身处地地提出这些被压迫的人民取得自由的方式。在他们看来,不管是资本主义国家工人阶级反抗资产阶级的爱国民主主义革命运动,还是殖民地半殖民地人民反抗帝国主义侵略的爱国民族主义革命运动,都在爱国主义的旗帜下具有世界性的意义。在马克思看来,现存的资产阶级"兄弟联盟"因其"利益的不一致"必然进入不团结和分裂的状态,而无产阶级因其本性是国际主义的,故能实现真正的"国际大联合"。这使得无产阶级的爱国主义革命运动,势必超越爱国主义的国家界限和民族性,使无产阶级在世界范围内取得相对于资产阶级的压倒性胜利。马克思在关注德国解放的问题上,认为德国的解放不是仅靠德国一国之力就能实现的。这就需要做到"全世界无产者联合起来",他的意思就是,无产阶级人民不仅要实现自己国家和民族的自由,也要具有国际的视野,联合别的受压迫的民族。他的这种理念,完全是基于对无产阶级革命运动的正确分析得出的结果。马克思在

---

[1] 马克思恩格斯选集(第1卷)[M].北京:人民出版社,2012:291.
[2] 马克思恩格斯选集(第1卷)[M].北京:人民出版社,2012:155.
[3] 马克思恩格斯文集(第2卷)[M].北京:人民出版社,2009:42.

分析英国问题时指出，英国无产者的胜利，不仅是英国的事情，还会鼓舞别的受压迫的民族团结起来反抗侵略者，维护自己国家的利益。这种想法就是国际主义中的重要内容之一，在马克思看来，只有占大多数比例的无产阶级的团结一致，最后成功打败占少数比例的资产阶级，先实现自身和自己国家的解放，最终全部被解放的国家和人民团结在一起，就会实现全人类的解放。如果不同国家的无产阶级不能实现团结一致共抗敌人，那么这样的国际主义就不能称之为真正的国际主义，它属于"民族虚无主义"。所以，总的来看，马克思和恩格斯的爱国思想较为丰富，不仅会关注本国的爱国情况，同时也会关注世界上其他国家的爱国精神，既会考虑到自己民族利益，同时又视野广阔，会考虑到国际利益。

培养爱国主义情怀的最基本的前提是人民有自己的国家，所以马克思和恩格斯号召未能实现国家和民族独立的无产阶级一起联合起来，与资产阶级和外来侵略者进行英勇斗争。只有通过勇敢的斗争并且取得胜利，之后建立的政权，政权的统治者和维护者才会真正地去处处考虑到无产阶级的利益，为他们的生存和生活服务。另外，马克思和恩格斯还认为，国民爱的国必然是一个值得自己爱的国家，它可以让自己有安全感和自豪感，如果这个国家是一个不独立的国家，是外国的附庸，国民自然就爱不起来，这个国家就永远不可能实现深远的发展和繁荣。马克思和恩格斯认为，一个不独立的民族，肯定是没有能力做到"不严肃地讨论任何内政问题"，所以"排除民族压迫"，实现国家的自由和独立，建设主权国家是一个国家自由发展的前提条件。主权不独立的国家争取解放的爱国主义运动，因为将斗争的矛头指向了帝国主义，所以也具有反对帝国主义世界革命的意义。故此马克思和恩格斯认为，世界各国的无产阶级应该秉持爱国主义和国际主义，为了自己国家的当前利益和长远考虑互相支援，以大联合的力量与共同敌人做斗争，求得全世界无产阶级乃至全人类的共同解放。

总之，爱国主义实际上是世界上所有民族都具有的情感印记，它不仅包括对祖国历史文明的深刻认知和朴素情感等内容，还体现了主体道德自觉与言行一致等特点，是一个自觉的和积极主动的主体性复合结构。总体而言，在马克思主义形成之前，有关爱国的理论观点没有建立在历史唯物主义的立场上。例如黑格尔认为"个人只是国家的体现"[①]，这是有很大局限性的、唯心主义的看法和观点。而马克思主义的爱国观是建立在历史唯物主义基础上的健康的爱国观。马克思和恩格斯认为爱国主义是一种社会历史现象，必须从生活的实践中去寻找，从现实的社会物质生活中寻找。换言之，从马克思主义的真理性认识中我们不难得出这

---

① 法哲学原理 [M]. 北京：商务印书馆，2016：181.

样一条经验：当下爱国主义情怀的培育也要从现实出发，与中国的实际相结合，形成独特的、富有中国特色的爱国主义情怀。马克思的国家理论认为国家要有伦理道德基础，公民不可能爱一个残酷镇压和剥削劳苦大众的民族和国家，这种国家造成了普遍贫困和人性丧失，所以在此基础上必须打破旧的国家机器，建立新的有道德伦理的国家。无产阶级的阶级特殊性使得由无产阶级建立的国家就有了道德伦理属性，因为在无产阶级领导下国家真正追求自由、民主和公平，这便是公民爱自己国家的伦理基础。马克思、恩格斯的爱国观对于建设社会主义国家具有指导作用，也对当下爱国主义情怀的培育具有重要意义。

2. 列宁关于爱国主义的思想

列宁的爱国主义的思想是对马克思和恩格斯爱国思想的继承与发展，他继承了他们既统筹全局又兼顾民族利益的爱国主义，还进一步强调了要培养人民群众的民族自豪感，将爱国主义与国际主义相结合，并通过对当时资本主义制度下所存在的三种爱国观的批判，阐释了无产阶级革命的爱国思想。

第一，列宁关于培养民族自豪感的爱国思想。列宁指出，拥有国家和民族的自豪感是爱国主义精神的重要体现。除此之外，列宁还进一步强调了语言平等的重要性。列宁强调了弘扬爱国主义精神首先必须热爱自己国家的语言。但是每个国家的语言都是平等的，列宁指出，绝不允许一些民族、语言有所谓的特权。可以看出来，列宁反对民族压迫，强调民族平等。而民族平等的直接体现就是各国之间语言、文字等的平等。一个国家的语言是一个国家文化的象征，维护本民族的文化就必须维护本民族的语言，坚决反对任何形式的特权存在，这也是爱国主义最为直接的体现。所以，列宁认为，热爱本国的语言、风俗习惯及文化等，可以增强民族自信心，提升民族自豪感，从而加深爱国情感。

第二，列宁关于爱国主义与国际主义相结合的爱国思想。列宁强调，爱国主义应与国际主义结合起来。他认为，无产阶级的敌人就是资产阶级，而要树立国际视野，就要做到两点。首先，本国无产阶级斗争的利益要和别的国家无产阶级斗争的利益相契合，不会出现冲突和矛盾。其次，如果要与资产阶级进行战斗，就必须为流血牺牲、革命成败的结果做好心理准备。从中可以看出，列宁强调了一个国家无产阶级斗争的利益要服从全世界无产阶级斗争的利益，要联合起来推翻资产阶级对自己的剥削和欺压。换句话说，一国的爱国主义不仅考虑的是本国的利益，也要从长远的角度出发，和世界其他国家相互团结，众志成城，战胜资产阶级。列宁非常重视爱国主义与国际主义的结合，他反对大国沙文主义，反对民族压迫，强调民族团结的力量。列宁的爱国主义思想是在伟大的革命实践中诞生的。他批判资产阶级的剥削性以及狭隘性,他强调无产阶级应该充分发扬爱国主义精神,推翻资本主义,建立起新政权。他强调,从全球的无产阶级革命来看,其是"正确的战略步骤。"[①]他同样强调了无产阶级革命的重要性,并对世界无产阶级革命的开展提供了强大的精神动力,壮大了世界范围内的社会主义阵营。列宁在实践中继承并发展了马克思和恩格斯的爱国主义思想。他认为,爱国主义是一种非常厚重的感情,而要实现国家的独立自主,人民的自由发展,应当无私地去斗争,"支持这种斗争、这种路线"[②]。也只有全球所有被压迫的国家的国民和地区联合起来,拧成一股绳,劲往一处使,无畏流血牺牲,才能在无数民族英雄的牺牲中建立起新的祖国,个人才可以自由发展。作为马克思主义的信仰者,我们"承担而且应当承担最大的民族牺牲"[③]。列宁的这种理念升华和发展了马克思和恩格斯的爱国思想,强调了无产阶级要放弃和平的方式,积极斗争,不怕牺牲,英勇奋斗,为了本民族的长期利益,为了世界无产阶级取得最高利益,这也为新的时代背景下理解爱国主义提供了全新的角度。

第三,列宁关于无产阶级革命的爱国思想。列宁通过讲事实、摆道理,对小资产阶级传统的爱国主义、"哪里好,哪里就是祖国"的错误、狭隘的思想进行了批评和反驳。他认为小资产阶级基于自身的利益出发,只会空喊口号,提出一些不切实际、不着边际的大话和空话,真正需要付诸行动的时候却不见踪影,永远不能紧贴实际实事求是地出发。在19世纪末和20世纪初,一些俄国小资产阶级思想家竟然说瞎话,提出在偌大的一个俄国,竟然没有资本主义经济的谬论,并认为俄罗斯可以通过自上而下的改革使俄国超越西方资本主义国家,这一想法展现了小资产阶级的幻想成分,他们主张与德国进行殊死搏斗,无视新的苏维埃政权没有正规军的事实,并且受到小资产阶级投机主义的影响导致在帝国主义战争中破产,小资产阶级的阶级性质决定了他们不能拿起武器进行革命行动,只能盲目地崇拜资产阶级议会制度的合法性。综上,列宁认为,俄国的小资产阶级过分自私和狭隘,他们的思想具有空想性,不切实际。其次,列宁认为,虽然资本主义生产方式的出现改变了人们旧式的宗法式的生活方式,提高了社会劳动生产率,但坚定的革命信念以及深厚的爱国主义情感的形成,受到资本主义生产方式所提倡的"哪里好,哪里是祖国"的概念影响,工人只有联合起来进行无产阶级革命,推翻现有的资本主义制度,建立起新的祖国,才能够真正过上自由并平等

---

① 列宁全集(第35卷)[M]. 北京:人民出版社,2017:212.
② 列宁全集(第35卷)[M]. 北京:人民出版社,2017:325.
③ 列宁选集(第2卷)[M]. 北京:人民出版社,2012:246.

的生活。最后,列宁深刻地批判了第一次世界大战期间大多数国家领导人以"保卫祖国"为借口所支持资产阶级发动的帝国主义战争。他揭示并批判了西方交战国以"爱国主义"为借口鼓励人民参加帝国主义战争的行为,他向无产阶级表明,这场战争的根本目的,不管在德国还是在英国或法国,都是为了不断剥削并压迫无产阶级和人民大众。所以他强调,帝国主义打着"保卫祖国"的旗号所发动的战争,归根结底都是为了剥削与压迫,这是资产阶级的狭隘民族主义。列宁通过对这三种爱国主义观点的梳理和反驳,形成了具有自己风格和特色的爱国主义思想。他认为,俄国应该始终坚持布尔什维克党的领导,才能进一步激发爱国情感,从而促进全世界社会主义运动的发展。他指出,俄国工人是"希望大俄罗斯无论如何要成为一个自由的和独立自主的、足以自豪的国家。"[①] 而俄罗斯只有坚持布尔什维克党的领导,将其作为革命阶级先锋队,才能真正地摆脱剥削和压迫,捍卫和建设真正的祖国。与此同时,他强调了从广大劳动人民的长远生活考虑,就必须进行革命才能彻底地解放无产阶级,同时要与国际主义相结合。他指出:"这一社会主义革命是受帝国主义压迫的一切殖民地和国家反对帝国主义的斗争。"[②] 可见,他强调了建立社会主义革命统一战线的重要性,他认为全世界被压迫的民族和国家都应团结起来,争取民族独立。

五、马克思主义青年观

马克思主义经典作家都非常重视青年群体在历史进程中的作用,强调青年群体应当为全人类的利益和幸福而奋斗,他们高度重视对青年的争取、教育、组织和培养,对青年群体教育的重要性和教育方法做出了经典论述。

马克思早在中学时期就表达了为人民服务的崇高理想,在其中学毕业论文《青年在选择职业时的考虑》中就提出了青年群体在历史进程中应当找到职业受鼓舞的来源本身,为全人类的利益和幸福而奋斗,其中也包括自身利益和幸福。青年群体应当认识到自身责任的重要性,并且始终为这份为人类福利而劳动的职业充满热爱并竭尽全力,甚至不惜牺牲生命。恩格斯也对青年在无产阶级革命中应当发挥的作用提出明确要求,他倡导大学生们认识自身的使命是在即将到来的革命中同工人阶级在一个队伍里肩并肩地发挥重要作用,大学生中应当产生出脑力劳动的无产阶级,同时还提出大学生在无产阶级革命中发挥作用不能靠响亮的

---

① 列宁选集(第 2 卷)[M]. 北京:人民出版社,2012:451.
② 列宁选集(第 4 卷)[M]. 北京:人民出版社,2012:77.

词句，而是需要具备扎实的知识。

在青年教育的路径与方式方面，马克思在早期就认识到青年教育不能脱离日常生活，他指出："年轻人应当在日常生活斗争中从成年人那里获得这种教育。"[①] 关于历史教育的重要性，恩格斯还强调了对青年的教育和培养应当摒弃"学院式教育"的方式，带领青年群体积极向工人阶级学习。

关于青年教育的途径，列宁强调了组织建设对于青年教育的重要意义，同时，还要求要将旧社会遗留下来的材料作为青年教育与培养的出发点。只有不断改造青年的培养事业，充分利用旧社会遗留下来的知识、组织和机关，才能使青年们在旧社会原有的人力、物力基础上建立一个完全不同于旧社会的共产主义社会。列宁还高度重视劳动和实践在青年教育中的作用，要求共产主义青年团在对青年的教育和培养的过程中不能仅仅局限于书本，要在同工农的劳动中成为真正的共产主义者。

第三节　新时代思想政治教育方向的指导

一、新时代思想政治教育的要求

（一）坚持社会主义办学方向

大学承担着培养人才的重任，如果办学方向不明确或者出错，那么高等教育就失去了它应有的作用，高等教育为中国共产党治国理政服务也将成为一纸空谈，所以要加强高校思想政治教育，坚持社会主义办学方向。中国特色社会主义进入新时期，习近平总书记从国内、国外两个大局出发，明确提出教育要坚持社会主义办学方向。我国是社会主义国家，我国在任何时期都应坚持社会主义办学方向，在中国特色社会主义新时期也理应坚持社会主义办学方向。中国已成为世界第二大经济体，世界各国惊叹中国的快速发展，同时也担心中国的发展会威胁他们的国际地位以及国家利益，所以某些西方国家从未放弃对中国实施"和平演变"，他们把中国高校当作其思想渗透的重要场所，为了打赢意识形态领域的这场战争，中国高等教育必须坚持社会主义办学方向。我国高校思想政治教育工作有待加强，社会主义大学与西方大学的本质区别还没有得到深刻的理解和重视；哲学社会科

---

① 马克思恩格斯全集（第16卷）[M]. 北京：人民出版社，1964：655.

学领域的社会主义意识形态的主旋律还没有得到全面、切实的贯彻；高校思想政治教育的课堂不够生动，教育方法有待改进。坚持社会主义办学方向必须坚持中国共产党的领导。习近平总书记指出："坚持党对教育事业的全面领导，坚持把立德树人作为根本任务，坚持优先发展教育事业，坚持社会主义办学方向。"① 坚持党对高校的全面领导，在于坚持党委领导下的校长负责制，确保党的教育方针能在各学校顺利实施，提高学校各方面工作质量，推动我国高等教育发展。坚持社会主义办学方向必须坚持马克思主义的指导地位。马克思主义深刻地揭示了人类社会发展的规律，为救亡图存的中国人民指明了前进的方向，在马克思主义的指导下，中国取得了新民主主义革命的胜利，马克思主义的命运早已和中国共产党命运、中国人民的命运紧密相连。坚持社会主义办学方向的核心就在于坚持马克思主义教育，青年时期是世界观、人生观、价值观形成的重要时期，必须加强大学生的马克思主义教育，思政课教师要有深厚的理论知识，要有历史视野、国际视野，把马克思主义讲清楚，使同学们自觉接受马克思主义教育。

（二）培养社会主义建设者和接班人

培养什么人，是教育的首要问题。关于培养什么人的问题，我国有着悠久的历史，1949年《中国人民政治协商会议共同纲领》规定，中华人民共和国的教育是民族的、科学的、大众的教育；1957年，毛泽东指出我们的教育应是使教育者在德育、智育、体育方面都得到发展；对于培养什么人问题，我国有着自身的发展脉络，是我党根据我国具体国情做出的正确抉择。我国教育方针在具体落实的过程中会受到社会的影响，当社会中的实用性、功利性的观念影响着人们的思想时，人们就会过度追求德育和智育的发展，忽视了体育、美育和劳动教育的发展。培养德智体美劳全面发展的社会主义建设者和接班人是新时期教育的必然要求。体育可以更好地教导我们怎样输的漂亮，怎样去面对失败，但学校的体育课不受重视。美育在于培养学生的美感，提高学生的审美水平，培养学生的感性认识，促进他们自由而全面的发展。然而在现实的教育中，美育被边缘化，学校对美术课重视程度不够，学校拥有漂亮的美术馆和绘画室等，硬件设施齐全，但美术课难以面向全体大学生开展。劳动是实现个人价值必不可少的要素，然而当体力劳动与脑力劳动分离时，脑力劳动者较体力劳动者具有更大的优势，所以，社会上一部分人就轻视体力劳动，学校教育也忽视劳动教育的重要价值，缺乏对学生的劳动技术教育。学校要树立正确的教育教学观念，建立健全协同发展课程体

---

① 2018年09月10日.《习近平在全国教育大会上的讲话》

系，将体育、美育和劳动技术教育全面融入学校教育，建设相关的管理体系，高度重视体、美、劳的发展，学习先进的管理理念，加强教师队伍建设。

（三）实现全员全程全方位育人

高校全体教职员工都肩负着育人的责任，但是部分高校认为对学生进行思想政治教育只是思政课教师的职责，学校各部门各自为政，各科教师之间也没有形成合力，使得思政课教师孤军奋战。思政课内容庞杂、抽象、重点不突出，教师教学方法单一，课堂上互动较少，只一味地把知识点灌输给学生，大部分学生都以死记硬背的方式来应付考试。面对现实状况和育人任务，必须加快构建全员全程全方位育人模式。全员育人，拓宽育人的范围，不仅思政课教师要以正确的思想、品格教育学生，其他教职工也要承担育人的职责，思政课教师是承担育人工作的主要力量，其他教职工也要进行相关知识的学习，增强育人观念，积极主动承担相应责任，与思政课教师相互配合、同向发力；父母是孩子的启蒙教师，父母应是孩子的榜样，注重家风建设，注重孩子的思想状况，积极教育、勤加引导；社会也要打造良好的育人环境，积极弘扬主旋律，为莘莘学子传播正能量。全程育人就是思想政治教育要贯穿于学校管理、服务的全过程，贯穿于学生学习的始终，根据学生成长的不同阶段，进行不同内容的思想政治教育，遵循学生成长规律、遵循教书育人规律，思想政治教育工作要与时俱进。全方位育人就是利用多种途径、多个载体、各种场所，从上到下、由内而外形成育人空间，全方位育人要注重学生道德品质的培养，利用各种有利条件，促进学生的全面发展。

二、时代新人培育的基本原则

（一）坚守政治性

培育时代新人的首要原则就是政治性原则。个人在社会中进行活动会与他人产生一定的关系，其中就包括政治关系，作为国家建设的中坚力量，时代新人的政治方向关乎事业的成败，历史证明，一个国家的接班人培育脱离政治终将导致亡党亡国，时代新人要具备政治性，懂政治，讲政治。坚守政治性从根本上说就是要求时代新人坚守政治信仰，保持政治自觉，不断提升自身的政治站位。时代新人坚守政治性的首要准则就是热爱祖国，爱国主义是我国民族精神的核心，2019年11月，中共中央、国务院印发了《新时代爱国主义教育实施纲要》，指出爱国主义教育对于实现中国梦的重要意义。时代新人要厚植爱国主义情怀，以国家的富强与人民的幸福作为自身的奋斗目标,以具体的、现实的行动展现对国家的热爱。党和国家与中国特色社会主义事业的命运是紧密相连的,因而时代新人要将爱党爱国爱社会主义相统一,在思想上严格要求自己,坚决拥护中国共产党的领导,听党话、跟党走,积极参与政治生活,同时,中国特色社会主义理想信念要扎根于我们心中,提升对政治问题的敏锐性,在是非面前保持头脑清醒,与敌对势力唱衰中国的行为进行坚决斗争,同非马克思主义的政治路线划清界限。当前,正值中华民族伟大复兴的关键时期,时代新人保持清醒的政治头脑尤显重要,坚守政治性,坚持马克思主义信仰,坚定中国特色社会主义信念,对中国共产党和人民保持绝对忠诚,将红色作为自己的生命本色,这些内在政治品质是向时代新人提出的新要求。

(二)内蕴思想性

党和国家的指导思想是以马克思主义为理论指南。中国共产党人只有在正确理论的指导下进行革命、改革和建设,才能带领人民实现从站起来到富起来再到强起来的伟大飞跃。新时代背景下,更要用马克思主义引领接班人思想,筑牢时代新人认识和改造世界的思想基础。马克思主义是科学的世界观和方法论,其理论魅力不仅在于科学解释世界,其理论之光更致力于改变世界,在育人方面,更是彰显出塑造灵魂的强大引领价值。时代新人培育必须秉承思想性原则,提升时代新人的思想境界,使时代新人牢牢把握马克思主义,潜移默化地运用辩证唯物主义和历史唯物主义分析和解决问题。马克思主义是时代新人的精神之魂,具体来说,时代新人要坚持群众史观,站在人民的立场上,为人民的利益奋斗终生,新时代下,为民族谋复兴与为人民谋幸福在根本上是一致的,时代新人要将人民对美好生活的向往作为自己的奋斗目标,发扬奉献精神,将个人梦与中国梦相结合,矢志不渝为广大人民群众的幸福生活不懈努力。同时,时代新人要形成辩证思维,运用矛盾分析方法针对具体问题具体分析,承认矛盾的特殊性,明确中国特色社会主义是根据我国历史文化和现实国情所选择的正确且唯一的道路,绷紧社会主义意识形态的思想之弦,拒绝西方普世价值的侵蚀,系统地、发展地看待国家与自身发展。

(三)突出创新性

创新是国家兴旺发达的不竭动力,增强创新性是塑造时代新人的着力点,是解决当前我国自主创新能力不足的必然举措。俗语言,"苟日新,日日新,又日新",时代新人具有创新精神,增强自身的创新思维与创新能力才能紧牢牢把握时代脉搏进而引领时代,在激烈的国际竞争中居于前列,成为名副其实的"时代"新人。习近平总书记着眼全局,不仅为时代新人敢于创新提供思想上的指引,更为时代新人的创新实践建立健全相应的保障机制,配以政策扶持,全方位为时代新人创新创业营造良好的社会环境,为社会发展进步提供人才的创新支撑。

(四)强化实践性

纸上得来终觉浅,绝知此事要躬行,提升时代新人的实践能力是时代新人培育的题中应有之义,全面提升时代新人能力要坚持实践第一的观点。时代新人要勇于实践,将习得的知识在实践中不断检验,将在实践中获得的新知总结提升,切实提升自身本领,要牢记习近平总书记"空谈误国,实干兴邦"的嘱托,投身于民族复兴的伟大事业中,到基层去、到一线去,在祖国需要他们的地方发挥光和热。在实践中,时代新人能深入了解国情,明确幸福是奋斗出来的,强化自身的使命与担当,为国家与社会贡献力量,同时,时代新人在实践中能加深对事物的认识,获得强大的实践能力,提升获得感。

三、新时代的道德建设指向

(一)加强顶层规划

通过顶层设计明确战略地位,就是要围绕当前党的中心工作来布置道德建设,要站在全局视角定位道德建设在治国理政中的位置。当前,我们仍然坚持以发展中国特色社会主义市场经济为中心工作,就必须要求道德建设为经济发展确立社会主义方向,为经济持续稳定发展提供坚实道德支撑。一方面,中国特色社会主义市场经济说到底是社会主义经济,是我们党和全国人民坚持的共产主义远大理想和社会主义共同理想在经济方面的具体体现。道德建设为社会主义市场经济发展指明了发展方向。社会主义市场经济与一般市场经济的最大区别之处就在于它坚持集体主义原则,始终坚持以为人民服务的价值取向。另一方面,道德建设为中国特色社会主义事业提供源源不断的道德滋养,"加强公民道德建设、提高全社会道德水平已成为全面建成小康社会、全面建设社会主义现代化强国的战略任务"[①]。全面建成小康社会目标之所以能够如期顺利实现,与道德建设为其提供的强大道德支撑是分不开的。随着社会主义现代化强国新征程的开启,道德作为文

---

① 中共中央国务院.《新时代公民道德建设实施纲要》.2019年10月

化强国的重要内容，必将为社会主义现代化经济强国建设提供强大道德支撑。首先，道德建设要胸怀大局，将社会主义事业发展与道德建设相贯通，在总体推进中国特色社会主义事业发展中做好道德建设工作；其次，道德建设工作要把握大势，站在全局高度全面分析现实问题和道德建设发展趋势，把握建设的时机和分寸，充分发挥道德建设的价值引导功能。再次，道德建设要着眼大事，直面现实中的重大道德问题，满足人们道德层面的重大现实需求，实现道德建设提高人民道德水准及文明素养，提升全社会文明程度的主要目标。

为了实现历史使命和民族梦想，就需要考虑要培养什么样的学生。道德修养好的大学生，凭借其牢固的道德观念和良好的道德素养，自觉对社会负责，目标明确，坚定决心，激发勇气。在不断的训练和成长过程中，大学生的心态逐渐成熟，变得比以前更加全面，应对各种突发事件的能力也有所提高，他们也可以在提高自己的同时为社会的发展做出贡献。因此，大学生道德素质培育不可忽视，培养良好的道德素质，是帮助大学生实现成熟、成长、称职的人才的必然之路，只有这样才能最大化地使新时代大学生走上人生的光辉之路。道德素质决定了大学生成长成才的质量，《新时代公民道德建设实施纲要》指出："不断提升公民道德素质，促进人的全面发展，培养和造就担当民族复兴大任的时代新人"[①]，这说明新时代社会公民需要具备基本的道德素质，才可以为实现中华民族伟大复兴贡献一分力量。大学生作为新时代社会公民，他们的道德素质状况对其成才的质量同样起着决定的作用。因此，教育者应该更加注重和关心新时代大学生的道德素质。同时，道德素质是衡量大学生成人成才的重要指标。道德作为一项重要的价值判断指标，不仅对大学生的成长有很大的影响，而且可以作为判断大学生在成人教育过程中具体实践活动效果的标准和规范。教育者从大学生实践活动的效率和效果出发，判断其是否符合社会道德规范和社会发展的实际需要，同时评价大学生的道德素养是否得到了大幅提高。

（二）强调全方位

在正确判断形势的基础上有效解决问题需要科学的思维方法，道德建设要取得实质性进展，必须坚持从全方位总揽全局的视角做出科学长远的规划，要在坚持党和国家的各项方针政策中推进道德建设。党的十八大以来，为应对新的历史条件下的伟大斗争，习近平总书记从解决问题的根本性和全局性入手，强调其他各项工作的推进一定要将道德建设贯穿其中，他不仅强调在围绕协调推进"四个

---

① 中共中央国务院.《新时代公民道德建设实施纲要》.2019年10月

全面"战略布局中加强道德建设，而且主张在推进国家治理体系和治理能力现代化中展现道德力量。可见，道德建设是在全社会各项工作中全方位地进行铺展。并且，这个全方位的铺展是基于一个基本的前提，那就是要在新时期更加明确地坚定道德建设的社会主义方向，加强党对道德建设的领导，确保新时代道德建设始终坚定不移地沿着中国特色社会主义道路向前推进。

不仅如此，道德建设的开展必须要注重围绕理念、内容、方式等方面进行创新，不断深化工作的全方位推进。具体来说，就是要结合道德领域存在的一系列现实问题，根据新时代道德建设的新要求进行科学的思考，不断加强党中央对道德建设工作的规划和布局，在发挥道德建设的系统性和创造性的同时，要推进建设理念、手段、方法等的创新。所谓理念创新，就是指道德建设需要融入社会主义文化强国建设、培育时代新人等战略要求的最新成果，形成新的工作思路，形成道德建设新发展的认识和判断；所谓手段创新，主要是将以往在制度建设中的优势运用到道德建设之中，通过对机制体制各方面建设达成新的突破；而方式方法的创新则主要体现在基层，基层工作创新旨在发挥各级基层党组织的道德育人作用，要求道德建设扎根基层、实事求是，从人民中汲取力量的同时坚持人民至上理念，为人民提供更多、更优质的道德精神盛宴。

（三）关注多层次

道德建设要循序渐进，逐渐提升道德育人实效。对于党员干部及其他社会先进分子，习近平总书记要求其"明大德、守公德、严私德"[1]；对于青少年，习近平总书记要求教师要帮青年"扣好人生的第一粒扣子"[2]。对于普通社会成员，必须认真遵守社会主义道德，并努力向更高层次道德发展。但是无论哪个层次的道德要求，都将马克思主义理论的学习和运用作为其基本内容，这是因为新时代道德是马克思主义指导下的社会主义道德，我们不仅要学理论，更要在实践中以马克思主义理论指导实践，在实践中来丰富马克思主义理论，进而以发展的理论来解决新时代道德领域的现实问题。同时，习近平总书记还十分注重合理引导道德建设主体的目标选择，他要求必须给道德建设主体提供优良的道德，使其行为主体的思想和行为符合党和国家道德建设的目标。习近平总书记对青年提出了"坚定理想信念"等目标，主张将中国梦与个人梦相结合视为远大理想与个人梦想相结合的标准，要求青年牢固树立社会主义核心价值观。

---

[1] 2021年6月29日.《习近平在"七一勋章"颁授仪式上的讲话》
[2] 2018年9月10日.《习近平在全国教育大会上的讲话》

道德建设的层次性从本质上来说是由道德的层次性决定的，根据道德的层次性，当前社会中的道德要求可以划分为三个层次。第一层是"舍己为人"，即为了集体和他人可以牺牲自身的道德状态，是三个层次中的最高层次，是共产主义道德的境界要求；第二层是"为己利他"，即主观为自己，客观为他人，这是当前我国社会中为数不少人的现实道德状态；第三层是"损人利己"，即为了自己的利益不惜牺牲他人或集体利益，是三个层次中的最低层次，也是我们当前所坚决反对的道德状态。

（四）注重宽领域

道德建设离不开教育宣传，但是道德建设却并非教育宣传部门的独角戏，而是各条战线各个部门协同作战的协奏曲。无论是党内的道德建设还是党外的道德建设都需要从整体出发进行全局谋划，各战线各部门协同推进。就党内道德建设而言，各级党委及基层党组织要不断夯实内部人员道德基础，筑牢拒腐防变的道德防线，坚守共产党人的精神家园；就党外道德建设来说，以文学艺术、哲学社会科学为代表的各条战线围绕教育及宣传部门展开道德建设工作，从而建构起政府、社会、学校、家庭等各方协同发力的多场域协同育人格局。

习近平总书记将文艺、哲学社会科学事业视为党和人民的重要事业和重要战线，要求文学艺术及哲学社会科学工作者在党的领导下永葆人民情怀，做好社会风气的时代先行者和风尚引领者。对于文学艺术工作者，习近平总书记要求"努力创作生产更多传播当代中国价值观念、体现中华文化精神、反映中国人审美追求，思想性、艺术性、观赏性有机统一的优秀作品"[1]；对于哲学社会科学工作者，他叮嘱："要把社会责任放在首位，严肃对待学术研究的社会效果……做真善美的追求者和传播者……以身高尚的人格魅力引领风气，在为祖国、为人民立德立言中成就自我、实现价值。"[2] 在文学艺术和哲学社会科学这些社会风气先行者和风尚引领者的带动下，道德建设呈现出政府、社会、学校、家庭等多战线协同育人格局。道德教育事业涉及千家万户，学校是育人的主战场，在学校层面要充分发挥"课程思政"与"思政课程"协同育人合力，在教育、管理及服务全过程协同育人，贯通大中小学等国民教育的各个学段的道德教育。但是道德教育毕竟不是学校一个战线可以完成的事业，作为现实的人，道德教育对象现实地活动于学校、家庭、社会等多个场域，这就要求各条战线各个领域的育人实现良性衔接与功能

---

[1] 2014年10月15日.《习近平在文艺工作座谈会上的讲话全文》
[2] 2016年5月17日.《习近平在哲学社会科学工作座谈会上的讲话》

补益，从而形成各部门协同互动、多条战线同频共振的全面育人格局。

四、新时代的家国情怀培育

习近平总书记的重要论述蕴含丰富的家国情怀思想，关于家国情怀的相关重要论述是大学生家国情怀培育的指导思想。习近平总书记站在世界百年未有之大变局和中华民族伟大复兴战略全局的高度创造性和系统性阐述了新时代家国情怀的核心要义，并躬身示范"我将无我、不负人民"的伟大家国情怀。习近平总书记家国情怀重要论述思想贯穿了家庭、国家、国际维度，是个人梦、家庭梦、国家梦与世界梦的统一。

（一）家风建设是基础

国是千万家，家是最小国，中华民族历来具有浓厚的乡土情结和报国之志，既重视舍生取义也讲究落叶归根，家在中国人的一生中扮演着重要角色。所谓家和万事兴，家风建设事关家道中兴和国运昌隆。现代社会流动性加大，传统村社聚居的大家庭模式和家族观念正在瓦解，传统家族教育和家庭教育观念正在受到挑战和削弱，家庭教育功能正在让位于游离式的个人本位观念。在和平年代中有国才有家的家国联系感性直观正在隐退化，尤其是贫富分化和城乡差别也在解构着人们的乡土情结和安贫乐道的心态，无处不在的资本利益驱动着家庭教育的物质化、世俗化，社会道德和家庭伦理规范受到挑战。通过家风建设可以实现一个灵魂触动另一个灵魂，实现社会风气朝着风清气正、和谐友爱的方向发展。

习近平总书记特别看重家庭教育，他强调："父母是孩子的第一任老师。"[①] 只有把每一个小小的家庭建设好，树立好家风，才能够带动社会好风气，从而实现国家富强民族复兴。家庭是我们每个社会成员寄居与活动的场所，是组成社会大家庭的最小细胞，从古至今家庭在社会发展过程中都起着不可比拟的作用。"广大家庭都要把爱家和爱国统一起来，把实现家庭梦融入民族梦之中。"[②] 所以，好的家风一定不是只关注个人小家的一点得失，而是要在家风中融入爱国情怀，因为国家与家庭不是两个独立的个体，而是整体与部分的关系，它们之间相互促进相互影响，只有国家好家庭才能好，反之亦然。当前人们对于美好生活的需求在不断地增强，无论是重视家庭还是重视家教，都是为了能够树立起一个好的家风，良好的家风能够满足人们不断增长的美好生活的需求，能够增强每一个家庭成员

---

① 2016年12月12日.《习近平在会见第一届全国文明家庭代表时的讲话》
② 2016年12月12日.《习近平在会见第一届全国文明家庭代表时的讲话》

的幸福感，同时还能够带动民风社风，推动社会更加的和谐。

（二）中华民族伟大复兴是目标

家国情怀是人们对故土家园和祖国的依恋和爱护，是由衷希望国家好的一种积极心理和勇于担当精神。当代中国人的家国情怀集中体现为对中华民族实现伟大复兴的强烈愿望和奋斗精神。习近平总书记对中华民族的家国情怀始终围绕着实现中华民族伟大复兴这一宏伟蓝图书写，时刻把人民幸福、民族振兴、国家富强挂在心中。

2012年习近平总书记在参观国家博物馆《复兴之路》展览时以"中国梦"的时代话语表达了全体中华儿女实现中华民族伟大复兴的共同理想。中国近现代史就是一部中华民族追求伟大复兴的历史，不论是新民主主义革命时期还是社会主义革命建设时期，都涌现了一批又一批英雄儿女，为了祖国的繁荣富强而不懈奋斗。通过对中国梦的追求，把个人梦的实现熔铸在中国梦实现的大潮中，使原来抽象的历史使命和个人的价值实现成为一个整体。

（三）中华民族共同体是要求

中华民族共同体顾名思义就是中华人民共和国56个民族同呼吸共命运，像石榴籽儿一样紧紧地抱在一起，做到权责共担命运与共。中华民族共同体意识的确立，是我国当前新的社会主要矛盾、新的奋斗目标以及新的风险挑战在民族工作领域集中交织的客观现实所提出的客观要求和必然结果。面对新矛盾、新挑战，需要紧紧依靠党的领导，做好各方面工作。认同是一个心理学范畴，反映的是主体对客体的认知程度和接受程度，通过他我和自我的统一认知从而达到情感和信念的共鸣。中华民族共同体意识具有凝聚力量发展民族国家的作用，和极端民族主义不同，我们所倡导的中华民族共同体意识本质上是一种爱国情怀。中华民族共同体意识的生成反过来又可以进一步夯实人们的爱国情怀，共铸中华民族共同体意识本身就是对家国情怀的最好展现和诠释。家国情怀不是抽象的空谈，它是人们在历史发展的实践中对自己的故土家园和骨肉同胞及文化制度所产生的一种深厚感情，这种感情寄托在祖国大地上、寄托在政治制度上、寄托在民族习俗上、寄托在亲友朋辈中。

（四）人类命运共同体是升华

家国情怀是在世界大变局中的家国情怀，构建开放包容的世界胸怀是家国情怀发展的时代要求，也是中华民族"家国天下"世界观的现代化发展。习总书记指出"弘扬爱国主义精神，必须坚持立足民族又面向世界"①。

人类命运共同体思想的内在逻辑理路是从中华民族共同体到地区命运共同体再到人类命运共同体的循序渐进发展，理论本质是全人类具有共同价值和命运与共的共同体意识。所以从家国情怀角度来看，中华民族共同体意识是大学生家国情怀培育的内在理论自觉，而人类命运共同体思想是大学生家国情怀培育立足本国放眼世界的外延理论基石。人类命运共同体思想体现的是家国情怀和世界视野的凝结升华。

（五）爱国主义教育是途径

家国情怀的习得需要个人积极主动涵养也需要通过不断教育来巩固加强。十八大以来习近平总书记通过不同场合系统阐述了爱国主义教育重要思想，涉及如何爱国、爱国主义教育途径等方面。爱国主义教育是家国情怀培育的最为有效的手段与途径。

中华民族之所以能够经历五千年的历史，依然在延续着他的血脉，就是因为有以爱国主义为核心的强大的民族精神的支撑。习近平总书记也同样肯定了热爱祖国的重要性，他强调："爱国，是人世间最深层、最持久的情感，是一个人立德之源、立功之本。"②在大学生家国情怀培育中，要注重引导大学生树立起目标明确的个人理想信念，在个人理想信念树立的过程中更加要求大学生将个人与国家紧密地联系在一起，树立起与国家理想相统一的个人梦想。在大学生的内心中埋下一颗为人民服务、承担家国责任的种子。新时代，对于大学生理想信念的引导，我们要从红色革命文化中汲取养分，同时以"中国梦"引领当前大学生理想信念教育，并且结合时代，让大学生在时代先进人物中感受中国人的理想信念，让大学生在浓厚的家国情怀的社会氛围中不断强化个人的理想信念。这不仅有利于大学生在青年阶段明确人生奋斗的目标，还有利于大学生树立正确的价值观、世界观，有利于推动社会主义事业的建设，为社会主义事业的发展储备人才力量。

爱国主义是中华民族文明绵延不绝的重要原因之一，爱国主义教育目的在于帮助广大青年增强国家认同，做到身体力行。在新时代，大学生要弘扬爱国主义就必须深刻认识到党的领导和中国社会主义制度相统一、党领导人民开辟和建立的中国特色社会主义不可动摇，坚持扎根祖国大地，吸收人类优秀文明成果，坚持独立自主，增强四个自信。广大青年要在各自领域中实现爱国抱负，向身边先

---

① 2015年12月30日.《习近平在十八届中共中央政治局第二十九次集体学习时的讲话》
② 2018年5月2日.《习近平在北京大学师生座谈会上的讲话》

进入物学习。同时，广大留学青年应当继承留学报国的光荣传统，致力于学成后把国家富强、民族振兴和人民幸福作为自己的奋斗目标。各行各业的人们尤其是科技工作者和企业家，要坚持事业无国界但科学家和企业家有祖国的理念，立足本职岗位，把为国家谋富强为人民谋幸福和为民族谋复兴融入家国情怀当中。爱国主义教育要从教育着手，从小做起，把爱我中华的种子埋入每个青少年的心灵深处。习近平总书记的家国情怀为新时代大学生家国情怀培育提供了指导思想，印刻着中国共产党人爱家爱国，胸怀世界的历史印记。

五、新时代的理想信念教育

（一）以坚定理想信念为目标

新时代，习近平总书记不断强化在关注民生中坚定理想信念的观念。2013年8月19日讲话中，习近平总书记指出"没有扎扎实实的发展成果，没有人民生活不断改善，空谈理想信念……最终意识形态工作也难以取得好的成效。"[①] 十九大报告中，习近平总书记重申以人民为中心的发展思想，把对民生的关注提到一个新的高度。十九届六中全会再次强调全党要践行以人民为中心的发展思想。坚定的理想信念既来自于正确的理性选择，又来自于实践中理想的真正实现。将理想一步步切实转变为人民感受得到的美好生活，是将人民团结在一起，形成共同理想，坚定共同信念的最佳途径。

（二）新时代理想信念教育指导

习近平总书记理想信念重要论述非常具有针对性，针对大学生、党员、军队、教师、留学人员、政法队伍、哲学社会科学工作者、文艺工作者等不同领域有不同内容。

第一，习近平总书记回答了新时代的理想信念是什么的问题。在纪念邓小平同志的讲话中，习近平总书记指出纪念邓小平，最重要的就是"要学习他对共产主义远大理想和中国特色社会主义信念无比坚定的崇高品格。"[②] 大学生要坚定的理想信念不是分步的，而是要将远大理想和共同理想统一起来，在任何时候都要坚持马克思主义指导地位。大学生必须坚持以人民为中心，将小我融入人民的大我中，同人民群众一起奋斗、前进。

---

① 2013年8月19日．《习近平在全国宣传思想工作会议上的讲话》
② 2014年8月20日．《习近平在纪念邓小平同志诞辰110周年座谈会上的讲话》

第二，习近平总书记提出大学生坚定理想信念的意义。一方面，国家、民族有希望的基础是青年具有坚定的理想信念，就是说理想信念可以凝聚青年之力强有力地推动社会进步；另一方面，理想信念是个人成长发展的"精神之钙"，"钙"补足了，骨头就"硬"，这样才能更好实现习近平总书记提出的"打铁还须自身硬"。理想信念是大学生形成正确三观的"总钥匙"，有了理想信念的精神支撑，大学生才会找到正确的精神寄托，在各种诱惑、顺境、逆境中不迷失自我，不怕千难万险而勇敢奋斗，实现人生价值。此外，理想信念决定大学生的前进方向和立场，具有坚定的理想信念，大学生才能真正成长为社会主义的可靠建设者和接班人。

第三，习近平总书记指出加强大学生理想信念教育需要采用科学的方法。一方面，习近平总书记强调大学生要做到"勤学、修德、明辨、笃实"[①]，"勤学"要求大学生志存高远、不懈奋斗、多读书、多思考；"修德"强调坚守道德是坚定理想信念的基础，人而无德，行之不远；"明辨"提出要塑造正确三观，为坚定理想信念打牢基础；"笃实"要求大学生要脚踏实地，在实践中磨炼求真务实的品格，强化理想信念。另一方面，高校一是要系统讲好理论，注重原著学习，让大学生对理论真信、真懂、真用，做到心明眼亮；二是要将理想信念教育同文化教育相结合，增强文化自信，加强高校理想信念教育；三是解决轻德育的问题，提出让"有信仰的人讲信仰"[②]，教师要立德树人，帮助学生筑梦、追梦、圆梦，用教师的人格魅力实现对大学生理想信念的隐性教育；四是加强社会主义核心价值观教育，扣好大学生成长的"第一粒扣子"；五是落实理想信念教育实践环节，如创造良好的实践环境，在实践中学习榜样、典型、大学生模范。此外，习近平总书记还提出高校要注重党史国史教育、改进网络宣传方法、整合社会资源、指导家庭教育等方法的集中使用。

第四，习近平总书记指出"四个能否"的理想信念检验标准，对大学生来说，即是否在生活、学习、工作等现实生活行动中做到不懈奋斗、利他奉献、思想正确、求真务实。

新时代习近平总书记理想信念重要论述首先表现出鲜明的时代性。在对老一辈革命家崇高信仰继承的基础上紧跟时代进程，结合具体情况将理想信念同中国梦、社会主义核心价值观、传统文化等相结合，提出系好人生第一粒"扣子""人

---

① 2014年5月4日.《习近平在北京大学师生座谈会上的讲话》
② 2019年3月18日.《习近平在学校思想政治理论课教师座谈会上的讲话》

民有信仰""全民行动""中国精神"等论断。其次,表现出严密的系统性。突出表现在教育对象多元(针对大学生、军队、教师、党员、哲学社会科学工作者、文艺工作者、政法队伍等坚定理想信念都有相应表述),教育内容具有层次性等方面。再次,传达出实践性。一方面,实践性表现在强调要实干、不懈奋斗,立足日常生活、工作来践行理想信念;另一方面,将以人文本理念融入其中,与之前几代领导人强调理想信念的集体意义所不同,习近平总书记特别强调理想信念对个人成长发展的重要作用(如提出理想信念是人的"精神之钙"),并提出要将理想信念对个人和对集体的意义相融合。最后,语言表达极具形象性。如提出"精神之钙""扣好人生第一粒扣子"等。对理想信念的语言表述生动、形象、透彻,巧妙比喻贴近大众生活实际,极具感染力,利于理解和传播。

(三)创新理想信念教育方法

十八大以来,习近平总书记和党中央更加重视理想信念教育,针对如何更有成效地开展教育做出许多重要论述,出台了一系列指导性文件。在政策的总体设计、相互配套和教育机制的整体协调方面做了充分安排和周密部署。理想信念教育的常态化和制度化正在不断推进,教育的理念、内容、方法等更注重贴近实际、结合日常。特别是在教育方法的运用上,强调在传统方式的基础上结合日常生活不断创新。首先强调话语体系的守正创新,将理论的系统严谨和面向群众的通俗质朴相结合,增强理论教育的亲和力。习近平总书记本人注重用通俗易懂、接地气的语言表达深刻的道理。其次,注重使用人民群众易于接受的媒体手段,利用微信、抖音等微传播途径打造精品短视频,实现与日常生活的深度融合,激发思想的共振和共鸣;再次,强调结合教育对象不同特点,根据不同群体的认知水平和接受能力,有针对性地开展教育,设计由低到高螺旋上升的一体化目标,逐步构建分层推进、紧密衔接的内容体系;最后,更加强调与日常生活紧密结合的隐性教育方法的运用,强化劳动、实地参观等社会实践在教育中的作用,注重各行各业榜样的引领示范,利用重大节日等关键时间节点开展教育,通过课程思政增强在日常生活中的隐性渗透等。

进入新时代以来,为了加强高校理想信念教育,引导广大青年学生在当今社会坚定理想信念,促进大学生全面发展,并真正能担负起国之重任,成长为中国特色社会主义事业的可靠接班人,习近平总书记就大学生理想信念问题做出一系列重要论述,包括什么是大学生需要坚定的理想信念、理想信念的作用意义、怎样做才能增强理想信念教育的有效性等。习近平总书记理想信念重要论述是关于理想信念的系统的、科学的、完整的思想体系，这不仅为大学生坚定理想信念、健康成长发展提供了理论、思想和行动层面的引领，也为高校加强理想信念教育提供了有力且极具操作性的指导。

第三章　新时代大学生的特点与成长规律

本章主要介绍新时代大学生的特点与成长规律，共三节。第一节为新时代大学生的一般特点，第二节为新时代大学生的思想特点，第三节为新时代大学生的成长规律。

第一节　新时代大学生的一般特点

一、大学生性格特点

当代大学生大多是出生在改革开放后，是在经济迅速发展，物质条件相对充裕的环境中成长起来的。其成长环境相对开放多元，这就让当代大学生出现了新特征。

（一）自我意识强

当前，个性张扬已然成为大学生的"标签"，具体表现为特立独行的思想行为和个性化的兴趣爱好。之所以有这样的"标签"，实际上在于社会氛围更加包容、社会承认标准更趋多样，激发了大学生们特有的创新活力。大学生个体在专业学习、实习实践、择业交友、创新创业等方面，常常会以符合自我利益的方式看待与解读事物。比如，无论是进入大学前填报高考志愿，还是大学期间的选课、择友，或是毕业时的职业选择，都体现着当代大学生个体的自主能力和个性选择。当代社会思想领域纷繁复杂，促使了大学生自我意识、竞争意识、主体意识的觉醒，更加追求个体的自我全面发展，在思想政治教育活动中的地位越来越从被动接收信息转变为主动选择教育信息，主体意识明显增强，当代大学生会根据自己的需要选择教育内容，在教育活动中掌握主动权。

虽然大学生在生理与心理上都基本成熟，但由于未经社会的磨练，或多或少都会存在着以自我为中心，爱冲动，缺乏理性判断，认知不足等问题。在当前快速发展的社会中,他们渴望自己能够一展才华,得到家人的认可,社会的接纳与反馈,这是他们趋于成熟的一种表现,但也正是他们的这种渴望与诉求,导致了他们在面对社会生活时,会出现认识不清、判断不足、个人能力未能完全发挥的情况,产生自卑心理,造成较大的情绪波动,最终影响自身发展。大学生在身心方面基本成熟,学习压力不是很大,能够充满青春活力,所以他们有时间与人交流,他们的情感体验在不断发展和提高,并且越来越丰富。虽然他们控制情绪的能力正在稳步增长、从弱到强,但是在遇到更大的情绪波动时,他们更容易被刺激,控制能力便急速下降,意志高,但不稳定。大部分学生对自己的奋斗目标都能有一个明确的定位,时间安排比较合理,并且能够根据自己的实际情况与实际需求,制定适合自己发展进步的计划,克服在自己前进道路上的"绊脚石",培养坚强独立的个人人格魅力。但是,他们也存在着意志力水平不稳定,专业知识汲取不够的情况,这种情况往往是因为他们在大学没有养成良好的行为习惯,不能很好地将头脑中的意识内化为自己的行动,在做出比较重要的决定及抉择之时,往往特别需要师长的意见。

(二)思想认识独立

从思想认识方式来看,大学生个体善于运用最先进、最便捷的工具,从各种途径接受、理解和传播新生事物,扮演着时代先行者的角色。特别是随着互联网技术的快速发展以及"00后"大学生从幼儿园就开始接触计算机,他们认识外部世界更加自由。然而,这一代大学生的显著特征就是无所顾忌,在网络世界中犹如初生牛犊一般横冲直撞。这种"无序生长"的独立性,导致他们对许多问题的看法具有片面性或极端性。从成长过程的角度来看,当前我国高校的学习生活环境比以往任何时代都要优越,并且当代大学生多为独生子女,从小就受到家庭的宠爱,他们的成长环境使得自身主体意识特别强烈。大学生在接受教育时容易产生抵触心理,时常会出现迷茫甚至焦虑,其集体意识比较单薄,因此部分大学生不善于或者难以同他人合作。

受开放社会和多元文化的影响,当代大学生更加追求个性化的满足,他们关注自我,对事物的判断标准有自己的理解与认知,更加渴望个性自我的表达,追求自我需求的满足。追求美好生活是每一个大学生的基本权利,普遍务实也是他们实现这一权利的基本方式。但在市场经济条件下,商品经济高度发达,多种复杂的经济利益关系使得部分大学生们的行为方式凸显出一定程度的功利化色彩,有的大学生讲求纯粹的物质享受需求和实用价值,更加关注眼前的利益,呈现出工具理性强于价值理性的趋势。大学生个体着眼"趋利避害"不是空穴来风，而是反映出由于市场经济不断深化，在更加复杂多变和竞争日趋激烈的环境中，他们的就业、学习、科研、工作的压力源不断"增压"，导致其不可避免地受到功利思想的影响。

（三）自主学习能力较强

传统的思想政治教育主要是通过课堂教学，是定时定点进行学习，而随着网络技术的发展，大学生的学习不再受时间和地点的限制，可以在任何时间任何地点进行学习。大学生进行思想政治教育的学习也不再只是通过线上课堂，还可以通过各大门户网站、慕课平台以及包括学习强国在内的学习APP进行学习，通过线上与线下学习方式并行，能够及时解决在学习中所遇到的问题，做到查漏补缺，提高了大学生的学习积极性。同时，大学生交往方式也出现了新变化，互联网拓展了人们交往的时空领域，人们交往的方式不再只有面对面的交流，互联网的兴起让人们越来越习惯通过网络媒体与他人交流，在互联网空间中，大学生能够更自如和更自由地表达自己的观点和看法，能够通过互联网更方便快捷地与他人进行交流，在一定程度上减少面对面交往带来的尴尬。但是从另一个角度来看，互联网的出现也让部分大学生产生逃离现实的冲动，对现实的人际交往关系产生冷漠和逃避的情绪，过度依赖和沉迷于虚拟世界，造成现实世界和虚拟世界无法自洽，相互脱节。面对互联网为大学生带来的新变化，高校也需要运用新时代大学生网络思想政治教育方法对大学生进行引导，让大学生能够正确认识和利用互联网，不在互联网中迷失自我，培养健全的道德人格。

较之以前，大学生所接受的思想政治教育的来源主要是老师和书本，都是教育者事先根据一定要求所制定好的，但随着社会和网络技术的发展，大学生学习的渠道不再局限于课堂和书本，可以通过浏览网页、自行检索学习信息等渠道进行学习，这就提高了大学生的自主学习能力，完成寻找学习渠道，到获取所需知识，最后构建自己学习体系一系列步骤。大数据时代的海量信息流使青年大学生可以便捷地按需获取各种知识和信息，在自我教育上具有更多的选择自主权。在纷繁复杂的大数据时代，传统的思想政治教育方法和途径早已无法满足青年大学生对教育多样性的需求，学生不再被单一的信息源所引导，而是具有更大的选择空间和自由。在网络思想政治教育中，学生不再是被动地接受教育，而是自觉主动地参与和选择思想政治内容及形式，并实现自我教育。在网络时代，青年大学生可以充分利用智能手机等新型网络设备，运用各种App进行自我意识的表达，彰显新时代青年大学生的个性，为青年大学生自我潜能的发挥提供平台。在大数据时代，信息传播的便捷性使青年大学生在网络中交往的速度和频率大幅度提高；网络交往主体平等的特点使青年大学生不再受等级和身份的限制，他们可以按照自己的想法和形式进行自主表达，不受社会地位和外在条件的约束，这将大大激发青年大学生的想象力与创造力。

（四）行为模式数据化

当代大学生被称为"网络原住民"，可以说他们是与网络共同成长起来的，网络已经成为他们日常的一部分。在网络时代，大学生的思维方式更加求新求变，不再被框定在传统思想观念里，其思维方式更加随机灵活。在互联网空间中，教育信息多种多样，大学生可以在同一时间借助不同的信息平台获取所需要的海量信息，多元的信息让大学生思考问题的角度不再单一，而是可以多角度思考问题，这也在一定程度上激发了大学生学习的主动性。大学生的思维方式更加具有批判性，敢于挑战权威。与传统的思想政治教育不同，互联网是一个开放的系统，在互联网空间中，教育者与大学生能够处在平等的地位进行交流互动，二者不再是"灌输—被灌输"的关系，大学生能够通过自己的发现自主地获取所需要的教育知识，然后学习消化形成自己的理解和认知，因此对于某一问题的理解可能与教育者看法不同，甚至出现比教育者认识更加深入的情况。因此，在互联网空间中二者的关系在一定程度上是可以相互转化的，大学生不再惧怕教育者惯有的知识传导者身份，而是可以通过学习之后和教育者进行良性互动。在一次次的互动中，不断增强大学生的思维的批判性，不再惧怕权威，敢于挑战权威。

"90"后"00"后是追求个性的群体，网络社交的平等性、匿名性、开放性的特点，使他们更喜欢在网络平台上表达自己的想法。网络平台也为青年大学生的个性表达提供了更为广阔的空间，在网络自媒体时代，青年大学生创作的有个性的短小文章，也有可能被广泛关注、评论和转发，这激发了青年大学生表达个性的热情。当代中国青年大学生是伴随互联网技术快速成长起来的，互联网的快速发展让其足不出户就能在家里学习、工作、娱乐、交友与购物，网络不仅没有使他们与外界生活隔绝，反而让他们的社会生活变得更加丰富多彩。大数据时代，青年大学生上网会在互联网上留下"痕迹"，他们的"行为轨迹"会被记录下来，形成了青年大学生思想行为的网络大数据。

二、大学生的心理行为特征

（一）大学生内潜心理特征

内潜心理一般是指人们的动机行为、态度行为、知觉行为、认识行为和人格行为倾向等方面的心理行为活动现象。通常大学生的内潜心理类型为：认知、情感和自我意识。

1. 探索欲与求知欲

大学生不仅仅可以在大学当中学习到专业知识，还可以净化心灵、修养品性、锻炼判断能力。此阶段他们求知学习力强，而社团活动刚好弥补学生课外活动拓展，是学生校园中的"第二课堂"。

2. 舒适感与懒惰性

学生刚步入校园时的新鲜感消失，不再像是初高中被老师要求该如何去做，更多的是进行主动性学习及参加各种活动，需要根据自己的需求、心理因素等做出判断。许多学生自制力不强，经常旷课、早退。久而久之，学业跟不上班级的进度，身心俱疲。

3. 盲目感与焦虑感

毕业季来临时，学生将面临就业与找工作的抉择，如果毕业生没有分配好时间，在未完成毕业论文的情况下参加工作，二者时间发生冲突，同一时间解决两件事情的难度也会增加，在临近毕业时发现无法顺利毕业，学生开始变得迷茫，便会产生焦虑感。学生如果不能立刻适应并调整良好的心态，便会被打击自信，产生焦虑、不安、自卑，甚至抑郁的情绪。

（二）大学生外现行为特征

外现行为是人们外在表现出来的动机行为、态度行为、知觉行为、认识行为和人格行为倾向等方面的行为活动现象。大学生的外现行为常见的类型有：学习、就餐、社交活动、社团活动、恋爱。

1. 规律性与多样性

身处在校园这个特殊环境中，学生在校园基础活动是：学习、吃饭、休息、运动、讨论、参与活动等。主要所处的空间是：教室、食堂、寝室、运动场与公共活动空间等。由此看出其行为活动有规律性。而目前，学校更加注重复合型人才的培养，提倡学生遵从内心，个性化发展，同学们则迫切想要参加各种社团活动来丰富自我。这两种需求对于社团活动中心空间功能提出更高的要求。

2. 个体性与集体性

人类都是群居性动物，离开原本熟悉的环境，学生便会将学校当成另一个家，与周边的同学交朋友，形成新的社交网络，他们会自发地组织一块出去活动游玩。但除此之外每个人也是需要有个人隐私与个人喜好的，所以也应提供独立思考、注重隐私的空间。因此高校需要对学生们的集体活动空间进行丰富。

3. 动机性

随着年龄的增长，学生们不再会像小学初中那样做事情没有自己的目的，更多的是人云亦云，到了大学当中，年龄与阅历的累积，使他们逐渐认识到自己的本心，会更加明确想要哪些，做事情会更加有目的性。

4. 主动性

人的行为都是主动的，外环境能够影响人的行为，但是不能改变人的行为。当学生进入大学校园，不再像是初高中被老师要求该如何去做，更多的是进行主动性学习及参加各种活动，需要根据自己的需求、心理因素等做出判断。

5. 冲动性

大学生由于处于青年初期阶段，世界观、价值观、人生观尚未成型，思想尚不成熟，具有乐于助人、心理承受能力低等特点。没有找到合理宣泄情绪方式的。大学生往往容易意气用事，年轻气盛的大学生偶尔会逞一时之快而犯下无法挽回的错误。

6. 社交性

当人们进入一个陌生的环境中，生理需求与安全需求都能够得到保障时，人们往往更加注重归属与爱的需求，希望能够得到友情与爱情作为依赖，而大部分学生从家乡来到高校，就是处于这样的一个人际交往的空缺期，他们希望能够锻炼个人社交能力，在人际交往过程当中也能够解决自身问题，可以将内心想法与好友倾诉，避免了高校学生心理不健康地成长，也是大学生从校园之中向社会的过渡。

第二节　新时代大学生的思想特点

一、大学生的三观特点

（一）人生观特点

1. 不稳定性

大学时期是大学生的思维、记忆等正处于形成和发展的重要时期，在这个阶段形成的人生观将对大学生的人生的成长和发展产生重要作用。大学生群体是一个特殊的群体，从学制上来说，在参加完高中阶段的学习后，进入大学层面进行继续深造的高职高专、大学本科等都属于大学生的范畴；从年龄阶段来说，现阶段大部分的专科、本科生的大多是"00"后，年龄段主要集中在 18—22 岁。这一阶段的大学生，正处于人生特定的成长阶段，生理、心理发展还不成熟，面对各类问题时而乐观积极，时而消极沉沦，时而激情四射，时而悲观失落，意志力不强，自我调控能力较差，容易受到外界的新鲜事物的刺激、迷惑和干扰，人生观念并不成熟，容易受到外界环境的干扰，随着环境的改变而改变。大学生的人生观存在极大的不稳定性。

2. 可塑性

从青少年到青年时期，在经历了系统的学习后，学生们已经具备了一定的理论知识和专业素养，对人类社会和发展规律有了一定的认识，具有更强的学习能力。他们刚刚脱离家庭，进入相对简单的大学环境，他们渴望独立、但又无法摆脱家庭的束缚，渴望自由却又不得不受到学校的约束，他们渴望走入社会但又缺乏勇气和机遇，他们具备一定的基础知识但又对这些知识的理解与应用一知半解。他们长期在学校学习单一的课程，缺乏一定的社会经验，没有经过社会的磨炼，涉世未深、阅历尚浅、生理和心理的发展还没有定型。此外，当代大学生精力充沛，有激情、有担当，勇于探索和接受新鲜事物，善于思考和创新，相对于其他的同龄群体更具有自我成长意识，更具有较强的可塑性。因此，只要正确引导大学生，就能将他们的激情转化为行动的动力。

（二）价值观特点

随着社会经济转型发展，当代大学生的思想观念和生活方式都发生了一些改变，他们价值观形成也发生了一些变化。

1. 在价值取向上呈现出多元化

对外开放的政策促进社会文化的多元化发展，呈现出百花齐放的局面。大学生的价值尺度、价值判断、价值选择不再局限于传统意义上的德、智、孝、美等传统价值，人在价值选择、价值取向、价值判断上都持双重标准或多重标准。大学生处在科技水平日新月异的时代，社会上混杂着各种文化、思潮、价值冲突，加之大学生正处于价值观念不稳定的时期，尤其是社会舆论氛围、校园文化环境都会造成大学生的意识形态偏离党中央，哪怕是一部电视剧、一场电影、一次学术报告、一条抖音视频都对大学生价值观的形成和塑造有着重要的影响。但是不管其表现形式如何变化，呈现出的价值内容都是集中在"主流意识和西方思潮""物质与精神""集体主义和个人主义""理想与现实"的冲突与碰撞当中，从"单一"向"多元"发生转变。

当代大学生价值观是随着他们自身和社会历史条件的改变而改变，在各种社会文化思潮的影响下，他们对此都有着不同的意见和看法，他们的价值观也呈现出多样化发展态势。当代大学生的思想意识日渐成熟，他们对于价值的评判标准也呈现出多样性，健康、财富、亲情、权利等都不同程度被他们选作价值衡量标准。在市场经济条件下，有的大学生注重理想信念，选择脚踏实地努力工作，还有的受到西方腐朽思想文化的影响，选择追求物质财富和贪图安逸享乐。当代大学生所呈现出的不同价值观念，主要是由于市场经济对他们价值取向造成了多重效应，使他们在价值取向上出现多样化趋势。一般说来，在复杂社会生活中大学生价值观呈现出多样化的特点是一种正常现象，随着社会的发展进步，大学生思想素质会不断提升，他们的价值取向也会更加的多种多样。特别是改革开放以来，我国的对外开放和对文化的包容程度越来越高，这必定会产生多种思想文化并存的局面，大学生在这种环境下对价值观的选择也就会多样化。在社会转型时期，政治、经济和文化等领域都发生了深刻变革，价值观呈现出多元化发展趋势，反映在大学生思想观念层面上则体现为价值观的冲突与融合，他们选择任何一种价值观必然会受到某种价值标准的肯定或者否定。大学生在社会生活中会受到各种外界环境的影响而产生价值取向的交织和碰撞，这样一来就使得他们价值观呈现出多样化发展特点。由此看出，当代大学生价值观会随着社会时代的发展而发生改变，从社会发展的角度来看，新时代给大学生创造了更好的学习平台、物质条件和生活环境，他们为了能够更好地适应社会发展，在思想观念上就必须做出相应的调整和改变，他们的价值观也必然呈现出多样化的状态，这种状态是个人为了社会生存而表现出的自我行为，是时代社会发展的必然结果，是时代社会进步的具体表象。

2. 在价值主体上突显出自我化

改革开放以来，我国市场经济不断进行深入改革，当代大学生群体在接触新事物的过程中自我意识日渐觉醒，自主观念开始被强化，个性更加的突出，不再盲目服从、轻易相信、消极依赖。集体主义坚持个人与社会的有机统一，要求个人必须服从集体，只有为集体的利益而付出，那么自己的人生才会更加有意义并焕发出光彩。市场经济条件下的价值观体系是把集体和个人的关系作为重要轴心，当代大学生在价值选择上虽然肯定集体主义，但自我的意识倾向更加明显，一部分学生价值观开始由社会化向个性化发生迁移，他们崇尚自我，积极追求个人利益，更加注重个人的精神感受，争取个人的优质生活，强调个人理想目标的实现。当代大学生学习能力强、思维反应快，他们能够在社会变革中迅速学会如何给自己的人生目标和发展方向定位，他们的自我意识、成长意识和参与意识都有进一步提升，对自己的利益、尊严和价值等需求不断增加。当代大学生价值主体个体化特点明显，他们更加看重自己的前途发展，他们的价值观明显体现出个人本位的特征，社会本位的主导地位逐渐降低，在社会活动中，他们都希望自己能够扮演主角而不是配角，能够在社会舞台中崭露头角充分发挥自己的才干；在生活和学习中，大学生会选择自己舒适的方式来生活，选择自己感兴趣的内容来学习，不断追求自身各种能力的提升。当代大学生在高校学习科学文化知识，他们的独立性和创新性在逐渐加强，考虑问题时会结合自己的内心想法，会以自己认同的方式寻找解决方案，挖掘出事物的本质发展规律，从而形成一套只属于个人的自我认知观念体系。大学生迫切希望能够摆脱学校与家庭的约束，能够在学习生活中独立面对困难和挫折，使自己能够早日独立自主，走向成熟稳健。

3. 在价值选择上充满矛盾化

大学生接受新观念、新事物的能力强，好奇心旺盛，个性得到了发展，个性化特征不断增强，在国家、集体、他人利益面前过度强调追求个人、实现自我价值，个性化动机明显。然而大学生群体又是一个特殊群体，长期处在集体生活当中，对群体生活产生强烈的依赖心理，并深受同龄同辈价值理念和行为方式的影响，在缺乏阅历的同时为了突出自我只能通过采取从众化的行为来丰富实践能力。大学生对国家发展、社会进步的关注度高，对时事热点参与度逐渐增加，对社会舆情能够做到辩证看待，希望在社会实践中能突出自我并希望在社会中得到肯定和赞许，实现自我价值。同时，大学生缺乏生活阅历，社会实践能力不强，理论知识不足，具有幻想色彩，在事物的认识上带有片面性和幼稚性，这些客观缺陷与他们自身极强的自我概念发生冲突与矛盾。

马克思主义唯物辩证法指出,矛盾是客观且普遍存在的,当代大学生价值观形成也遵循着这一规律。在社会全球化发展背景下,各种文化思潮不断涌现出来相互碰撞融合,大学生在受到多元文化的影响很难做出价值选择与评判,他们的价值观形成和变化必然是一个充满矛盾的过程。对于同一件事物,大学生受到外界环境和自我需求的影响,有时做出的价值判断会出现前后不一致的矛盾现象。一直以来,大学生对中国传统道德观念,表示认同但又不是简单的继承接收,而是在其基础上进行创新,使其可以更好适应时代社会的发展,达成与时代社会的一种有效融合。大学生对于中国传统道德准则持认同态度,同时又对社会上的多元文化表示一定的肯定与追随。当代大学生正处于价值观形成的关键节点,他们的价值思维还没有系统成型,由于社会上各种不同价值观念的影响,他们在价值选择上很容易出现矛盾对立的情况。大学生对于社会所要求的道德行为规范都有一定的认识,当个人与集体利益起冲突时,大家都知道应该以集体利益为重却又很少去为之付诸行动。由于大学生价值评判系统较为复杂,有时会出现价值主张和实际行动的矛盾,使他们的思想认识和实际做法发生错位,虽然他们对于社会事物有一定的辨别能力,思想上也知道该怎么去做,但在实际实施过程中却不能很好地完成。大学生价值观内化受阻,就是表现为价值认知和实际行动、理想自我和现实自我的不协调一致,这一现象在他们身上时有发生,也就是他们价值观所呈现出的矛盾性特点。

4. 在价值追求上转向现实化

社会经济的快速发展使得当代大学生的物质生活不断丰富,在物质利益关系的影响下,他们的价值选择已与传统的价值选择发生转向,相比理想主义他们更加倾向于现实主义。过去几个时代大学生关注社会变革和祖国命运,都有着强烈的理想主义价值,而新时代大学生将老一代人的理想主义看作空想主义,他们认为现实存在可以看见的才是有价值意义的,他们的生活理想更加偏向实际、价值选择更加看重实用、自我幸福更加追求实在。在日常学习生活中,大学生开始将关心的目标转向现实,崇尚务实的精神,认同实事求是的思想路线,把社会地位和生活质量作为自身的理想目标,与以往那种纯粹崇高的理想追求渐行渐远。在理想价值和社会现实的相互碰撞下,大学生对于理想精神的人生目标追求动力在慢慢减弱,而对现实的物质追求更加明显。社会经济结构的转型发展迫使大学生价值观由理想移向现实,他们为了使自己能够适应这种变化与需求,不得不做出一些调整,具体表现为对理想的淡化与对现实的过分追求,这种倾向表现较为突出，也被社会所接纳。一些大学生想要在读书期间入党的动机不纯，不是基于对党的绝对信仰，而是出于现实择业的需要，有着明显的功利心理。一些大学生争强好胜、虚荣心强，在毕业选择工作时往往优先选择去大中城市就业，把工作地位、薪资和发展等各个方面作为择业衡量标准，不愿意到贫困地区和迫切需要人才的基层单位去就业，较少从国家全面发展的角度去思考就业问题。从近年高校大学生的就业意愿来看，很多大学生比较看重就业单位发展前景和自身发展机会的一些现实利益问题，希望可以进入实力雄厚的大公司工作。一些大学生在追求个人利益与物质享受时，精神家园逐渐丧失，评判标准物质化，功利化倾向严重，他们的价值观更多地呈现出现实性的一面。

（三）世界观特点

世界观是人类关于世界的总体认知，而大学生世界观，也继承和延续了世界观的基本内涵，但又有其独特的特质。当代大学生自我意识强烈，追求个性和自我表现，热心关注时事，乐于参与网络评议，同时拥有强烈的自尊心和自信心，考虑问题以自我满足和现实利益为导向，具有极其鲜明的时代印记。资讯的高度发达、网络的迅猛发展、新媒体的合力冲击、中西方多元文化的碰撞、全球经济的一体化等，使得大学生世界观的形成也具有主体性、承袭性、开放性、可塑性等特质。

第一，主体性。人是通过对象化活动来认识世界与改造世界的，人的活动是有意识、有目标的活动。大学生在对客观对象的主动认知及理想、信念、意志、情感等主观意识的驱动下，对文化知识和成长成才的渴望，具有非常强烈的主动意识。

第二，承袭性。当代大学生世界观的形成与发展也是建立在历史文化延续的基础之上，既承袭了人类思想进程中的精髓，又融合了当下多元价值文化因素。

第三，开放性。开放性特征是马克思主义理论"辩证否定"的哲学表达，任何事物都是处于发展变化之中。世界观是不断革新和变化的，始终处于不断的发展和开放之中，是一个不断丰富和发展的概念。当代大学生面对价值多元化、新媒体冲击及资讯高度发达的新时代，思想活跃，精力充沛，乐于和善于接受新鲜事物，所形成的世界观具有开放性特征。

第四，可塑性。大学生作为具有历史时代特征的群体，每一个时代的大学生具有每个时代的特质，如追求主流文化、主动接受社会思潮、自由民主意识的增强等。作为学习和成长的主体，在高等教育阶段，大学生的求知欲望处于最旺盛时期，求知能力也是最能得到锻炼的阶段。大学生主动去追求和探索生活、学习、思想和社会中的未知领域，他们的思想道德、价值观念、思维方式、学习方式、生活模式等各个方面在这个时期都具有极大的可塑性。

二、大学生道德观特点

（一）总体趋势良好

第一，大学生社会公德总体呈向上趋势。当前我国大学生对于社会公德的认知与践行总体呈向上的趋势，表现在：一是大部分大学生对主流社会公德规范持认可态度，在主导性公德价值理念的引领下树立了正确的三观，对公德的重要意义有着较高的认同。二是大部分大学生深刻了解社会公德相关理论，指大学生对于社会公德的内涵及要求熟知于心，并自觉树立正确的社会公德意识，从思想上想要践行文明礼貌、爱护公物等社会公德行为规范。三是大部分大学生能主动践行社会公德，指大多数大学生有着坚定的理想信念，正确的人生价值观，积极参加校内外组织的志愿服务活动，在日常生活中能够做到诚信待人、助人为乐、遵纪守法、爱护环境，有着较高的思想道德觉悟，如在图书馆、自习室等公共学习场所能够自觉保持安静，爱护公共设施；遵守课堂纪律等等，能够自觉主动地践行社会公德。

第二，多数大学生对职业道德认知深入。职业道德，指与人们的职业行为密切相关且符合其职业特征需求的道德准则、情操与品质的总和，它既是对从业人员在职业过程中的行为要求，同时也是职业对社会所负的道德责任与义务。职业道德主要体现在：爱岗敬业、诚实守信、办事公道、服务群众、奉献社会。在新的时代背景下，大学生正确职业价值观的树立，良好职业道德素养的培育将直接影响大学生未来发展方向，影响我国高校高素质人才培养目标的实现以及社会经济政治文化社会各领域的健康发展。当前大部分大学生对于职业道德内涵有着较深入的认知，深刻了解职业道德对其未来职业甚至人生发展都具有重要意义。在实践方面，大部分大学生在大学期间会接触或多或少的勤工助学、兼职、社团或学生会干事等的经历。在这个过程中，他们必须学着承担相应的工作职责，干好自己分内的事，在职业道德理念得到更好践行的同时也加深了对自身职业道德的考察与反思，培养了诚实守信、爱岗敬业、认真负责、公平公正的工作作风，不断实现自身发展与进步。

第三，多数大学生熟知家庭美德并有较高意识。家庭美德，即人们在家庭生活中调整家庭成员间关系、处理家庭问题时应当遵守的基本行为标准，属于家庭道德范畴。家庭美德主要体现在：尊老爱幼、男女平等、夫妻和睦、勤俭持家、邻里团结。家庭是大学生成长的重要场所，大学生对家庭美德的正确认知与积极践行对于家庭环境的建设，个人品德的发展以及社会的和谐进步都具有重大的意义。家庭美德的建设与发展对于良好家风的塑造意义颇大，在良好家风的培育中，大学生可以更好地实现自我发展。青年大学生是国家发展的储力军，其自身素质的发展对后辈也具有重大的意义。随着我国对道德教育的重视，家庭美德已经深入内心，大学生普遍具有孝亲尊长、男女平等的道德观念，能够在享受家庭温暖的同时较好地承担起家庭赋予自己的责任。对于大学生来说，他们大多尚未成家立业，家庭美德主要体现在孝顺长辈，古语有云："百善孝为先"，孝为"人伦之本"，作为中华优秀传统美德，对大学生有较强的道德教化作用。从认知与践行来看，当代多数大学生对于家庭美德具有较高的认知与认同，熟知家庭美德的内容并具有较高的家庭美德意识。当前社会中总会涌现出大学生带母上学，主动承担家庭经济重担，兼职赚钱给父母买衣物等从物质与精神两个层面关爱父母的事例，也体现出当代大学生总体上是积极践行着家庭美德的。

第四，多数大学生具备积极向上的个人品德。"个人品德是指通过个人自觉的道德修养和社会道德教育所形成的稳定的心理状态和行为习惯。个人品德是社会道德在生活上对个体的内化，是道德认识、道德情感、道德意志及道德行为的统一。"[①] 个人品德主要体现在：爱国奉献、明礼守法、厚德仁爱、正直善良、勤劳勇敢。大学生是构建社会主义和谐社会的新生力量，实现民族复兴的重要力量，其个人品德塑造具有不可忽视的作用。当前我国大学生个人品德建设取得显著成绩，总体上呈现良好向上的发展趋势。党的十七大报告初次提及个人道德建设，而后在十八大与十九大报告中都重申了推进个人品德建设的相关内容，这些论述是党和国家在新的时代背景下，对我国高校大学生精神文明建设方向做出的指引，体现出党和国家对于大学生个人品德建设的重视。在政策理论引导下，高校积极开展各类思想道德理论课，以科学理论、先进思想武装大学生的头脑，促进了大学生正确三观的形成。在社会主义核心价值观的引导下，当代大学生大部分塑造了积极向上的个人品德理念，热爱祖国，有着责任担当意识，顾全大局，不计个人得失，积极参加志愿服务、支教等活动，大学生个人品德获得了很大的发展。

---

① 陈红旗.社会主义道德建设论[M].北京：中国建设工业出版社，2011.

（二）个别问题存在

第一，道德认知的感性重于理性。因道德认知的程度不同，大学生对善恶标准的把握也因人而异。目前，大学生在道德判断中运用自己善恶的标准进行判断，既有自己的标准主观的，也有背离社会公认的价值观的。大学生面对道德选择的具体场合时，他们可能会无意识地考虑许多感性因素，例如关系的远近、个人利益，不管大家是否这样做，都会影响道德判断，影响他们的行为。大学生面对道德判断，进行道德选择的时候，由于环境、人际关系等因素影响，部分道德意志不坚定的大学生，易出现情绪波动，时常凭借自己的感觉做出价值判断。这是因为他们在被美丽事物感化的同时，也容易被坏想法影响，所以行为上出现了内心情感的矛盾与纠结。这既体现在道德困境，也体现在假设生活的状况上，对道德事件的判断，出发点是从自身感性出发的，但自身的道德判断是否符合社会价值观，则因人而异。类似的问题还有很多，这也体现出当下大学生道德认知和道德情感不一致的情况，并未完全形成与道德认知相统一的健康的、正确的道德情感。

第二，道德的个体化强于社会化。当代大学生是高文化层次的群体，在追求自我价值和自我奋斗中，会受国外一些"自由、个性"等个人主义色彩较重的思想的影响，因此他们的自我意识往往会表现出比较鲜明的色彩。加之独生子女政策的推行，现在的孩子在家庭往往是"独苗苗""香饽饽"，家庭地位较高，因为很多孩子往往处于一种养尊处优的地位，这也使得他们的自我意识过于强烈，这样自我意识也是导致极端个人主义形成的因素。这也导致一些大学生不认识对方，强调自我，否定他人的努力，否定集体主义和社会，只享受自我发展，却很少肩负起社会责任。考虑问题往往从自己出发，甚至学习只是一种谋生的手段，在面临择业时，首先考虑的不是社会的需要，而是岗位能给自己带来薪资、福利以及保障等。在现实生活中，部分大学生过于提高自身个体的重要性。在处理个人和社会关系时，他们往往习惯于用高理论、高标准要求社会，而用低要求衡量自己的行为。由于这种现象的负面影响，大学生在与他人交往时，形成"主观为己，客观为他人"的道德信仰。这表明大学生对自我道德行为认知和社会道德行为认知不明确，个体化强于社会化的特点。

第三，部分大学生还存在公民道德失范现象。道德失范有双层含义。一是就道德规范本身而言，指原有的道德规范缺失或失去其有效性，对社会成员难以起到足够的约束力。二是就公民个体而言，做出不符合道德规范要求的行为。大学生公民道德的失范是指在社会生活中，大学生的行为不符合公民道德规范对其的要求，具有混乱性与无道德性。近年来大学生公民道德失范事件频发，主要分为三类。一是诚信观缺失。诚信是每个公民都应当具备的基本道德，是立身处地的根本品质。大学生受过多年的教育应当具备较高的道德品质，但由于多元思想观念的冲击，部分大学生会有诚信缺失的现象。如考试作弊、抄袭剽窃论文、求职简历造假、不按期归还助学贷款等行为，属于诚信观念缺失的表现。二是正义观缺失。党的十八大报告强调"公平正义是中国特色社会主义的内在要求。"[①] 大学生是祖国发展的未来，其正义观念的树立有利于培养健全的人格，对于推进和谐社会的建设具有重要意义。但部分大学生在功利主义、个人主义等思想的影响下，正义感扭曲，对弱势群体产生歧视，漠视他人感受，对身边的非正义行为视而不见等。三是基本是非观缺失。是非观是指面对客观事物、社会现象或者特定事件断定其有意义或无意义、值得接纳或不值得接纳、认可或不认可所持的一系列最基本的准则和尺度，以及所做出的一般性意义评价及选择意向。在当前校园网络论坛或交流群，代课、替考试、代写论文等的广告屡见不鲜，表明这部分大学生利益至上，缺乏基本的是非判断能力。此外，还有因人际冲突杀人投毒而铸成大错的案例，体现出部分大学生对于生命的漠视，也是大学生公民道德失范的表现。

第二，部分大学生公民道德意识较淡薄。道德意识是个体在长期的道德实践中产生的道德观念、情感、意志、信念与道德理论体系的总称。西方功利主义观念的传入对国内大学生造成一些影响。目前高校中，大学生往往更加在意的是某一种行为对自己的利害关系，如是否提供学分或荣誉奖金之类的奖励，如果没有这些利益，他们的一些道德行为也会丧失极大的动力。大学生公民道德意识淡薄表现在：一方面是部分大学生缺乏对自己的道德意识的严格要求，对于不合乎道德的行为未受到惩罚或惩罚未超过可接受预期而存侥幸心理，甚至以此为荣。如考试作弊被发现后没有严肃处理，只是予以警告，从而侥幸甚至仍然作弊。另一方面是自身没有稳固的道德认知，意志不坚定，盲目跟从他人。美国心理学家马斯洛认为社会归属需要是社交需要的重要内容之一，即"人有一种需要归属于一个集团或群体的感情，希望成为其中的一员并得到相互的关心和照顾。"[②] 当大学生处于群体中时，思想观念易受到影响，一是为了自己不显得与众不同而将自身价值判断与多数人趋于一致。如路边有人摔倒，周围若站着一群人但无人主动搀扶，新来的人会加入围观而非去帮助摔倒者。二是为了自身利益不受群体选择带来的损失，跟随他人做出道德选择。如当前大学生在图书馆、自习室占座等现象，

---

① 2012 年 11 月 8 日.《胡锦涛在中国共产党第十八次全国代表大会上的报告》

② 孙非，金榜. 社会心理学词典 [M]. 北京：农村读物出版社.1988.

如果不跟随他人占座，自身利益就会被影响，因此有了很多座位空摆着书本却无人在旁的现象。三是个体公民道德缺乏规则意识制约。规则意识是以规则为标准的意识，影响着人们的行为举止，是衡量社会德育水平的重要标准。孟子说："不以规矩，不能成方圆"，规则意识的存在能够对大学生公民道德的发展起到一定的约束规范，如果单靠自身道德意志，很容易被外界环境动摇。但是当下家庭、学校对学生规则意识教育的缺位以及市场经济社会环境的一些消极影响，形成大学生规则意识不强的现状。高校是较为开放的环境，各种思想观念可以自由地进行交流与碰撞，再加之大学生自身的特性，为西方社会思潮在我国高校学生群体中的传播提供了便利。培育大学生规则意识可以对道德自制力差的大学生产生一定制约，有效弥补公民道德素质建设仅靠个体意志存在的缺陷。

第四，部分大学生公民道德理论转化为实践能力不足。辩证唯物主义认识论认为，实践是认识发展的动力，应坚持理论与实践相结合的原则，做到理论与实践的统一。随着高校思想政治教育学、人生观教育、伦理学等道德相关课程的开展，国家重大会议讲话精神的宣传以及新闻热点等的传播，大部分大学生对公民道德理论内容有清晰的认知，深谙一个合格的社会公民应当具备哪些道德品质。但仍有不符合公民道德要求的行为发生，这是因为部分大学生认知与行为脱节，缺乏将所学得的公民道德理论转化为道德行为的能力或自制力，不能及时有效地做出自己认知范围内正确的行为。此种现象产生的原因主要有两个方面：一是这部分大学生对于所学的道德理论知识一知半解，未能理解其精髓。如很多大学生对于大学课程的学习并未深入理解，只在考试前机械式背诵，课程完成之后无太大的收获。二是这部分学生自我管控约束力不足，被眼前之利迷惑。如现在部分大学生找人替课，虽然双方都知道这种行为违反规定，但仍选择摒弃规则。

第五，部分大学生公民道德素质与时代要求不够契合。《新时代公民道德建设实施纲要》阐释了公民道德素质的建设新的思路与路径，有较强的时代特征。其特点在于：提出在新时代背景下，实现中华优秀传统道德文化的创新性转化进行公民道德建设；在公民道德建设内容方面，提出了第四个着力点，即个人品德；提出加强网络空间道德建设的引导工作；提出了全学科、全过程、全阵地的道德教育理念等。但在公民道德发展的过程中，并非所有人都可以紧跟时代脚步，个体公民道德时代特性建设面临着重重挑战。有部分学生或因信息较为闭塞，或因自身对新提出的道德理念理解不够到位，或因对于新的公民道德相关理念的不认可，从而思想观念不能及时更新，停留在前一个阶段，从而公民道德发展也产生滞后性，不能很好地适应新的时代背景。

三、大学生的家国情怀特点

（一）爱国热情比较高涨

爱国热情是一个国家和民族弥足珍贵的精神财富。近年来，随着国家文化软实力的不断增强，大学生的爱国情感也被有效激发出来，爱国热情越来越高涨。社会主义核心价值观不断整合着大学生的政治认同，凝聚着大学生的文化认同，不仅提高了大学生对当代中国政治、经济、文化和社会体制的认同，增强了其政治参与的积极性和主动性，同时在多元化文化思潮的背景下，提升了大学生关于抵制西方意识形态侵袭的政治自觉性，大学生的民族自信心与自豪感也越来越强。爱国并不是简单地喊口号，不是谁喊得大声谁就爱国了，最为关键的是需要发挥理性的力量，需要将理性的因素注入爱国的热情之中。中华民族有着深厚的爱国主义传统，在五千年的中华文明史中，自1840年遭遇第一次鸦片战争以来，中华民族不断奋起反抗，抵御外来侵略，并在革命、建设和改革的历史中，铸就伟大的爱国主义精神。这一精神也逐渐渗透到文化、习俗、政治和法律中，转化为爱国行为。学生们能够主动树立起建设社会主义现代化，实现中华民族伟大复兴中国梦的责任感和使命感，在有损国家利益、名誉的事件发生时，广大大学生并不是"事不关己，高高挂起"的态度，也不会"无动于衷"，而是更加主动、积极地去坚定立场，他们的爱国行为越来越自觉。

（二）家国一体认识稍显淡薄

一滴水只有融入大海里才不会干涸，一个人只有将小我融入建设祖国的大我之中，才能充分展现个人的人生价值，拓宽自己的人生格局。大学生只有正确明晰小我与大我的关系，才能自觉将爱国认知、爱国情感与报国行为有机结合。中国的传统社会是"家国一体"的，也就是一个人与家庭之间的关系就是一个人与祖国之间的关系，其核心思想是人己一体，其内涵就是把一己融入整个大集体当中，关键时刻能够舍小我而为大我，在社会中发挥个人主体性，努力做对社会有意义的事情，进而实现自身的生命价值。而在新时代，大学生群体当中存在随心所欲的典型"佛系青年"原因就是不能够正确认知小我与大我的关系。中共中央、国务院颁布的《中长期青年发展规划（2016—2025年）》明确指出，要注重激发青年的参与热情和创新活力[①]，促进青年的社会融入和社会参与。然而，作为青年队伍具有引领作用的高校大学生中却存在一个热情缺乏和创新活力缺失的群

---

① 2017年4月《中共中央国务院印发中长期青年发展规划（2016—2025年）》

体，主要反映为"无兴趣""无所谓"等现象，对大学的校园文化活动、志愿活动、社团等都是低参与度低行动。对教师的批评和指教、个人的荣誉、学业成绩的高低呈现"无所谓"的想法。这正是新时代以来，我们众所周知的"佛系青年"。大学生失去了理想追求，逃避社会责任，似乎一切事物都没有了追求。同时，显而易见的是，当今大学生仍然存在利己主义思想，部分大学生只注重个人的眼前利益，局限于个人狭小的圈子里，其主要原因就是当今是全球化经济时代，大学生价值观念尚未形成，缺乏理性的思考，受到全球市场和外国资本力量的冲击，弱化了强烈的家国观念和集体意识，因此，大学生群体当中凸显出了个人主义和功利主义的思想观念，也就是大学生不能够明晰认知集体主义与个人主义、小我与大我之间的紧密关系，不能够将自己的生存命运与国家民族的发展前途紧密相连。

（三）家国情感相对缺乏

一方面，在日益开放的大数据网络信息化时代，中国第45次互联网报告显示大学生是使用互联网最频繁的群体，他们时刻关注着当今多元文化生活的瞬息万变。新时代大学生生活在一个国际信息交流逐渐频繁，国家间竞争逐渐激烈的时代。大学生鉴别"精华"与"糟粕"的思想观念尚未成熟，容易受到各种错误社会思潮的影响，导致大学生缺失了爱家爱国责任情感。例如，部分大学生对中华优秀传统文化的深厚底蕴和内在魅力了解得少之又少，受到西方拜金主义、个人主义、享乐主义等价值观念的不断侵入，缺乏正确的价值观念和理性辩证思维方式。同时，仍有大部分学生在生活节日中表现得过于热爱，对圣诞节和情人节有众多的仪式感，在西方节日上集中了更多的注意力和花费，可以看出大学生缺少对中国传统文化的认同，缺失爱国情感。此外，部分大学生缺失家庭责任感和义务感，沉迷于物质资源，生活状态缺乏积极的热情，与他人攀比的心理较突出，对父母所给予的一切不回报，甚至出现指责现象，对父母的健康状况不闻不问，意识不到作为子女要具备高度的责任情怀。近几年，校园负翁族、月光族逐年增加。可见，部分大学生不具备真挚的爱家爱国情感。

另一方面，新时代大学对历史文化基础理论知识的掌握程度直接关联着新时代大学生是否具有家国情怀的崇高信念。目前，新时代大学生存在对丰厚的中华优秀传统文化了解不透彻，对历史知识掌握不扎实、不了解从而缺少家国情怀的问题。在高校中，学习理科知识的大学生的占比要远远高于学习文科的同学，然而理科大学生在高级中学几乎就脱离了历史知识教育的学习，在这种对历史文化不闻不问不了解的学习模式基础上，大学生不了解国家的发展从何而来为何而去，更不了解我国未来发展的整体规划。这也是新时代大学生家国情怀缺失的重要表现。同时，在高校中，不同专业的学生有不同的学习方式和学习态度，在思想政治理论课上学习其他专业课知识的现象比比皆是，众多大学生对思想政治理论课的考试内容，都是以"突击"的学习方式为主，一旦考试结束后，就将思政课所学的知识内容抛在脑后。基于这样的学习态度，大学生并未将所学习的相关传统文化知识形成系统脉络，渗透到个人骨子里，从而导致对历史文化理论知识的基础并不牢固，从而缺乏崇高的价值追求，更不能做到与历史同向、与祖国同行、与人民同在。

（四）爱国爱家知行不合一

新时代以来，我国大部分人对爱国都表现出较高的热情，但仍然有少数大学生在爱家爱国表现上存在知行相脱节现象。第一，大学生虽然生活在获取信息速度及时的"指尖时代"，部分大学生对国家发展、民族兴衰、社会进步漠不关心，很少去听新闻热点、关心时事政治，虽然对于网络所传递的正能量和具有家国情怀的事迹人物等，大学生也表示支持态度，但仍缺乏实践奉献精神，他们在很大程度上认同社会树立的模范典型，但在生活中很难做到见义勇为。同时，新时代大学生也颇喜欢类似于"感动中国十大人物""中华好故事""中国好家风"的影视节目，但在现实生活中却呈现精神懈怠和空虚状态，赤诚奉献只是一句口号而已，更难坚持以人民利益为中心的至上信念。第二，目前大学生大部分都是在溺爱的环境和蜜罐中长大的，大部分事情都由父母来主导，缺乏生活中的锻炼。随着时代的跨越式发展和市场经济的不断变化，在不断获得机遇的同时，新时代大学生所面临的挑战也不断增加，面对就业压力的不断扩大，新时代大学生在这样的市场经济环境背景下，出现了考证热，考公务员热，只是为了自己的地位、名利，获得众人赏识的理想工作和社会地位，大学生看不到自己与社会的发展和人民的需要是相统一的，也未能将个人理想与社会理想紧密相连，仅仅局限于实现个人理想的格局内，缺乏社会责任感的志向和勇气，并不是真正地想为人民服务，更排斥去边远地区、艰苦基层、祖国和人民需要的地方去工作，未能使自己的价值观念、言行态度与国家至上的坚定信念相一致，可以看出是典型的知行不合一的表现。

第三节　新时代大学生的成长规律

一、大学生的学习方式

从高中生活过渡到大学，由于学习环境的改变和某些主观观念的萌生，以及学生对自己身份的认知改变，在大学校园里出现了不同的学习方式。

（一）有目标型

在当今面临着前所未有的大变革和巨大发展的同时，青年人的人生价值也在发生着变化，青年人的人生价值往往随着社会的变革而改变，他们的人生价值观往往支配着他们的行为方式以及行为选择。而树立正确的人生价值观对青年的成长具有十分重要的意义，当代青年成长于改革开放的大环境下，沐浴着改革开放大环境之下的阳光而成长，在当代，由于青年人心理和生理上都处在一个相对比较成熟的阶段，他们对待事物积极，但又面临着诸多矛盾。青年人群体渴望独立，渴望成就一番事业，尤其是在市场经济飞速发展的今天，他们对新事物有着强烈的追求，同时也有着强烈的自尊心与自信心。他们急切渴望得到自我价值的实现，也渴望着寻找志同道合的伙伴。而在这种情况下，在急切渴望实现自我人生价值的道路上，有人迷失了方向。但那毕竟是极少数人，绝大多数当代青年清楚地知道自己所肩负的使命与担当，他们早已树立正确的人生价值观，他们清楚地知道所肩负的使命——实现中华民族伟大复兴！

大学录取的结果与高考成绩具有直接附属的关系，这是作为每一个学子以及教育界所公认的，也就是说高考成绩的好坏，直接影响录取的结果。大学是一个新的学习环境，优秀的人始终都保持着自己的初心，坚定着自己的目标，明确自己所想要的，不会停下脚步。优秀的人并不是单纯地被成绩和最终结果定义，而是以平常的行为作为评判。每一个等级都有自己的典型案例，本身就具有优势的重点大学在校大学生，也没有因为自己起点优越就满足于现状。学霸不仅仅只是学习优越，更是全面发展，全面提升自己的各种技能。各项技能全优，体育劳动素养更是趋近前茅，更有甚者跨专业攻坚学术，致力于自己专业以外的学术研究，并且大有成就，也成为校内的领跑人物，成为国家的重点培养人才。从普本再次出发，有些奋斗者更是不甘于平庸，高考成绩虽能决定人的起点，但起跑之后的速度和节奏，还得自己有心有力地去调节，去形成自己的节奏。与校内平庸者不同，他们的足迹或在操场、图书馆、自习室，在他们的主观意识里，学生的本能观念是学习，是有自己的追求，是朝着自己的目标去奋斗，既然起点可能落后，那就用自己的拼搏与努力去为自己提供一个跳跃至上的台阶。有人把同学用来睡懒觉，玩手机等等空闲零碎时间，充分利用，合理分配，严整规划，有的同学备战考研，有的同学为实习工作提升自己的专项技能，或许人生的选择不同，但过程中的付出是最美丽的，至少说是几十年之后，也不会郁郁寡欢。再从大专院校出发，每年专升本的大专院校的学生更是成为一种趋势，再者通过考研成功上岸的专升本学生，从专升本，再到考研成功上岸，努力与付出无法用言语形容。

在当代大学生中，普遍重视文化课的学习，特别是文化知识、文化技能的学习，参加各式各样的职能培训，考取各种证书，做出这些行为的主要原因就是为了以后所要选择的专业领域能够更好，但随着社会的发展，市场经济随之也加快了步伐，整个社会的价值观与行为方式也发生巨大的改变，而当代青年作为国家建设的中坚力量，是能够充分了解和学习现代科学技术教育的一批人，应该尽自己所能去学习、去了解、去建设这一领域。而在这一环境下，大多数青年人不负众望以自己所能给市场经济乃至国家经济做出了最大的贡献；但在市场经济条件下，由于受个别不良现象、风气的影响，在个别青年人的身上，居然出现了道德诚信的扭曲，而且这一现象正日益增多，由此可见，市场经济对当代青年的影响有好有坏。

（二）无目标型

由于网络的发展，现在教学方式有了很大的改善和提高，出现了网络课程，教师可以把一些教学课程的相关音像资料放在网上，相比传统的教学方式，网络教学更加活泼、形象、生动，使学生以较快的方式获取了最新的信息，为学生学习营造积极向上的网络环境，也因此受到了很多大学生的青睐。

网络时间的开放性，导致出现了一些网络垃圾信息，大学生自控能力较弱，面对复杂纷乱的网络世界，很可能就会沉溺其中、迷失自我，因此加强网络立法是网络健康发展的当务之急，高校也要适应时代发展要求，规范健全高校网络管理制度，高校老师，尤其是辅导员要承担起网络下载把关工作，做好网络资源，为大学生营造一个健康成长环境的法制保障，用法制约束规范学生的上网行为，把不良信息扼杀在萌芽状态。

以优异成绩被录取到重点大学的学生，他们的起点优越这是毋庸置疑的，但如果只停留于起点，不迈开步子，也似乎毫无意义，只是在浪费那一份让人眼红的资源。考入名校的学生比比皆是，但因为学习中存在的种种不良行为被辞退的也不在少数。他们大多数满足于现状，没有更高的追求，完成四年学业也好，拿到学位证书也好，缺乏拼搏心，无法上进。再往下说，普通本科，受自己脑子里根深蒂固的主观观念的蛊惑，在意识到终于步入了大学校园，离开了父母与老师的监督与管教后，上课睡觉，玩手机，课后沉迷网游，熄灯后继续刷手机，学习时间游戏睡觉，空闲时间继续游戏睡觉，学校组织活动不参加，喜欢"永久性"地待在宿舍，也不喜欢运动，体育素养与各项技能为零，白天昏昏欲睡，晚上继续征战网游。临近考试，他们又抱有侥幸心理，期待希望自己能通过，以此类推，荒废四年，就此收场。当然，大专院校有些极为突出的严峻问题，某些在校生早已放弃希望，浑浑噩噩，学习时间几乎为零，只是单纯地交了四年学费，仅此而已。起点固然重要，但屈服于现实，不迈开步子，不尝试，不改变，终究是虚度自己的青春。

二、大学生的精神生活

（一）积极向上型

第一，精神生活认识全面、评价较高。在精神生活的认识和评价方面，大多数的学生对精神生活的认识较全面、正确，对自身精神生活评价较高。一方面，他们大多数能够提出自己关于精神生活的想法，许多人懂得精神生活是动态实践性与静态精神的统一体。同时，大学生的精神生活需要层次也更高。他们追求休闲娱乐、精神交流、知识提高、交往互动等基本精神需要，还追求理想信念、道德素质、个人价值等高层次精神需要。具体来说，马拉松、极限运动、骑行、摄影、穷游，都是大学生兴趣爱好；他们勇于追求自己所热爱的东西，不断开阔眼界和视野；部分学生沉迷于艺术、科学和哲学，提升了自身的修养和精神境界……另一方面，大学生对自身精神生活的满意度较高，这不仅代表着他们对精神生活的主观感受，而且还代表着他们对精神生活的向往与追求。大学生对个体发展精神生活的重视度提高，并采取实际行动，提升自身的精神生活境界和质量，精神生活体验和感受较好。

第二，政治立场明确，政治关注度高。在政治信仰方面，大学生政治立场明确，政治关注度高。他们有着坚定的政治立场，并且在思想和组织上都积极向党靠拢，入党愿望强烈，对党热爱又忠诚。另外，在当今网络技术高速发展的时代，互联网为大学生关注政治生活提供了巨大的便利，例如："学习强国APP"作为一种学习党的理论知识、开展主题研讨交流、发布国家方针政策和讨论热点问题的互联网平台，在大学生中受到极大的追捧和喜爱，他们非常关注政治性话题，有着明确的政治判断力和高度的政治热情。

第三，道德认知水平较高。在道德修养方面，大学生展现出较高的道德认知水平和道德修养。公益活动、志愿服务、支教、社会调研等都有大学生活跃的身影。尤其是在全民抗"疫"的战斗中，大学生展现出超高的道德素养与责任、担当。无论是思想上还是在实际行动方面，都体现出了大学生较高的道德素质。

第四，文化休闲活动多样。在文化休闲活动方面，大学生有着丰富多彩的文化休闲活动选择。当前，各高校都重视校园文化建设，广泛开展了各类社团文化活动、志愿者服务活动、红色文化学习活动等等。学生们认为校园文化活动的形式创新多样、内容新颖丰富，对此有着较高的评价。由此可见，文化活动的丰富多样为充实大学生精神生活发挥了重要的作用。此外，大学生还充分利用休闲时间，放松身心、追求爱好、实现精神发展。在这个过程中，网络信息技术使大学生的精神生活方式更加智能化、便利化；使精神生活内容更加丰富、多元；使精神生活的平台更加拓展、开放……网络在大学生精神生活中占据着重要的位置。

总而言之，大学生的精神生活整体水平较高，在不同的方面都呈现出积极的态势。这些积极方面也将推动着大学生的精神生活朝着高层次、高水平、高质量的方向不断发展。但我们也应该注意到，大学生精神生活存在着一些值得关注和亟待解决的问题，深入了解和研究大学生精神生活的不足之处，有利于更全面地把握其精神生活状况，提高精神生活质量。

（二）消极落后型

第一，道德与法律意识模糊。大学生群体往往容易处于一个尴尬的境地：对于新鲜事物有着很强的接受能力，但又很容易被煽动蛊惑。近年来，各种新型思潮通过网络这一传播手段以极快的速度在大学生中流传开来，如"消费主义""拜金主义""娱乐至上主义"等等。这些所谓的"新思潮"不仅诱导大学生疯狂追求物质消费，忽视内心的精神追求，还潜移默化地影响了大学生的道德观念及法律意识。在这些思潮的影响下，部分大学生沉迷于物质的享受，毫无底线地追求与自身不匹配的物质消费生活，忽略精神世界的发展，道德水准一再降低。部分居心叵测的人利用网络传播不良思潮，对大学生进行思想误导，使部分学生的道德观念认知出现偏差。人们不再思考意义和价值，不再关注灵魂和内心世界，只是享受感性刺激，关注身外之物，从而导致人的个性失落和精神沉沦，丧失了形而上的精神观照。在这些思潮的侵袭下，部分大学生的精神状态日益萎靡，认知来源被困在网络中，主体力量、主体意识和创造性意识被压制。

第二，理想信念的歪曲和缺失。作为与物质生活同一场域的精神生活，应该与物质生活置于同等地位。不少网络推手故意将人们的需求包装成高大上的物质需求，人的物质追求被推崇到最高地位，对于控制力和甄别能力都尚未成熟的大学生来说，极容易落入消费主义的陷阱。消费主义奉行金钱至上，提倡无止境的消费和享乐。在这种低俗思潮的影响下，部分大学生被表面上的感官刺激所诱惑，陷入物欲崇拜。一部分大学生形成唯利是图、自私自利的性格，社会责任感意识浅薄。青年是标志时代的最灵敏的晴雨表，时代的责任赋予青年，时代的光荣属于青年。大学生正处在意气风发、努力拼搏的美好时代，但网络中宣扬的消费主义理念侵蚀了不少大学生的理想信念，导致他们的人生观、价值观发生偏差，产生错误的认识和追求。传统的精神生活表现为神性排斥感性，现时代的精神生活表现为个体感性的自我放逐。此外，在解构了传统理念之后，现代人的精神生活陷入漂泊无依的状态，呈现出鲜明的物质化、感性化倾向，变成快感的试验场。越来越多的大学生因着重于追求和享受一时的物欲快感而失去本应该有的理想信念和拼搏精神，将追求拥有无限财富视为人生最高目标，将物质满足视为生活幸福的象征。从大学生自身来说，这对于自身理想信念的构建是百害而无一利的。

第三，政治素质的弱化。因网络社会主体虚拟性的特点，大学生无法辨明言论背后的人是否别有用心。在政治、法律、新闻等严肃性话题中总有随意调侃的言论出现，使得许多事物被轻易娱乐化。对于严肃问题，没有秉持着一颗敬畏之心来看待，这一情况对于大学生提升政治素养来说是极其不利的。首先表现在对政治、法律、道德等严肃话题的轻视。其次，由于网络信息的冗杂性，人们对于真相的获取往往是滞后的，在各种媒体上容易被接受的往往是非理性、情绪化的言论，这种现象对于以理性为基础的严肃话题的生态是极不友好的。大学生思辨能力较弱，因此很容易被不良言论煽动情绪，忽视理性本身，肆意宣泄，甚至有可能做出违反法律规定的行为。在娱乐至上这样一种扭曲的网络环境下，政治类、民生类、科普类等信息常常被边缘化，而那些娱乐性消息却常年霸占各个平台的关键词搜索榜单的首位，这无疑将导致大学生的社会责任感出现异化的现象。

第四，生活方式与人际交往关系的异化。网络的普及使用缩短了人与人交往的距离，转变了空间场景，没有时间空间的限制，人与人之间的交往活动可以随时随地进行。部分大学生的生活方式受此影响，由原先的健康活泼异化为病态萎靡。在虚拟世界里，部分大学生试图借助数字、符号、言语等形式来获得精神上的虚幻满足。还有部分大学生因此颠倒黑白，生活作息一塌糊涂，甚至耽误学业，沉迷于网络世界，满足于精神需求的短暂快感。这种将人的需要寄托于网络社会的方式并不能从本质上满足人真正的需求，反而有愈发沉迷的趋势，最终导致身体和心灵皆被束缚于网络世界。人的交往活动本应该是人与人的交往活动，在网络环境下，却异化成物与物的关系。这种新型交往方式不仅冲击了以现实社会为基础的交往方式，还潜在加剧人际交往方式的危机。

第五，思维与视野的固化。网络的广泛使用延伸出各式各样的媒体软件。不少大学生学习知识呈现出一种零碎、浅显的特征，这会导致思维能力的发展受到阻碍，视野的扩展受到限制。这是因为，当前高校中的学生群体主要以"95后""00后"居多，他们成长于互联网技术飞速发展的时代，习惯性地从网络中获取知识，这使得他们的思维能力存在一定的网络依赖性。层出不穷的网络媒体软件中娱乐性的内容占比居多，且不少软件还是以盈利为主，知识的传播借助于微信、知乎这些网络媒介进行碎片式传递。相较于传统的以书本为主的知识获取方式，此种学习方式打破了原本系统、连续、全面性的学习范式，不利于思维能力的创新和延伸。通过媒体软件传播的知识内容大多较为浅薄，部分大学生沉迷于"方便"而非质的积淀。同时，大学生的视野也受到了固化，大数据时代带来大量的知识，且分门别类整理好呈现于眼前，使大学生获取便捷，导致不少学生只挑选自己感兴趣的部分了解，很少关注其他知识，这对于大学生视野的开阔是极其不利的。

三、大学生的消费观念

步入大学，离开父母，大学生都会拥有自己所需的生活费。相比过去而言，绝大多数家庭的经济情况不差，给自己孩子的月生活费可能都相差不多。在相差不多的月生活费之下，由于一些生活习惯，娱乐活动，以及自身的消费心理的偏差，学生可能在生活费的规划中会出现不同的情况，若自身合规合矩，所需的实际月生活费与规划中一致，若不加节俭，大肆挥霍，可能所需的月生活费与实际相差较多，甚至更多。

（一）理智消费型

一些大学生由于消费意识较强烈，对自己的月生活费规划也会严格紧扣。他们在平常的生活日常中，无论是对饮食花销，学习花销，还是其余的生活杂费，都会去严格控制与对待。再加上由于自己父母长辈的言传身教，从小就接受严格的教育，节约品德意识强烈，也不会海吃胡喝，更不会大肆挥霍。他们拥有正常的消费心理，明白父母的苦衷，知道自己的所拥有的一切都是来之不易，他们会把自己投入自己所真正需要的生活之中，而不是为了一些不必要的、奢贵的物质而去费心费力，也不会为了一些娱乐活动、灯红酒绿而去索取更多的财物，更不会在长辈面前唯诺可怜，言语欺骗，拿着沉甸的"良心"去寻讨"另一半"欢心，去找回在朋友面前凸显自己实际与梦境不相符合的那些所谓的"面子"，来达到自己的利欲心。学生真正需要的是知识的洗礼与自身素养的培养灌溉，是接受学校与社会的种种考验与磨难，激励和提升自己，在这些同学当中，不乏那些通过自己的自身努力，得到喜悦的奖学金，这些同学已经完全脱离父母的收入供给，通过自己的汗水与泪水，已经完全自给自己的生活花销，他们也已经成为有足够准备的人，成为国家与社会所需要的人。

（二）不良消费型

在我国的高校中，生活花销巨大的在校大学生比比皆是，远超自己的消费规划，甚至消费所需更多。大多数大学生月生活费在2000元以下，也有一部分学生月生活费在2500元以上，更有少数大学生生活费更是达到万元左右。就单纯地对在校大学生而言，可能大多数的钱会花在平常的饮食之中，若只是满足自己的一日三餐，再加上一些自己喜欢的小零食或者其他可供食用的物品，花销也不算太多。如果每天胡吃海喝，没有节制，那么这些所造成的饮食花销算是巨大的。一些同学，热衷于各种聚会，就如聚会点餐而言，"大手笔""随便吃""钱不是问题"这些词已经成了一些同学在聚会中的口头禅，专门挑昂贵的菜品，且数量花式多样，大肆地铺张浪费。一些同学沉迷于游戏充值，为寻求刺激与游戏贵族身份，充值金额达到数万元。一些同学还酷爱泡夜市，喝酒，买名牌等一些花销特大的娱乐物质活动，久而久之，不仅身体状况问题百出，且无节制花销导致的生活压力巨大，连最基本的三餐都无法正常保证。最后到处借钱，或者以学习花销为借口欺骗父母，供给自己的生活费，钱一到手，又开始自己的"纸醉金迷"。

四、大学生的体育生活

（一）体育生活的现状

从总体上来看，高校大学生体育与过去相比已经有了较大的提升与进步，特别是一些高校在推动大学生体育运动方面更是采取了一些有针对性的方法和措施,使高校大学生体育在组织、实施、推动等诸多方面呈现出良好的发展态势。

第一,大学生体育意识有所提升。一些高校在落实《体育强国建设纲要》方面给予了高度重视,切实加大对大学生体育的组织与实施,特别是在引导方面加大了力度,而且很多大学生也对体育运动有了较高的兴趣,很多大学生的体育意识已经得到了进一步提升。一些高校对"全民健身运动"和"阳光体育运动"给予了一定的重视,进一步强化大学生体育意识,使大学生在学习与生活的过程中对体育的兴趣越来越浓厚。从总体上来看,高校大学生体育意识已经有了进一步提升,但仍然有一些大学生对体育的兴趣不够深厚,体育运动的时间相对较少,大学生肥胖、体质弱、近视问题等都比较突出。

第二,大学生体育教育得到加强。高校高度重视大学生体育教育,能够认真落实习近平总书记关于体育强国方面的重要指示,使大学生体育教育体系不断优化和完善。如有的高校不断改革和创新大学生体育教育模式,更加重视培养大学生的综合素质,而且在体育教育方面也进行了科学设计,既重视培养大学生的专业素养,更重视强化大学生的身体素质。有的高校在开展体育教育的过程中,不断加强对大学生的教育和引导,而且还经常组织一些有针对性和趣味性的体育比赛,等等。

第三,大学生体育载体日益丰富。自2019年《体育强国建设纲要》颁布实施以来,高校都在积极探索落实体育强国的有效措施与方法,在一定程度上促进高校大学生体育的深入开展。从高校大学生体育运动的整体开展情况来看,各类载体建设已经朝着多元化的方向发展,使大学生体育运动具有一定的特色,一些大学生在开展体育运动的过程中更加重视传播,运用"抖音"等传播体育文化,推动了高校的体育文化建设。有的大学生更加重视体育社团建设,很多兴趣相投的大学生组建了各类体育社团,经常一起开展体育运动,得到了全方位的锻炼。

(二)体育生活的困境

体育强则中国强,国运兴则体育兴。在开展体育强国建设的过程中,体育强与国家强是紧密联系的。尽管目前大学生体育运动与过去相比有了较大的进步和提升,但从体育强国的视域下分析大学生体育运动开展情况,仍然存在很多困境,需要引起重视,并采取切实有效措施进行优化和完善,只有这样才能适应体育强国的需要。

第一,大学生体育理念缺乏创新性。习近平总书记指出:"体育是提高人民健康水平的重要途径,是满足人民群众对美好生活向往、促进人的全面发展的重要手段。"① 从当前大学生体育面临的困境来看，比较突出的就是大学生体育理念缺乏创新性。一些大学生在开展体育运动的过程中还没有深刻认识到这一点，绝大多数大学生只是从兴趣、爱好的角度开展体育运动，而没有从强化自身身体素质、体育素养以及为未来就业与发展奠定坚实的身体基础的角度开展体育运动。很多大学生还没有从"全民健身运动"的角度确定自己的终身体育运动项目。

第二，大学生体育模式缺乏协同性。对于推动大学生体育科学发展，推动体育强国战略来说，应当构建更具有协同性的大学生体育模式，但目前这方面还存在一些薄弱环节。尽管很多大学生对体育运动有一定的兴趣，而且也能够坚持体育锻炼，但在组织实施的过程中还缺乏协同性，如大学生体育与社区体育缺乏协同性，高校与社区还没有建立相对比较稳定的战略合作关系，而且在协同发展的过程中缺乏有效沟通与协调，体育资源共享缺乏科学性，体育科研还没有纳入高校体育与社区体育协同发展当中，等等，直接导致协同发展效果不够显著。

第三，大学生体育教育缺乏系统性。要想使大学生体育运动取得更好成效，还要在大学生体育教育方面加大力度，特别是要适应体育强国战略，积极探索系统性的教育方法，但个别高校在这方面还存在一些不足之处。有的高校不注重大学生体育教育改革和创新，在组织实施过程中还没有从培养大学生体育核心素养的战略高度入手开展教育教学活动，如将优秀传统文化与大学生体育进行有效融合的意识不强，拓展"体育育人"领域方面仍然受到一定的制约。有的高校在开展大学生体育教育的过程中不注重资源体系建设，如还没有将民族传统体育融入体育教育当中，"体育育人"与"文化育人"的整体性不足。

第四，大学生体育项目缺乏多元化。要想更好落实体育强国战略，大力推动大学生体育向纵深发展，应当积极引导大学生参与更多的体育项目，但目前一些大学生并没有认识到这一点，在开展体育运动的过程中比较狭隘，多数都是从兴趣爱好入手开展体育运动。从大学生体育项目来看，"三大球"占比相对较高，此外乒乓球、羽毛球等也相对较多，而田径运动相对较少。深入分析大学生体育项目不够多元化的原因，除了大学生自身兴趣爱好因素之外，也包括在开展体育教育等方面缺乏引导性，同时一些大学生对体育运动的认识也不够到位。

---

① 2020年9月22日《习近平在教育文化卫生体育领域专家代表座谈会上的讲话》

第四章　新时代大学生思想政治教育的现状

本章主要介绍新时代大学生思想政治教育的现状，共三节。第一节为大学生思想政治教育的背景与使命，第二节为大学生思想政治教育的任务与特点，第三节为大学生思想政治教育的改革与创新。

第一节　大学生思想政治教育的背景与使命

一、大学生思想政治教育的背景

（一）百年未有大变局的世情

当今世界虽然和平与发展的主旋律根深蒂固，但是全球化对国内宏观环境产生正反两方面的影响仍然不容忽视。全球化是首先发端于经济链条上，而后引起的政治、文化、社会领域等的多方面、多层次、多结构的生产生活要素在全球背景下相互融合、冲突等一体化发展趋势。如今全球化浪潮势不可逆，产业、资金、技术、人力等各种资源在世界市场中涌动，各市场主体为了在世界市场中取得竞争优胜优势地位，不断加速产业的优化重组、协调整合、打破原有的保守孤立的发展状态，冲破了地缘、业缘等的阻隔，打通了发展创新的国际化、全球化视野，驱动了各国更深层次的合作竞争与交流，为国家意识形态领域大发展带来了机遇和挑战。我国作为最大的发展中国家，逐渐跻身全球化前沿，科学技术科技创新取得众多重大突破，不仅经济方面取得了一定成就，而且文化越来越打破地域界限，我国积极参与到全球化中，增强自身文化的自信。我国从最初的参与者到如今一带一路战略部署以及地区合作组织等开创性事业的建设者、领跑者，已经成为全球化的推动者。在这个过程中我国不仅发展了自身的硬实力和软实力，同时也为构建人类命运共同体，建设世界和平稳定发挥出不可磨灭的贡献。作为负责任的大国，我们要认清这种变与不变的形势，充分把握好机遇和挑战。

从正向上来说，在全球化进程的驱动下，我国已成为世界第二大经济体，不同主体与世界的联系更为紧密，尤其是当代大学生群体，在全球化的浪潮中是生活在便利条件下的有为一代。大学生群体有更多的机会、更便利的条件、更丰厚的物质支持、更优惠的政策支撑等参与到不同国家的生活中来。例如我国每年对外输送学生人数逐年攀升，相对地对内吸引外国留学生门槛也越来越低，搭载全球化的便车，他们有更多的机会和途径参与或感受到不同国家之间的人文地理、社会科学、方法制度、思想文化等领域，进行更深刻、更现代化的认知。这为我国大学生开阔眼界、增进全球化视野、不断更新观念、与时俱进、开拓创新、更好地投身于国内的中国特色社会主义建设道路提供了条件。在这种情况下，我国大学生能够更好地了解中西方政治、思想、文化等之间的差异、能够更深刻地感受到中国特色社会主义的优势，无形中上了一堂最好的思想政治理论课，潜移默化地增强他们对于国家的认同和民族的自豪。据权威调查，九零后的一代一经出国就爱国。这种条件下，我国的大学生能够在中西方文化交流交融中，更加自觉地传播中国文化，讲好中国故事，增强中国梦的建设信心。同时，全球化的迅速发展和不可逆的趋势，使得各国的交流合作，各个链条环节的连接更为紧密，为国内社会的众方面教育提供了新领地，促使各主体为发展而形成较为一致的目标，增强发展凝聚力。在全球化的便利条件下，世界成为地球村，人们通过互联网可以即时了解到所需的消息，大学生思想政治教育在吸收先进思想，学习西方成功德育经验，推动高新技术的应用方面大有作为。

从负向上看，一方面，文化是极其富有流动性的生产力，全球化背景下存在部分低俗、消极的西方文化经过包装后大量输入我国。例如拜金主义、霸权主义、享乐主义、极端个人主义、功利主义、资本至上等腐朽的带有意识形态色彩的资本主义文化的输入。在国内教育环境包容性强的关照下，这些消极文化对我国主流意识形态构成威胁，而我国大学生正处于社会和学校相衔接、不成熟向成熟、向社会人转化的阶段，身心仍处于重要的发展时期，而部分刚刚脱离父母的大学生面对新奇的映入眼帘的西方思潮，容易受到腐败社会思潮的诱导，从而他们的价值选择和价值判断受到侵蚀，影响下一代群体的身心健康。面对这些鱼龙混杂的文化作品，部分学生就会表现出迷失自我、随波逐流的状态，放弃奉献精神，丢弃为人民服务的原则，利己主义占据思想最高峰，任人摆布，他们的辨别能力亟待提升；另一方面，随着我国在国际舞台上能够掌有越来越多的话语权，国家综合国力越来越不容小觑，部分资方势力大肆抹黑中国，例如从新型冠状肺炎疫情开始到掌控防治以来，西方势力在政治上抹黑中国和甩锅给中国的企图和苗头越来越嚣张。再如，随着我国成为第二大经济体，贸易保护主义抬头，对我国贸易出口方面原有的优势进行极力打压，对华为公司的发展进行压制和不符合规则的干预，这些势力分化和西化中国的诡计一直没有停歇。正因如此，我们要大力加强对大学生的意识形态安全的把握，大学生是未来社会发展的重要力量，他们的价值观如果受西方侵蚀严重，影响对事物的正确认知，就会对国家和社会的发展构成重大危害。

（二）我国社会主要矛盾的转化

1. 新时代社会主要矛盾转化依据

随着中华人民共和国的成立及发展，社会主要矛盾发生了三次变化，每一次的变化都是中国共产党总结历史经验，对中国发展的阶段性特征做出的科学判断和准确定位，不断推动着中国甚至世界的发展。由社会主要矛盾的不断转化，可以看出其反映了不同时期每个阶段当下社会需要解决的核心问题。社会主要矛盾会随着国家的发展不断转化，矛盾的转化也预示着前一阶段矛盾的解决，从而推动着社会的进步，国家的发展。弄清当前社会主要矛盾转化的本质，需要正确认识和理解其转化的依据，矛盾转化的依据有很多，其中比较重要的依据是理论和现实两个层面，分析这两个层面的依据对于理解目前社会主要矛盾的内涵有很大帮助。从理论依据来看，新时代社会主要矛盾转化是基于历史唯物主义基本原理、社会矛盾供求两侧及其主要方面的原理和人的需要原理提出的，涉及不同社会形态与同一社会形态下的社会主要矛盾的变化、需求与发展之间的辩证关系等理论，是基于马克思对人的需求结构和需求层次的分析。人民不同类型的需求和不同水平的需求具有客观存在性，会随着社会生产力水平的高低而变化。从现实依据来看，一方面，中国发生了巨大的变化，尤其是经济发展方面，落后的生产力问题已不复存在，生产力水平显著提高化解了早期社会主要矛盾；随之，人们的物质生活越来越有保障，生活水平不断提高，滋生了从满足温饱到满足更高层次的需求，这些都是促使人们从物质文化需求向美好生活需求转变的现实依据。另一方面，我国在生产力提高的同时，也存在发展不平衡不充分的问题，现实中区域、城乡发展不平衡，贫困人口脱贫、上学难等问题还未解决，影响着人们追求美好生活。这也是当前阶段中国发展需要解决的问题，既要看到经济生产力的提升给人民生活带来的改变，又要满足人民不断增长的需求；既要认识到经济发展的速度，又要提升发展质量，不断解决不平衡不充分问题。

2. 新时代社会主要矛盾的内涵

新时代社会主要矛盾是在新的社会环境下对中国发展做出的科学认识和重大建构，不仅突出了生产力的进步，而且指出了目前发展的突出问题。正确理解和分析新时代社会主要矛盾的内涵，对于抓住社会问题的本质，深入探究其解决的路径至关重要。新时代社会主要矛盾反映出人民需求层面和供给层面两方面之间的矛盾，弄清这两方面的内涵是理解矛盾本质问题的重要前提。人民需求层面，表现出人民日益增长的美好生活需要。美好生活一般来说，是以对生活的体验感和幸福感的获得度为衡量标准，对生活的一种感受和评价。人民对美好生活的需要总的来说，有三层内涵：主体内在需要在物质和精神方面的增长；主体生活理想在新时代的新表达；生活样式的新变革，美好生活是中国社会发展在人民现实需求及实践之上所追求的新的生活样式。社会供给层面，呈现出不平衡不充分的发展。这一层面也突出说明了我国发展的现状，这一现状也是基于人民需要的转变而言。所谓不平衡，主要指的就是社会各部分之间发展存在着差距、不协调，经济、政治、文化、社会、生态的发展和人民需求存在矛盾；所谓不充分，主要是供给的不足。另外，在理解新的社会主要矛盾的内涵时，需要注意不平衡和不充分的发展不仅仅指区域和城乡发展不平衡、收入不平衡，社会主要矛盾的转化是从总体、宏观层面来讲的，是相对于人民日益增长的需求而言呈现不平衡不充分。

（三）新时代需要培育时代新人

大学生是时代新人的重要组成部分，习近平总书记提出"不断提高学生思想水平、政治觉悟、道德品质、文化素养，让学生成为德才兼备、全面发展的人才。"[①]在十九大报告中指出"培养德智体美全面发展的社会主义建设者和接班人。"[②]深刻阐明了担当民族复兴大任的时代新人必备素质，体现了真善美的有机统一。

第一，求真。务得事实，每求真是也，认知欲的目的是"真"。"真"是符合人们利益，合乎人性发展的真理性认识。从认识论角度看，"真"体现着知识见识之"真"，综合素质之"真"。从知识见识来讲，知识之"真"要求时代新人学知识、悟真理，多读有字之书。新时代要求勤学，勉励时代新人树立求真的科学态度，坐得住冷板凳，搞得了真学问，坚定文化自信，增强理论自觉；以马克思主义为学习纲领，以马克思主义中国化理论成果为学习主线，以中西方优秀文化

---

① 2016年12月《习近平在全国高校思想政治工作会议上的讲话》
② 2017年10月18日《习近平在中国共产党第十九次全国代表大会上的报告》

为学习资源；学通、弄懂、真信、敢用新思想，不断夯实知识基础，提升理论素养。见识之"真"要求时代新人多读无字之书，注重积累人生经验和社会知识；用求得知识之"真"的方法、立场洞悉云波诡谲的国际形势和纷然杂陈的意识形态领域，善于抛开现象迷雾看清问题实质核心；清晰认识历史演进脉络，正确判断国际国内形势，以广阔的国际视野和宽阔的世界眼光求见识之真，悟人生世事之道理，明万事万物之事理。综合素质是认知维度的重要体现，是求真的另一重要内容。习近平总书记从创新思维培养、综合能力提高、身体素质增强、美学修养高尚、劳动精神充沛等方面出发对综合素质进行了科学阐释和时代解读。综合能力要求新人对自然科学和社会文化知识有所了解，文理兼备，做到样样通、样样精，克服知识发展的片面性；创新思维是时代新人的精神利器，有助于转变思维习惯，突破思维定式；身体素质则要求新人有强健的体魄，具备良好的身体素质才能全身心投入逐梦圆梦征程中；提高美学修养，增强审美意识，牢固树立正确的审美观才能使新人辨析真善美与假丑恶；劳动是道德人格培育的实践路径，只有热爱劳动才能使时代新人传承艰苦奋斗的优良作风，积极投入社会主义建设之中。

第二，崇善。善即怀有善的道德和情怀，情感欲的目的是善。善是符合真即尊重客观规律基础上情感充沛的主观行为，善以真为前提。养大德者方可成大业，习近平总书记指出："一个人只有明大德、守公德、严私德，其才方能用得其所。"[①] 止于至善是中华民族孜孜以求的崇高品格，道德修养和爱国情怀是善的体现，是基于求真基础上产生的善的情感。习近平总书记在纪念五四运动一百周年时指出"新时代中国青年要锤炼道德修为。人无德不立，品德是为人之本。"[②] 要求新人从争做社会主义核心价值观虔诚的信仰者、忠实的坚定者、积极的践履者出发修身崇德；从国家层面的价值目标明国家大德，德者，国之基也；以国家大局为重，以强我中华为本，以民族复兴为任；涵育深厚的情怀于国家，强烈的情感于民族，提高道德修养，凝中华之精神，聚民族之气节，涵养向上向善的道德力量；从社会层面的价值目标出发守社会公德，德者，民之性也；以社会公德为遵循，以公共利益为准则，以职业道德为操守，修好助人为乐、尊老爱幼之公德；从个人层面的价值准则出发严个人私德，德者，才之帅也；私德是以修身律己为基调，以慎独培育为主题，以成贤至善为目标，要求培养良好的个人道德。要求新人加强道德修养，注重道德实践，人无德不立，国无德不兴，常修善德、常怀善念、常践善举。时代新人只有严明辨慎思、严于律己的私德，才能守无私奉献、服务社

---

① 2014年5月4日《习近平在北京大学师生座谈会上的讲话》
② 2019年4月13日《习近平在纪念五四运动一百周年大会上的讲话》

会的公德，最后才能明国富民强、人民幸福的大德。"爱国，是人世间最深层、最持久的情感，是一个人立德之源、立功之本。"①时代新人是在改革开放的春风沐浴下成长起来的，担当时代赋予的历史重任必须要有强烈的爱国主义情怀。当下大学生有着浓烈的爱国情怀，他们从思想上深懂、心理上认同、行动上配合体现着国家强大繁荣与自身幸福息息相关的爱国思想与行为。特别在每年的主题活动日，大学生们以快闪、红歌演唱、志愿服务等形式把对国家的热爱体现在具体的活动之中。

第三，立志。"担当民族复兴大任"毋庸置疑是时代新人的首要内涵，也是时代新人应当树立的志向所在。中国梦是近代以来中华儿女共同的梦，担当民族复兴大任，同时也是时代新人培育的最终价值旨向。回首山河破碎的时代，中华儿女为了国家独立、人民解放抛头颅、洒热血，中华人民共和国成立后，国家富强、人民富裕成为新的奋斗目标。时代新人承担新时代给予的重任，自觉将个人梦与中国梦结合起来，以中国梦激扬青春梦。中华民族的复兴非一朝一夕可完成，时代新人不仅要立志，更要立长志，坚定志向数十年不动摇全力构筑中国梦。加强时代新人培育要激发中国青年的家国情怀，使其将国家命运与自身努力紧密联系，增强使命感。时代新人要立志达到高阶的目标，从前人手中接过接力棒，在"站起来"奔向"富起来"的基础上使中国真正的"强起来"。梦想从学习开始、事业靠本领成就，时代新人将远大志向落在实际中，将学习当作习惯，不断从书本中汲取知识，在实践中增强能力，养成真本领，在为中华民族伟大复兴奋斗的过程中感受幸福。

第四，铸魂。"魂者，器物之统摄也"，社会主义核心价值观展现了中华民族的精神追求，凝聚了中华儿女的价值共识，对时代新人具有思想引领作用。时代新人要筑牢精神之魂，以社会主义核心价值观为共同价值追求，将价值认同外化为中华民族伟大复兴实践。时代新人要以社会主义核心价值观为基本遵循，在社会主义核心价值观指引下树立正确的价值取向，更要在实践中将个人理想信念与国家人民的利益紧密联系在一起，外化为报国行。在国家、社会、个人三个层面中社会主义核心价值观为时代新人设定了价值目标，国家层面中"富强、民主、文明、和谐"为新时代青年确立了信仰和目标，要求我们以国家复兴为己任，全力推进社会主义现代化强国建设，为中国的长足发展提供赓续的动力；社会层面"自由、平等、公正、法治"的取向是目前中国社会的发展目标，也是人民对社会的期盼，时代新人要坚持群众观点和群众路线，为人民营造良好的社会环境，

---

① 2018年5月2日《习近平在北京大学师生座谈会上的讲话》

使人民在社会中各尽其能、各展所长，为美好生活不懈奋斗；"爱国、敬业、诚信、友善"是时代新人的修身准则，时代新人要锤炼自身德行，成为明大德、守公德、严私德的社会主义现代公民，为全国人民树立道德典范。

第五，臻美。美即崇高的精神境界和道德人格的呈现，意志欲的目的是美，是在知于真、情于善的基础上达到的意于美的最高层次。奋斗精神和理想信念是意志维度的体现和美的要求，是担当民族复兴大任不可或缺的条件。奋斗精神是以求真、崇善为价值遵循的美的彰显，是在历史话语与现实语境的不断融合中，对时代新人历史性和共识性基本特征的反思中，运用辩证思维逻辑形成的价值共识。新人是以新姿态参与社会建设，以新人格表征时代先锋，以新面貌展现奋斗精神的新生力量。新人要以共产党制定的两个百年奋斗目标为精神引领，勇立鸿鹄之志向；以中华优秀传统文化涵养奋斗品质，内化拼搏进取之信念；以中国革命精神激发奋斗内生动力，涵养永久奋斗之精神；以改革创新精神激励自己练就过硬本领，堪当时代赋予之使命。新人要从初心如磐、使命在肩要求的基本素质出发将自己的精神状态转化为实践活动，以向上向善的道德力量和一往无前的奋斗姿态建设伟大事业。共产主义是马克思基于全人类解放视角，立足无产阶级革命需求和人类社会发展实际，经过严整的逻辑、科学的方法、辩证的思维论证使其从空想变为现实的。时代新人要坚定共产主义远大理想，坚决反对共产主义"过时论""渺茫论"等错误思想；坚定共同理想，认识到中国特色社会主义理想是在坚持马克思主义科学真理的理论逻辑下，通过与中国革命、建设和改革实际密切结合并经过无数次正反实践经验证明的科学真理；坚定四个自信，基于人类社会发展整体性规律认识的前提下，通过中西方各项制度比较，夯实理想信念的认知基础。共同理想体现了中国特色社会主义主流意识形态的本质要求和内在规定，昭彰社会主义制度在意识层面质的规定性，凝结了全民族共同的价值理想，是四个自信的价值表述，是民族复兴伟业实现的价值引领。

第六，笃实。时代新人的素质是知、情、意、行四者的有机统一。道德认知、道德情感、道德意志最终还是要通过道德行为的外化才能得以彰显。习近平总书记指出"为了理想能坚持、不懈怠，才能创造无愧于时代的人生。"[①] 脚踏实地、埋头苦干是对时代新人的要求。如果每天高谈阔论，将理想信念束之高阁，不积极主动地投入伟大工程的建设中去，那就违背了教育初衷，背离了人才培养方向。实现中国梦绝不是轻轻松松就能实现的，时代新人也绝不是喊口号就能培育的。新人必须把艰苦奋斗的精神贯彻到日常生活中，不断端正道德认知，涵养道德情

---

① 2016年4月26日《习近平在知识分子、劳动模范、青年代表座谈会上的讲话》

感,磨练道德意志,淬炼道德行为;把道德反思作为一种常态化工作,多关注道德现象,常思考道德问题,不断提升自身的大德、公德、私德修养水平;既要立鸿鹄志,又要做奋斗者,笃实不仅是新人培育的落脚点,更是其精神世界丰富的实践路径。

时代新人的素质构成体现了知、情、意、行的有机统一与相互转化。求真是深化认知的基础,崇善是美好情感的培育,立志是中华民族伟大复兴之大任的担当,铸魂是社会主义核心价值观的践行,臻美是坚定意志的体现,笃实是道德行为的彰显。

(四)新时代的青年德育观

德育是青年成长成才的关键环节。青年是一个人生长与发展的重要阶段,也是社会群体的重要组成部分,青年时期还是一个人塑造思想价值观和形成良好道德行为的重要时期。青年在这一年龄段刚接触社会,缺乏对社会的整体认知,面对我国社会转型、结构转换、机制转轨等任务,无法有效地辨别出有矛盾的社会价值观,从而影响后续发展,这对于整个民族的战略达成和时代进步皆是不利的。基于此,青年德育就是以青年为教育对象,对其开展政治教育、思想教育以及道德教育。新时代背景下,习近平总书记也提出了自己对青年德育的期许,应不断提高对青年德育教育的重视程度与教育水平,培养我国当代青年形成正确的思想观念与道德品质。除此之外,对我国当代青年的德育教育应当循序渐进,就像给一件衣服按照顺序扣扣子,建立青年的价值观就是这件衣服的第一颗扣子。

习近平总书记深刻把握了新时代青年成长和德育发展的规律,分析我国青年德育面临的现实问题和状况,根据现阶段我国当代青年在发展过程中遇到的实际问题深入分析了青年德育发展的现实状况,并且吸取了发达国家青年德育的先进发展经验,提出了具有中国特色的,且具有历史继承性、时代创新性、宏观战略性和系统完整性的青年德育观,这对提高当代青年的德育具有重大意义。

第一,历史继承性。自古以来,每个时代的价值观都是随历史前进步伐而与日俱新的,它根植于优良文化沃土当中,并非虚无缥缈的东西。任何思想理论的形成,都不是一蹴而就、凭空想象的,它们的形成是在一定的社会历史条件背景下和社会实践中产生、总结形成的,并且在现有的理论基础上不断丰富和发展。习近平青年德育观就是继承了我国古代传统的思想道德教育理念,也继承了马克思主义经典青年德育理论中的精华,坚持和发扬了我党历代领导人对青年群体的德育发展的思想精髓,因此,其具备较强的历史性与继承性。一方面,习近平总书记继承了我国历届领导人的青年德育思想，指出培养青年人才，重视青年德育工作的开展，要求青年将德育理念外化成实际行动，内化成精神信仰，要自觉遵守社会道德。坚持马克思主义青年德育思想，青年应当在继承的基础上，推陈出新，向着追求道德、遵守道德的方向努力。另一方面，习近平青年德育观所蕴含的关于青年德育的内容、意义以及实现路径等，都是在前人的基础上结合具体的时代背景对当代青年德育发展提出新的要求。

第二，时代创新性。事物的运动、变化、发展特性也决定了一个理论不是一成不变的，其具有时代性、创新性，其蕴含了丰富的历史底蕴，同时兼具了现代化发展的思想观念。时代的发展需要产生新的思想观念，随着新思想在现实中的不断实践与发展，时代也进步与发展。习近平站在时代发展的节点上，指出青年德育所面临的国内外环境，站在中华民族伟大复兴与建设社会主义现代化强国的时代角度，创造性地提出青年德育应当结合时代发展的要求，制定符合时代特征的青年德育具体内容。习近平青年德育观还具有独特的创造活力，顺应时代的潮流以及在对前人的青年德育思想的继承基础之上，形成一种新的德育思想，这样更好地充实了当代青年人的心灵世界和社会实践。

第三，宏观战略性。习近平总书记的青年德育观既包括了我国当代青年的成长规律，又体现了我国社会发展的基本规律，极具战略意义，能够科学地指导不同领域青年的德育教育工作。一方面，习近平总书记的青年德育观整体分析了当代青年的成长和发展规律。习近平总书记详尽分析了我国当代青年德育观的发展现状，同时以发展的眼光明确指出德育关系着青年的长远发展，是青年德育的重要科学指导思想。习近平总书记指出青年德育的构建应当从小孩子开始培养，修正不足，发扬长处，以良好的环境促进青年的健康成长，使青年能在这样的环境中获得进一步的发展。另一方面，习近平总书记的青年德育观还体现了我国现代社会的发展规律。习近平总书记重视青年，注重对青年创新创造力的提升，坚持人民为主，为中国人民未来的美好生活不断努力，充分体现了我党历来所秉承的"人民群众是历史的创造者"观念，也体现了习近平总书记对我国社会现状及其前进规律的宏观掌控。

第四，系统完整性。系统完整性是习近平青年德育观最为显著的特征。习近平青年德育观的系统完整性主要体现在两个方面。其一，德育内容的系统完整性。习近平青年德育观的主要内容包括马克思主义理论教育、理想及信念教育、核心价值观的教育、中国精神、人生价值观、道德法治教育等多个方面。习近平青年德育观在德育工作中占据主导地位，也是开展德育工作、开展德育教育的重要纲领。其中核心价值理念牵涉个体、民族和社会的德育目标的培养，以此为德育工作的具体实施指明了方向。中国精神、人生价值观、道德法治教育则是德育工作的基本内容，也是青年在内在修养和人格塑造两个方面的提升，中国精神、人生价值观、道德法治教育则是有机的整体，相辅相成，不可或缺，对青年的三观有很好的塑造作用。同时，德育覆盖了一个人的全面性。习近平青年德育观是面向大众，不仅包含党员、学生，也包含工人群体，因此受众广泛。针对社会普通青年群体，习近平总书记则指出青年是未来的希望，引导我国当代青年坚守优良作风，将正确的三观理念落实到具体行动当中，在追梦道路上练就一身的本事，充分发挥自身的潜力，同广大民众一起投身到强国伟业当中去。其二，德育培育实践的系统完整性。习近平总书记一直非常重视青年德育的系统完整性，提出不仅要将知识装入脑袋里，也需要落实到具体的行动之中。他结合自身的成长经历以及实践活动，充分论证了青年成长与道德修养的一致性，强调青年在增塑个人思想道德修养的具体实践中，应该践行德育理念，强化德育实践，时刻内省检修现有的道德修养，做到厚积薄发，并能够将内有的道德转化为外显的道德行为，进而形成良好的道德品质，通过自身的意志去惠及他人，将德育落实到根本，以此来提升自身的道德水平。

（五）全媒体时代的到来

全媒体时代是当前进行大学生政治价值观教育的时代背景，一方面，全媒体的发展给大学生政治价值观教育带来了一系列新的机遇与挑战；另一方面，大学生政治价值观教育也能在全媒体时代发挥一定的能动作用，两者相互影响、相互作用。

1. 全媒体时代的含义

全媒体时代是指以"四全媒体"为特征，社会舆论生态、媒体格局、传播手段方式发生深刻变化，信息无处不在、无人不用的时代。"四全媒体"指的是：（1）全程媒体。全程媒体是指一个事件从开始发生到最后结束的全过程都有媒介的参与。在这个过程中，只要有网络，信息就可以随时地被传递出去，没有时空的限制，并且在信息传播中还能与用户进行实时互动。全程媒体的发展为大学生政治价值观教育打破时空局限提供了可能。（2）全息媒体。全息媒体主要表现在信息载体的多样化上。全媒体时代下，信息载体多种多样，既有图片和文字，也有音频、视频和在线直播形式，还有VR、XR等虚拟现实技术等，能为用户提供丰富生动的体验效果和良好的信息接收环境。全媒体时代下的多元信息载体，也可以为大学生政治价值观教育提供多样化的教育方式,从而有效提升政治价值观教育的质量。(3)全员媒体。全员媒体主要有两层含义:一是指信息发布的全员性。就大学生政治价值观认同教育而言,不再将传播的主体局限于高校的思政工作者和新媒体工作人员,而是全员,尤其是具有社会影响力的相关人员;二是信息接收的全员性。信息的传播与接收不再受专业、领域的限制,打破原有的固定受众群体思想。总之,在全媒体时代,个体在信息的发布与接收中享有更多的主动权,信息的传播限制和传播阻力逐渐被打破。随着全媒体时代的到来,主流意识形态传播者的话语平台日益增多,教育过程更为广泛、教育资源也更加充足。(4)全效媒体。全效媒体主要指媒体的传播效果更加全面。更具体地说就是媒体拥有了更强的传播力和引导力。全媒体时代下,这种更好的传播效果主要体现在信息传播的精准性上。精准性指的是对媒介用户的画像更加清晰,能利用大数据技术清晰地定位受众,且能及时收到他们的反馈,从而实现更精准、更有效果的传播。全效媒体的发展为实现高效的政治价值观教育奠定了技术基础。

2. 全媒体时代的特点

第一,全媒体时代下的信息网络四通八达,受众的主体性地位增强。在媒介传播技术变革的历程中,印刷媒体的批量性发布使信息传播的范围较之以前大大拓宽;广播电视媒体打开了影音传播的"新世界",丰富了信息传播的形式;网络媒体的快速发展使得信息传播的广度和速度进一步提升,信息的交流互动在网络媒体中得以有效实现;移动媒体的快速普及与发展使得整个传播链条(包括信息收集、传输、发布及诊断等)的效率几何式提升,信息传播的实现仅在眨眼之间。抖音、微博、微信及知乎等自媒体发展成为趋势,信息传播领域不再是专业媒体人士的专属领域,所有连接网络的人都可以发布、使用和传播信息,构成了四通八达的信息网络。此外,传播技术的变革和传播形态的创新在提升信息传播效率的同时,也大大增强了受众的主体性地位。受众在四通八达、几乎没有传播门槛的网络环境下,不再满足于单纯地接收信息,而是积极地利用各种网络工具、媒体平台等直接进行信息的生产、制作与传播,主体性地位得以有效实现。

第二,媒体融合发展是全媒体时代的发展趋势。全媒体的"全"体现在两方面:一是媒介形式和媒介载体的全面;二是媒介功能的全面。全媒体不是多个单一媒体的统称,而是各种媒体技术的相互交融,它不再通过单一媒介渠道进行传播,也不再隶属于一类终端系统,而是不同媒体介质终端的有机组合。这表明了媒体融合是全媒体时代的重要特征。在信息传播高度发达的全媒体时代,个人是信息消费的终端,但个人拥有的精力极其有限,未来的媒体发展趋势是用户从较少的媒体平台中获得个人所需的全方面信息。单一媒介如果不能主动地加入媒体融合发展，必将难以满足用户的信息需求，并最终被用户所放弃。

第三，全媒体时代背景下，大数据技术蓬勃发展。一方面，大数据技术是全媒体发展的技术支撑，另一方面，全媒体的发展又在一定程度上促进了大数据技术的进步。大数据技术在近些年越来越多地进入人们的视野，它通常指的是从大量不同的数据类型中快速获取有价值的信息的一种技术。它是以庞大的数据群为基础的。全媒体时代下，人们大多经过网络进行信息的传播和使用，通过收集分析网络上庞大的用户数据，媒体就可以快速知道信息产品被接收、使用的情况，还能辨别受众的态度倾向，从而可以对用户的信息偏好进行精准定位。总而言之，大数据技术的应用发展一方面促进了信息的精准化传播；另一方面，媒体和用户对数据的差异化和精准化需求也不断地促进大数据技术的改进和完善。所以说，大数据技术会在全媒体时代蓬勃发展。

第四，全媒体时代下的信息具有不确定性。全媒体时代的到来使得人们的信息获取量呈几何倍数增长，这种信息增长态势一方面满足了人们的信息需求，另一方面也带来了信息的"不确定性"问题。全媒体时代下产生的信息虽多，但由于平台对信息的把控难度加大，从而导致信息的可靠性降低。再加上人们每天都能接收到数量庞大且来源广泛的信息，有限的脑容量超负荷，却很难选出真正对自己有用的信息内容，一定程度上加大了受众的信息选择难度。这时就需要媒体承担起自己的应有责任，及时筛选、审查信息，消除信息的不确定性，为用户营造良好的信息获取环境，这是媒体工作者在全媒体时代所应担负的使命。

（六）网络文化的盛行

1. 网络文化表现形式

网络文化涉及多个领域，因此表现类型也是数目繁多，本书对网络文化的表现类型进行了具体分类与论述，大致可分为：网络主流文化、网络亚文化、网络文学与网络游戏等三种表现形式。

第一，网络主流文化。所谓主流文化，是指在社会发展的不同时期，最受社会群体认可并且起到正面影响的文化，新时期下我国的主流文化是中国特色社会主义文化。网络主流文化，即在网络不可控的条件下，由政府相关部门有计划、有组织地剔除不良文化并增进主旋律文化建设的活动，目的是增强人民群众主流文化意识、增进社会主义建设。网络主流文化可分为网络主流政治文化与网络优秀学习资源。网络主流政治文化以主流媒体、官方账号等具有权威性的网络平台发布的政治文化信息、实时性时政信息为内容，以客观性评论为特点，以主流舆论引导为主题，具有一定程度的政治导向性和经济稳定性。网络优秀学习资源以互联网为发展空间，汇集了不同学科的学习资源和内容，通过互联网的交互性和实效性，发展不同学科内容，是新时期下学习资源的时代性表现。作为与时代发展相结合的网络文化，网络主流文化不仅是虚拟空间下整体文化发展的风向标，更是社会舆论导向的主力军，还具备着一定程度的教学功能。

第二，网络亚文化。网络亚文化是区别于网络主流文化的特定文化种类，新时期下对大学生的思想观念、行为方式产生了一定程度的负面效应，具有极强的渗透力和影响力，甚至造成我国文化的不良发展，不利于文化繁荣发展和社会和谐。网络亚文化可分为西方霸权主义思想、违反社会主义核心价值观言论、网络虚假信息。网络亚文化是以互联网中西方霸权主义思想、违反社会主义核心价值观言论、网络虚假信息为代表的不良文化。西方霸权主义思想以西方极端主义为核心，发布不正当的政治言论与外交理念，一定程度上对我国的内政外交进行着干扰。违背社会主义核心价值观言论是一些不良分子对国内外热点事件发布不正当言论，以达到自身的不正当目的，违反了社会主义核心价值观。网络虚假信息是指不法分子利用互联网的即时性，散布不实信息，做出违法乱纪的不良事件，通常以赚取不法收入为自身目的。网络亚文化不利于我国政治稳定发展，并且对于网络主流文化具有一定程度的冲击，威胁着主流文化的舆论导向作用，不利于社会整体稳定和谐发展。

第三，网络文学与网络游戏。网络文学是指伴随着科技时代发展的一种新兴的文学形式，以网络为载体，以传播范围广、易读易懂为特征，与传统文学一样，大致包括诗歌、散文、小说等形式，但以小说题材占比最多，可满足不同年龄段、不同社会群体的文化需求，因此深受人们喜爱。网络文学的诞生在一定程度上促进了我国文学产业的发展，网络文学中积极向上的故事内容与价值追求是值得肯定的，但由于网络文学产业缺乏相关的管理与整治措施，因此出现了一些不良现象。与传统文学创作周期长相比，网络文学的故事模板更易构造，因此网络市场上充斥着大量不符合社会主义主旋律的网络文学，这严重违背了社会主义建设，并随之带来抄袭版权等问题。通俗易懂的网络文学引起了广大学生的追捧，但由于夹杂着低俗色情内容，以及学生自身鉴别力不强的原因，不免对学生的身心发展产生负面效应。网络游戏是在网络科技化与操作简易化的共同基础上，所形成的线上即兴游戏平台，由最初的单机游戏到如今各大网络公司所统一化的游戏软件，以易操作、娱乐性强为特点，以营利性为商家目的、以娱乐性为玩家追求。

就正面发展来看，网络游戏中和谐的游戏内容与积极的价值导向是值得肯定的，既满足了商家的商业化模式，又使玩家达到了娱乐化体验。但由于部分商家的低俗营销手段，游戏中充斥着大量血腥暴力的内容，并且有着明显收费项目，这不仅不利于学生塑造积极向上的"三观"，而且长期的网瘾会使学生丧失明确的生活目标与学习动力，严重威胁到了学生的身心健康与发展。

2. 网络文化特征

网络文化作为一种多样性的文化模式，在不同阶段有着不同的表现特征。本书从大学生思想政治教育的角度入手，对网络文化的特征作了归纳，可分为开放性与多样性、交互性与共享性、无序性与虚拟性等三种具体特征。

开放性与多样性。网络文化的呈现、浏览、传播更为开放与便捷，文化融入电子媒体中，由于便捷的获取方式和开放的浏览范围，使得人们只需通过相关操作便可获取大数据下的开放信息，因此，网络文化具有开放性。网络文化具有多样性。一方面，传统媒介时代文化储存方式的局限，导致很多优秀文化流失，造成了人类文明史的遗憾，而网络技术的发展，将新时代下的新兴文化与年代久远的传统文化共同融入网络世界中，形成了传统文化与新兴文化和谐共存的状态。另一方面，在网络未普及的时代，由于时空的限制，人们缺乏对不同种族、不同地区文化的了解，文化认知较为单一，但网络的发展打破了时空的限制，人们对于网络文化中不同国家的文化都有了一定程度的了解，增加了文化多样性。综上，网络文化具有开放性与多样性，连接着全世界不同地区、不同民族的人民，包含了从古到今、贯穿中外的文化。

交互性与共享性。文化的发展是伴随着历史形成的，持不同观点的学者相互交流，进行着思想的交流与碰撞，产生出新的文化成果。网络时代发展的背景下，不同民族与地区的人们在浏览学习网络文化的相关内容后，会形成自身的判断与思考，而通过网络平台的相互交流，会化"不同"为"同"，以"同"分"不同"，从而不断丰富文化成果，因此网络文化具有交互性。网络文化具有共享性。部分世界一流院校的公开课与国内外学者的优秀言论著作，一定程度上都是凭借着网络得到了较为广泛的传播，大学生通过网络进行相关学习，这不仅加大了优秀文化理论的发展，并且强化了大学生的线上学习内容，对于资源优化配置和网络文化发展十分有益。综上，网络文化具有交互性与共享性，使不同地区、不同国家的人们实现着资源交互共享与文化交流传播。

无序性与虚拟性。网络文化具有无序性。由于网络包含着复杂的文化内容，不同网络文化发展情况不同，以及网络社会缺乏相关秩序与法规，因此，网络文化呈现出杂乱无章的态势，这种发展局势使许多优秀网络文化资源被埋没，无法实现优质资源共享，同样使很多不符合社会发展规律的不良文化大肆传播。网络文化具有虚拟性。由于网络文化受众群体较为广泛，以及国家缺乏相关政策与法律规范，因此，网络社会中有许多不良言论与行为，使网络社会形成不良风气，比如，网络游客误以为互联网是法外之地，在微博、贴吧、知乎等软件中发表"键盘侠"言论，做出不正当的行为，对社会产生恶劣的影响。综上，网络文化具有无序性与虚拟性，若不加整治管理，会冲击网络文化资源，造成社会不良风气。

二、大学生思想政治教育的使命

（一）顺应我国进入新时代的国情

中国的发展有特色但不特殊，我国教育人才的培养目标和方向计划等还要与我国的具体国情相结合。党的十九大胜利召开，中国特色社会主义进入新的历史阶段，提出了习近平新时代中国特色社会主义思想，我们正经历着向强起来稳步推进的历史阶段，在重要的历史交汇期、重要的战略机遇期，人才领域的竞争更具有吸引力，国家的长盛不衰、繁荣发展都离不开有坚定理想信念的各行各业的人才做基石。我国高校的思想政治教育稳步推进，习近平大学生思想政治教育理论为开创当前大学生思想政治教育工作提供了科学的规划，打开了大学生思想政治教育的新境界。在这样的国内条件下，我们更有理由要依靠大学生，着重培养大学生，让他们成为中国特色社会主义事业建设的中坚力量，为中国梦的实现贡献青春智慧。大学生思想政治教育的目的是让他们在全国人民奋力实现中国梦的背景下实现大学生自身的价值，实现他们的青春理想。中国特色社会主义进入新的发展阶段，尤其是新媒体新技术，以及国内其他行业的发展变化，为大学生的成长生活带来了新的发展条件，我们要总结以往思想政治教育发展的成功经验，结合国内发展的实际变化状况，为大学生思想政治教育创造新的可施展才华。随着国内生产力的显著发展，人民对美好生活向往的目标日渐清晰，我国的深化改革和持续扩大开放进入了攻坚期和深水区，受重大疫情影响，我国众多行业和领域都表现出疲软的态势，尤其是教育产业和服务行业，此时互联网的发展为各行各业的更新换代提供了更好的发展机遇和契机。新的国情背景下更需要思想政治素质较高的人才，忠实投入于中国特色社会主义事业的建设和发展中，旧有的大学生思想政治教育模式已经不能应对好当下国情的变化发展。以往在高校，思想政治教育的主体们掌握着绝对的优势，掌握着话语的至高领地，凭借着便利的优势和途径对大学生们进行着思想政治教育。如今社会生产力的发展，任何人都可能成为话语的主体，话语的制造者，尤其是现在"90"后、"00"后的大学生们，他们利用先进的生产设备，能够更便利、更快速地获得比思想政治教育者们更优厚的思想政治教育相关信息。因此需要更有效的思想政治教育思想和理论，为今后中国特色社会主义建设的中坚力量提供过硬的专业素质和正确的价值观念引领。在如今的发展进程中，我们可以更清晰地看到对人才要求的新框定，人才的培养不能仅局限于专业技能的优势上，更需要具备良好的道德素养和思想政治判断能力，这样使其才能全身心地投入我们国家的社会主义强国建设进程中。掌握好大学生们，才能更好地掌握未来国家经济发展的命脉。在经济方面，我国全面建成小康社会的目标已经实现，我国为世界脱贫的贡献率取得举世瞩目的成就，为广大国家的贫困人口脱贫提供了中国经验和中国智慧。目前我们正在向着两个一百年奋斗目标的第二个一百年奋斗，正在向着中国民族伟大复兴的中国梦而努力奋斗，我国社会的主要矛盾也发生了新的变化。目前我们依然要满怀信心，坚定决心，从当前我国经济方面发展的实际出发，随着发展状况及时调整战略，保持经济的中高速增长，提供更高质量的中国制造。在发展方式转变的过程中，出现众多压力，有些主体为了追求更高的物质利益，放弃应该承担的社会责任，使得部分问题突出，如社会的公平机制不完善，就业压力增大，失业人口增多。这客观上增加了高校对大学生施加思想政治教育的难度，但经济发展向好的基本面没有改变，为我们发展注入了信心和描绘了光明可靠的前景，经济发展的新常态新格局赋予了大学生思想政治教育改革创新的新课题。在文化事业的改革创新上，我们要始终强调努力提高大学生的思想精神境界，增强内心和思想世界的力量。从文化大国建设成为文化强国，增强中华文化的软实力和特色，在中华文化引进来和走出去的过程中，越来越多的民族文化面临着被解构、侵蚀的挑战和压力，在中华文化和西方文化的互动过程中，与之相伴随的是思想文化领域的新挑战、新风险和新考验。加上新媒体新技术的发展环境，大学生思想政治教育传播传输的过程更为复杂，存在不合法主体利用网络平台便利条件的优势，对大学生良好的学习生活环境进行干扰，将西化的部分片面观点对国内的成长发展不完全的大学生进行观点输出和意识形态的输送。这就需要我们具有清醒和警觉的头脑意识，在推进文化大发展大繁荣的过程中，以弘扬本民族文化、增强本民族文化凝聚力和向心力为己任，团结一切可以团结的力量，为中华文化的大发展和大繁荣创造良好的舆论氛围。目前我们更加大力地提倡人才强国、科教兴国，大学生是未来社会的中坚力量，是人才队伍的重要组成部分，是社会人才发展流动和进步的重要中转站和储备库,大学生的思想政治教育在促进人才更好地符合中国特色社会主义的本质方面有着不可推卸也不容推卸的责任和义务。新历史纪元下,我国在经济、政治、社会、民生、法治、生态等方面取得的重大突破和成就,要求我们促进国家更好更快更高质量发展,需要青年大学生的关键力量,帮助他们认清国情,促进大学生增强理想信念,增强奉献精神,使思想政治教育与时俱进。

(二)应对西方意识形态的渗透

随着世界经济全球化的迅速发展,各国间的相互联系与相互依存也在日益加深,中国牢牢把握住了世界发展的主旋律,在政治、经济、文化、军事等各方面迅速发展的同时,国际地位也在日益提升。然而,伴随着中国的不断发展,以美国为首的西方敌对势力感受到了空前的危机感,于是妄图以意识形态的渗透来扰乱我国社会发展。他们通过各种方式宣传以自由、民主、人权为主的西方思想,竭力动摇我国人民的价值理念。同时,随着我国互联网技术的不断进步,越来越多的民众可以通过网络获取各种信息,同样也可以通过网络来表达自身的观点与看法。而高校学生是我国社会发展的中坚力量,部分学生往往伴随着社会经验不足、政治辨识力薄弱、对主流意识形态知识匮乏等问题,极易受到西方意识形态的冲击与影响,从而使自身的世界观、价值观、政治立场产生动摇,并在不经意间通过互联网途径传播西方意识形态思想,造成更严重的影响。因此,鉴于高校作为意识形态领域的主战场,在高校学生中弘扬社会主义意识形态,树立正确的政治立场,抵御西方意识形态的渗透显得尤为重要。面对西方意识形态对我国高校学生造成的影响,习近平总书记对此给予高度重视,他在2014年召开的北京大学师生座谈会上指出:"青年的价值取向决定了未来整个社会的价值取向,而青年又处在价值观形成和确立的时期,抓好这一时期的价值观养成十分重要。"[①]习近平意在鼓励广大教育工作者勇于创新,积极应对,守好高校意识形态阵地。

(三)顺应国内社会发展对人才的要求

在当今的世界背景下,各国间综合国力的竞争,究其根本还是人才的竞争。党的十九大报告明确指出:"人才是实现民族振兴、赢得国际竞争主动的战略资源"[②]。这一论述明确了建设人才强国的伟大战略目标。可见,在社会主义建设的关键时期,人才的地位正在不断提高,尤其是高精尖领域的领军人才,更是推动

---

① 2014年5月4日《习近平在北京大学师生座谈会上的讲话》
② 2017年10月18日《习近平在中国共产党第十九次全国代表大会上的报告》

国家发展的关键力量。然而，只有懂得做人之道，然后才可成才，只有德才兼备之人，才能真正称为人才。站在新时代背景下的高层次人才，仅仅具备丰富的科学知识是远远不够的，还需拥有正确的政治方向，还需拥有高尚的品德修养。反观我国目前的教育制度，虽然推行素质教育已有很长一段时间，但对道德品质的教育还未构成合理的教评体系。例如中考、高考、研究生入学考试等学生生涯中有着重要抉择作用的考试，还是通过以对某一学科知识掌握的情况所对应的分数作为衡量标准，并没有关于道德品质的直接考核。造成这一现状的关键原因就在于有关道德品质的内容太过抽象，很难以分数的形式评判一个人道德素质的高低，从而起不到考试筛选的作用。正因如此，一些高校学生片面地重视学科理论知识，忽视自身道德素质的提升，如此一来，这类学生难以成为符合我国社会主义发展要求的优秀人才。针对这一时代背景，习近平总书记提出要坚持把"立德树人"作为人才培养的中心环节，把思想政治工作融入教书育人全过程，努力培养出顺应我国社会发展需要的高质量人才。

（四）顺应文化多样及网络的发展

时至今日，伴随着我国人民生活水平的不断提高，物质生活得到一定程度的满足，我国人民对更多更好的文化生活的需要日益增加。需求推动供给，各国的文化通过交流在我国扩散开来，与我国人民生活的联系日益密切，造成了我国社会主流文化与非主流文化共存，社会思想观念和价值取向日趋多元化，文化呈现大发展大繁荣的景象。与此同时，我国社会也存在不同社会形态的文化相互碰撞；消极腐败与积极向上的文化鱼龙混杂；国内外观点、言论众说纷纭、泥沙俱下的消极局面。更令人担忧的是，在我国文化环境中，历史虚无主义甚嚣尘上，片面地分析历史，扭曲历史，宣扬错误思想，否定历史文化和民族精神的不良现象也在日趋增加。以美国为首的西方发达国家甚至用普世价值观对当代大学生进行洗脑，其表现则是通过各种明里暗里的方式向我国单向度地倾销精神产品，以达到他们对世界的"文化霸权"的目的。此种文化入侵，不仅极有可能腐蚀当代大学生经历长期教育后建立的理想信念，还严重阻碍了我国社会主义。网络新媒体的快速发展，导致互联网产品和服务极大丰富，5G的投入使用，更是推动新媒体的发展。网络新媒体开辟了新的舆论场所，也给意识形态建设带来风险与挑战。言可兴邦，亦可丧邦，网络新媒体已经成为传媒业的主导力量。根据2021年2月的《中国互联网络发展状况统计报告》显示，中国网民已经达到9.89亿人，是世界上最大的网民群体，而其中大学生已成为互联网的主体用户，远超其他网民总体普及率，是受信息化影响最大的群体。然而，网络在给大学生生活带来极大便利的同时，也存在一些隐患。网络信息良莠不齐，那些未经过滤的垃圾信息严重影响了判断能力弱的大学生，伤害他们的身心，侵蚀他们的"三观"。网络资源的丰富性，导致大学生过度依赖网络，他们想要的信息在网络上一查便可知，方便快捷，从而使他们在思想上产生懒惰性，思维缺少思辨性。此外，人是社会人，大学生每天上网时间过长，导致他们群体意识减弱，人际关系淡化，长期沉浸在虚拟世界里，拉大现实与虚拟的距离，引发现实与虚拟的矛盾，对社交产生恐惧心理；游戏、直播等娱乐活动消耗他们大量的时间和精力，成为他们学习路上的绊脚石，因此网络新媒体的发展削弱了思想政治教育的功能。要知道网络空间不是法外之地，我们必须要立足于新的社交场域，打好意识形态领域的阵地战。

（五）应对经济全球化的变化

一方面，经济全球化在某种向度而言能够为我们提供一个学习和借鉴国外思想政治教育有益经验的条件。随着经济全球化浪潮的迅速发展，我国同世界的联系如同老百姓亲戚之间来往般的越来越紧密，我国的健康有序发展必然脱离不了这个世界，世界的发展也必然离不开我国，整个人类世界是一个你中有我、我中有你的"命运共同体"。从某种程度来说，这就为我们虚心学习和认真借鉴国外思想政治教育的成功经验创造了一个非常好的条件。俗话说："他山之石可以攻玉""知己知彼，百战不殆""古为今用，洋为中用"。只有善于学习他人的长处，才能补齐自身的短板。只有坚持本来、吸收外来，才能创造美好的未来。加强对国外思想政治教育的研究，学会在比较中借鉴他人的成功经验，对于少走弯路、加快我国高校思想政治教育发展是十分有益的。正所谓"文明交流互鉴，是推动人类文明进步和世界和平发展的重要动力"[①]。我们应当善于从各异之文明中汲取智慧和力量。西方国家的国民教育、道德教育、历史文化教育等实际上就是思想政治教育，尽管表面名称不同，但实质上是一样的。西方国家思想政治教育在方法和理论基础上是极为丰富多彩的，西方国家从学科角度研究、探索思想、政治、道德教育理论与方法，使思想政治教育方法获得越来越多样化的学科基础，这启示我国高校思想政治教育应当从多种学科中从汲取养料，构建"大思政"教育格局。除此之外，西方国家主要是利用必要的通识教育、必要的职业道德教育以及多种多样的志愿服务活动等方式对它的成员实施普遍的深刻的思想政治教育，它们的思想政治教育方式具有多样化、隐蔽性和渗透性。换言之，西方国家通常不

---

① 2014年3月27日《习近平在联合国教科文组织总部的演讲》

会以直接的方式对其国民进行思想政治教育，而是采用隐性的即不易察觉的教育方式对其国民在思想上进行渗透、在道德上进行洗礼以及在行动上进行熏陶，其深入渗透和有效熏陶的途径亦是各式各样的。譬如，美国基于自身在经济方面有着强大的硬实力，在各个州都建设了诸多博物馆、纪念馆以及国家公园等，尤其是在校园和社会公共活动场所张贴或者建设一些可以彰显美国精神、体现美国价值观的标识，并且利用广播、电视、报纸、网络等大众传媒生动形象地宣传西方资本主义传统与文明。这启发我国高校思想政治教育应当从多种途径入手，将传统思想政治教育与现代思想政治教育相结合、显性同隐性思想政治教育相融合、思政课程与课程思政相结合，使思想政治教育像阳光一样普照在中华大地。另一方面，经济全球化在一定程度上为高校大学生思想观念的进步提供了重要机遇。思想是行为的先导，科学的思想指导科学的实践。高校大学生作为社会主义接班人，具有科学的思想观念显得尤其重要。经济全球化在一定程度上有利于我国高校大学生开放思想，学习吸取国外的先进思想文化观念，培养大学生现代化理念。譬如：在经济全球化如同大海浪潮般急剧发展的背景下，国家之间的竞争比任何以往时代都更为激烈，这在一定程度上容易激发我国高校大学生为国奉献的斗志精神，不断学习和借鉴国际上一切优秀文化成果，同时使大学生的视野得到极大程度的开拓，切实有效增强了他们的竞争意识和合作意识，提高了大学生爱国主义意识和民族意识。

西方国家把经济全球化作为重要契机，并且凭借着在资本和技术上的优势，对我国实施"西化""分化""和平演变""颜色革命"，明里暗里地通过各种卑鄙手段输出其政治经济模式，强行使人接受其所谓的标榜着"自由、民主、平等、人权高于主权"的西方普世价值观念。我国高校作为人才、知识、价值和意识形态的聚集地和辐射源，成为西方敌对势力争夺意识形态话语权的主战场。大学生思维较活跃，对新鲜事物往往有着强烈的好奇心，但是由于他们的社会阅历较为浅薄和心理尚未完全成熟，三观还处于塑造的关键时期，对一些充满着隐蔽性、诱惑性、欺骗性的事物缺乏科学理性的判断。毋庸置疑，西方敌对势力将我国大学生群体作为意识形态渗透的主要对象。西方势力不怀好意地丑化我们党的形象、否认党的领导、否认中华民族史，这是典型的历史虚无主义，企图使我国大学生丧失对党、社会主义和共产主义的信心，企图彻底颠覆我们党的核心领导地位以及先进的社会主义制度，幻想把社会主义从现实世界版图上抹掉，这绝不是危言耸听的。此外，经济全球化的快速发展，互联网技术的突飞猛进，人类社会进入了人工智能时代，我国与国际的交往越来越密切，各种负面信息和垃圾文化如洪水般涌入我国，这对我国高校思想政治教育工作者提出了更高更新的要求。高校思想政治教育工作者要想真真正正地做好高校思想政治教育工作，就必须要主动适应经济全球化发展的大潮，主动研究全球化规律，掌握互联网信息技术，采用现代化的思想政治教育方式对大学生施加影响，努力成为一个政治责任感强、政治敏锐性强、政治鉴别力强、专业素养高的思想政治教育工作者。总的来说，经济全球化浩瀚浪潮之下，我国高校思想政治教育在迎来重要发展机遇的同时面临着巨大的现实挑战。党的十八大以来习近平予以了高校思想政治教育极大关切并做出了相关论述，这就为应对波涛汹涌之经济全球化浪潮给我国高校思想政治教育带来的现实挑战提供了崭新的方法、崭新的思路和崭新的智慧。

（六）解决思想政治教育中的问题

高校思想政治教育从总体来看，在发展过程中已有改进并加强了相关工作的推进，但仍然面临问题。问题导向始终是高校思想政治教育顺利有效开展的前提，高校要认识摸清自身存在的问题并对症下药才能真正做到实质性的改进。首先，高校思想政治教育管理队伍中存在问题。部分学校管理层面对于思想政治教育重要性的认识还不到位，关于这项工作对于青年大学生的成长过程中的关键性、引领性作用认识不够；对上级部门下达的一些指导性文件不重视，在具体的工作开展中不落实不监管；在工作队伍的管理和建设上部分高校形同虚设，讲究形式主义、追求表面工作，对于教育实效性缺乏跟踪反馈，忽视大学生思想发展实际；在学科建设上，以学校主要特色学科为发展重点，缺乏对思政课教学开展的重视，长此以往，思政课处于"边缘课程"的状况。高校思想政治教育实践过程中，思政课教师作为教学主体之一，也存在一些问题。思政课教学开展的主体要讲究"真懂真信"，才能更好地引领学生思想，但部分教师并没有做到"真懂真信"，自身对于马克思主义还半信半疑；另一些教师比较注重科研而轻视教学任务，对于教学缺乏热情，"填鸭式""应试化"的教学方式和形式化的讲解，并不能促使学生真正理解教学内容和思想实质；部分高校教师队伍仍以传统的教学方式方法开展教学，忽视大学生思想发展规律等问题凸显，而原先的思想政治教育理念、教学内容等，与目前社会需求存在着诸多不匹配的地方，教学内容与时代发展彼此脱节，这些问题导致高校在思政课学科建设、教师队伍管理、思政课科研支持和激励机制、思想政治教育实效性提升、大学生思想引领等方面存在滞后问题，还有待于进一步加深认识并改善。

（七）缓解市场经济发展的负面影响

市场经济从本质上来说是一种以谋取利益为主要目标的经济，它非常鼓励人们积极追求正当合理的"利"和"益"，大力鼓励人们为实现美好幸福生活之愿景而毅然奋斗，这在某种程度上会为社会装上"发展之双驱"以及插上"腾飞之双翅"，但另一方面，市场经济在鼓励人们奋力追求自身利益和实现自身价值之际，也较容易诱发人们出现向社会过度索取利益的非科学之价值倾向。换言之，市场经济具有明显的趋利性，这一特性容易导致部分大学生价值观念功利化、庸俗化。具体而言，一是导致部分大学生出现理想信念模糊的现象。理想可以为人生导航方向，信念在一定程度上对事业之成败起着决定性作用。"没有理想信念，就会导致精神上'缺钙'"[1]，每一位大学生都应当毅然决然地把远大的共产主义理想牢牢植根于内心深处。然而，在市场经济趋利性的影响下，部分大学生认为只有物质利益才是实实在在的，理想只是存在于虚无缥缈的外太空，离自己遥不可及，对理想信念嗤之以鼻、甚至不屑一顾。譬如，当高校开始评奖评优时，有些大学生为了获得奖项，虚构评奖评优材料，企图以这样的方式达到其不可告人的目的。但是当与他们谈到社会主义共同理想和共产主义远大理想时，他们却是持着毫不在意的态度。二是导致部分大学生集体主义缺失。社会是由每一个个体所组成的，整个社会就是由无数个个体所构成的大集体，个体从诞生以来就脱离不了社会。正所谓："人的本质不是单个人所固有的抽象物，在其现实性上，它是一切社会关系的总和"[2]。然而，在市场经济逐利性和社会上"一切向钱看""金钱万能论""个人好才是真的好"等错误思想的影响下，部分大学生形成了"个人本位主义"和"以个人为中心"的价值取向，更多注重的是个人价值的实现，过分强调追求个人利益而对集体利益则是持事不关己高高挂起的漠然态度，甚至不以集体主义为荣反而以个人主义为荣，这就与社会发展规律和人的本质背道而驰了。三是导致部分大学生历史使命感和社会责任感弱化。青年是一个时代高度灵敏可靠之晴雨表，"时代的责任赋予青年，时代的光荣属于青年"[3]，随着实现民族伟大复兴之光辉目标越来愈近，广大青年大学生更是要挺直腰板、扛起肩上责任为之艰苦奋斗。然而，部分大学生在市场经济逐利性这一负面影响之下，历史使命感和社会责任感逐渐弱化。他们把"人生的真正价值在于对社会的贡献"替换为"人生的真正价值在于向社会索取回报"，把"以为社会做贡献为荣"替换为

---

[1] 2013年5月4日《习近平在同各界优秀青年代表座谈时的讲话》
[2] 马克思恩格斯选集（第1卷）[M]. 北京：人民出版社，2012.
[3] 2014年5月4日《习近平在北京大学师生座谈会上的重要讲话》

"以为个人谋取利益为荣",把"为实现民族伟大复兴中国梦而努力奋斗"替换为"为实现所谓的个人梦而努力奋斗"。譬如,在面对社会上的一些公共事件时,他们往往选择"沉默"、选择"拒绝",不敢表明正确的立场,不敢为正义发声,不敢主动伸出援助之手。换言之,当社会最需要他们的时候,他们却是玩起"失踪"游戏。总的来说,市场经济的负面影响在一定程度上使大学生的思想价值观念出现偏差,对大学生的健康成长成才产生重大影响。因此,亟须做好高校思想政治教育工作以应对这一问题。

第二节 大学生思想政治教育的任务与特点

一、大学生思想政治教育的任务

(一)解决培养什么人

党的十九大召开,中国特色社会主义进入新时代,时代新人的提出正是源于我国所处的具体时代背景。目前,我国是世界上第二大经济体,综合国力也正逐渐增强,新能源汽车、5G技术、人工智能等先进生产力正在逐步发展,这一背景对人才的培养也提出了日新月异的要求。新环境需要一批又一批的时代新人助力中国梦的实现,时代新人正在此背景下应运而生,新一代人有新一代人的长征路,新的时代背景需要大学生更加奋发有为、积极向上,需要新一代人的努力拼搏。习近平总书记自党的十八大以来在众多场合都强调高校思想政治教育要明确好培养什么人的问题,在2018年全国教育大会上,指出要"培养德智体美劳全面发展的社会主义建设者和接班人"。大学生思想政治教育要全面贯彻落实好习近平总书记在人才培养方向上提出的要求,弄清培养什么人的问题,锐意进取,遵循大学生思想政治教育规律,攻克发展的主要矛盾,与国家和社会发展需求相对接,为建设发展和改革提供源源不断的人才。

培养担当民族复兴大业的时代新人,是指要不断提高当前对大学生的要求,培养他们肩负更大责任的本领,培养他们更高的思想道德素质,具体而言就是十九大报告中的有理想、有本领、有担当。从习近平总书记的多次重要场合论述中,我们可以看出,时代新人必须具备的品质德行。大学生首先要有德,习近平总书记十分关心和迫切希望大学生德行高尚,也比较强调德在个人成长中的作用,明确"德"是大学生思想政治教育的核心和灵魂，是衡量人才培育水平和质量的重要标尺。大学期间立好德，才能更好地在社会上立足，成为一名对国家发展、人民幸福有用的人。大学生的德可以通过价值观和理想两个层面来反映，青年群体的价值观决定了整个社会未来的价值取向，必须要培养价值观正向、正能量的人，只有具备过硬的本领，赋予创新创造精神、励志躬行做大事，练就高尚品格，艰苦奋斗，始终向前，才能带动社会良好风气的形成，不断用自身的能力本领服务和奉献社会。时代新人也要敢作敢为，用自己勤劳的双手成就一番事业。

培养社会主义建设者和接班人，是由我国社会主义制度决定的。尽管在不同的社会发展阶段，青年思想政治教育的目标在表述上有所差异，但我国社会主义制度和思想政治教育的性质决定了青年思想政治教育目标的本质是不变的。习近平总书记对大学生寄予厚望，多次对大学生提出了殷切期望。大学生是实现中国梦的重要力量，需要促进其全面发展，培养其成长成才。合格的社会主义建设者和接班人需要具备良好的道德品质、扎实的理论知识、坚定的理想信念和真挚的爱国情感。人无德不立，个人想要获得持久的成功和持续发展就需要良好道德品质作为保障，如果一个人不具备良好的道德品质，那么他就不会对国家和社会做出贡献。大学生应自觉培养良好的道德品质，大学生要遵守社会公德、职业道德、家庭美德和个人道德，在实践中锤炼自身品德。在修德问题上，习近平总书记强调要"明大德、守公德、严私德"[1]，不仅具备为祖国和人民服务的大德，还要具备良好的公德和私德。大学生既要目标远大，又要脚踏实地，从小事做起，从点滴修好自身品德。大学期间是人生的黄金时期，大学生应努力学习专业课程，具备扎实的理论知识，扎实的理论知识是个人成才的基础，习近平总书记勉励大学生应珍惜时光，勤奋学习、求真学问、求真理。同时，大学生应树立坚定的理想信念，正是具备坚定的理想信念，我们的先辈才能克服重重困难取得新民主主义革命的胜利。今天的中国早已不是百年前的中国，今天的中国，经济快速发展，人们得到物质上满足，人们可能会轻视理想信念的作用，但我们每个人是应该具备一点精神的，内心中是应该充满力量的，制胜的力量来自于坚定的理想信念。大学生应树立理想信念，为它去拼搏、去奋斗。在今天的中国，爱国是本分，是职责，也是一种真挚的情感，这份情感不应被岁月而冲淡，不应因为国力的衰弱而淡化。爱祖国，无论祖国弱小或强大，我们都对它无比热爱，大学生应拥有这份真挚的爱国情感，把爱祖国、爱党和爱社会主义高度统一起来，为祖国的发展贡献力量。

---

[1] 2021 年 6 月 29 日《习近平在"七一勋章"颁授仪式上的讲话》

（二）解决怎样培养人

如今我们国家需要大量的人才为现代化强国建设事业做出突破性的贡献，实现中华民族的伟大复兴，需要教育不断培养出色人才，提供动力补给。教育是基础性、全局性和根本性的工作，教育是社会公平正义的最后一道底线，教育不仅意味着传播知识、传播真理，更意味着塑造灵魂、塑造心灵。高校思想政治教育在此背景下对于学生的发展也是起到重要的作用。对于高校思想政治教育解决好如何培养人的问题，在我国生产力发展的同时，就必然要求大学生的思想政治教育要适应生产力发展水平，顺应发展要求不断革故鼎新，用新方式、新手段培养人才。

中国共产党要加强对大学生思想政治教育的全面领导，发挥党集中统一领导的优势。大学生思想政治教育是党之大计，要扣好学生思想上的扣子。首先要坚持党对一切工作的领导才能更好地保证整体大学生教育沿着正确的方向推进和进行。加强党对大学生思想政治教育的领导要全面贯彻党的教育方针，认真读懂和研读透各项和各类方针的本质要义和具体要求，确保各项工作在贯彻落实的过程中掷地有声，确保各类教育沿着社会主义的办学方向稳步前进。近年来，习近平总书记提出了要把握好高校意识形态话语权的问题，将党对高校思想政治教育工作的领导作为主要抓手，以防止各种错误和不科学的思想文化侵蚀大学生的思想，避免让学生感到困惑。要加强社会主义核心价值观对大学生的引领和塑造，增强核心价值观的凝聚力，用党的先进思想武装大学生，协助学生在中国梦的视域下将个人理想与社会理想相结合。其次，要将思想政治理论课塑造成高校思想政治教育的主渠道和主阵地，自党的十八大以来，习近平总书记愈发重视思想政治理论课在塑造学生道德人格、端正品行中的作用，指出思想政治理论课有必要在新的时代守正创新，不断增强思政课在高校的影响力，增强思政课的亲和力、实效性等，将思想政治理论课打造成学生真心喜欢、真心受益的课程，真心回答学生的困惑，用科学的马克思主义解决思想上的难题，通过高校思想政治理论课讲好中国故事，传播好中国声音。再次，要加强大学生思想政治教育团队人员的专业素养，整合教师队伍。近年来，我国对思政课教师建设提出了明确要求，为充实教育团队人员、提升教育者综合素质提供了丰富保障。最后，要多主体协同，家庭、学校、社会和政府联动，形成大学生思想政治教育的良好氛围，发挥好各部门的功能，关心关爱大学生，助力大学生成长为中国梦的可靠接班人。

（三）解决为谁培养人

为谁培养人是大学生思想政治教育的重要问题，是国家长治久安、社会主义伟大事业兴旺发达的大事。大学生的思想政治教育实质是以人为本，对学生思想上的疑问进行解疑释惑，对大学生行为上的欠规范进行合理引导的进程。现在步入大学阶段的学生以"00"后为主，"00"后作为生长在互联网一带下的青年逐渐步入大学的阶段，这些学生思维活跃、朝气蓬勃、意气风发、有强大的自尊心和自信心、经历丰富，但与此相矛盾的是他们的价值观等正处于由不成熟向成熟阶段的转型期，脱离初高中的学习环境、人际氛围而言，面对纷繁复杂的世界，他们仍有众多的方面需要提升，其中最重要的就是树立正确的三观，成为坚定不移的马克思主义的信仰者和遵循者。中国特色社会主义事业发展进入新的历史阶段，全面建成小康社会胜利在望，脱贫攻坚任务如期完成，中国负责任的大国形象更屹立于世，在这样重要的历史机遇期，大学生思想政治教育为谁培养人的问题，与中国掌握意识形态话语权、促进高等教育的繁荣具有一致性。

大学生思想政治教育首先是为了家庭这个社会最基本的细胞培养合格的后代。家庭是大学生的第一所学校，每个大学生又是家庭未来的期望，大多数家庭都十分重视孩子的教育问题，希望教师不仅言传身教，而且教会学生日后安身立足的必备社会技能和应掌握的品德素养，成为一个有益于社会、有益于国家的栋梁，但是家庭教育并不是伴随着大学生教育始终的主要途径，不能为日后大学生的成长提供所有的因素，因此大学生思想政治教育就是要为家庭培养好孩子。其次就是为社会的发展提供源源不断的有用人才。社会是最活跃的细胞，大学生正是一只脚在校内，一只脚在社会的鲜活群体，大学生思想政治教育要为社会培养合格人才，推动社会发生新的更好的变化，培养能将个人自我价值的实现融入社会价值实现的进程中的大学生，培养能将个人理想寓于社会理想之中的大学生。大学生在学校习得的知识最重要的是奉献社会，在社会实践中得以证实，如果培养的人才不具备良好的思想道德观念，忽视社会大利益而谋取自己的私利，最终发展结果将不堪设想。最后大学生思想政治教育要为国家培养合格公民，培养爱国栋梁。当今世界综合国力的竞争其实就是人才的竞争，大学生是国家重要的人才供给来源，从大学生起就做好思想政治教育工作的深入和升华，引导他们将自己的聪明才智奉献给生育自己的祖国。

二、大学生思想政治教育的特点

（一）目的明确

在我国社会中，大学生是一个独特的类型，是人才资源的重要储备力量，担负着国家以及民族未来的希望。这说明大学生在我国社会发展中占据的地位至关重要，发挥的作用极为关键，大学生的地位和作用的重要性决定了培养大学生的高校责任重大，高等教育肩负着立德树人的任务，因此在对大学生进行思想政治教育必须具有明确的目的，否则高等教育就会偏离正确方向，难以完成党和国家交给我们的历史任务。因此，在对大学生思想政治教育的过程之中，提升其思想道德素养是根本的目的。只有培养出具备过硬的思想政治素质和良好的科学文化素养的新时代大学生，才能使他们在未来的社会主义建设事业中有条不紊地在正确的航标上做出更多更大的贡献。长期以来，我国的教育资源与方针更倾向科研型与实验性强的科教领域，相比于此，大学生品德教育的重视度略有不足。新时代下，经常出现的违反大学生基本行为准则的不和谐事件，对于高校思想政治理论课的教育成果有着不小的挑战，并且对于社会的和谐发展也有着一定程度的威胁。为此，新时代下，高校应当打破过去思想政治教育固守传统理论课程的僵局，整体规划课程目标，将培育出社会主义先进接班人作为己任，不仅要加强新时代立德树人的德育建设即品德培养，更要着重强调培育大学生的爱祖国之情，激发大学生明确自身发展的志向，投身于报效祖国的行动，从自身品德提升、爱国之情、强国志向、报国行动上多角度诠释大学生思想政治教育课的教育目标。

（二）时代感强

任何教育都不能浮在表面，思想政治教育也不例外。成功的思想政治教育像春雨一般，具有"随风潜入夜，润物细无声"的渗透性，能够让受教育者把思想政治教育当作像每天吃饭睡觉一样必不可少的事，是自己按照自己的意愿和愿望在选择并实施的事。为了能够提高思想水平、树立正确的世界观、做到理论联系实际，从而更好地解决问题，就必须要把思想政治教育渗透到社会交往中去、渗透到日常生活中去，只有这样才能够最大程度地发挥思想政治教育的作用。在经济社会发展的今天，人们的生活水平发生了翻天覆地的变化，时代环境相比之前已经有了质的提升。伴随着互联网技术的进一步发展，求知欲强，充满活力的大学生更加急迫地紧跟时代的步伐通过网络、社交平台、抖音等大众传媒渠道去接触新鲜的事物，获取崭新的知识，感受全新的体验。但不可否认，大学生在"三观"尚不成熟时期，易受到不良社会思潮的影响，从而导致他们立场不坚定、目标不明确、理智不清醒、成熟度不够，因此大学生思想政治教育必须具有强烈的时代感。要减少不良因素对处于新时代中大学生的影响，就需要我们思想政治教育工作者运用现代科技手段，结合时代特征和大学生思想发展的规律及其身心特点，把大学生思想政治教育推向一个全新的高度。

（三）政治鲜明

任何时候都必须坚定正确的政治方向。思想政治教育的实效性需要科学的理论指导。生活在这个信息大爆炸时代下的大学生，有更多机会和更广渠道获得各种各样的信息。在这些信息的冲击下，教育者需要以大学生为对象，完成对其相关信息的分析以及甄别，在对大学生进行思想政治教育的过程之中，首先应促进其思想素质的提升，并提升其政治觉悟。只有做到政治立场鲜明，才能在各种信息时代，立定脚跟，不忘初心，牢记使命，为将来建设社会主义事业沿着正确的轨道做出科学的判断。因此思想政治教育工作者，在实际教育过程之中，要加强对大学生思想政治方面的引导，帮助其树立崇高的理想信念，坚定为共产主义事业奋斗终生的决心，建构正确的价值体系；在面对利益冲突时，能够合理把控个人和国家利益之间的选择，确立人民利益高于一切的政治观，拥有大局意识和牺牲精神。

（四）注重人文关怀

教育过程中，施教者与受教者的教学模式建立在既定的课程内容与方向之上，因此在针对不同年龄段学生群体的问题上，思想政治理论课发挥出不同的建设路径。考虑到小学生学习能力尚浅，故以启蒙式学习为主，初中生对基本是非观念已有概念，故以体验式学习为主，高中生处于定性完善的年纪，故以常识性学习为主，本专科生缺乏系统层次，故以理论性学习为主，研究生自我学习能力较强，故以探究性为主。针对不同学生，思想政治理论课注重因材施教与强化学段的特点，从而一定程度上增进不同学生的学习效果。而在教师队伍中，思政课教师激励力度加大了，人才项目的支持幅度加大了，极大程度上增进了高校教师的责任感与革新进步精神，提升了思政课教师队伍的综合素质建设。因此，新时代下思想政治理论课中因材施教的教授方法，以及教师队伍革新发展，均体现着明显的人文关怀。

（五）注重联系实际

新时代的大学生大多数为"00"后，其独生子女偏多，性格特点具有与其他时代背景下的大学生所不具备的特殊性。他们自我意识明显增强、价值取向多元化、精神需求普遍增强、竞争意识突出、学习方法多样化，这些特征为开展大学生思想政治教育提供了现实的依据。新时代大学生对精神文化领域有更加迫切的需求，这就需要大学生思想政治教育发挥自身功能和作用，回应时代要求，及时满足这些新要求，以更快实现培养德才兼备和全面发展大学生的目标。传统的思想政治理论课以理论知识为主，缺乏吸引力。思想政治教育应紧密结合时代发展下的相关社会热点事件，为此，高校相应增加了学生对社会热点事件模块的学习，以事件中的善与恶、正与反为启示，在加深学生理论理解的同时，增加学生的学习兴趣，同样巩固了实践效用，将理论回归于实践，规范学生行为，强化了思想政治教育的实践性。长期以来，思想政治教育以传统的理论性知识强化学生品德建设，缺乏与其他学科的有机联系，因而难以实现思想文化对其他学科的影响力。因此，新时代下高校需要对与思想政治教育相关的语文、历史、地理、体育、艺术等学科进行资源整合，协调发展思想政治理论课与之相关学科的有机联系，形成思想政治教育课程的引领带动模式，建立起思想政治教育辐射带动各学科的有机整体。

（六）综合性强

随着互联网的发展，如今的思想政治教育环境与以前相比更加开放，学生的生活经验也更加丰富。高校为了更好地教育学生，在其内容上除了把思想政治教育与业务学习进行同步引导外，还增加关乎学生生活、精神、心理等人文关怀教育。在知识的学习上，教育者对时事政治，形势与政策的讲解要远远超过教材内容所给的部分，在讲好课本的同时，结合学生生活实际，引入学生关切的话题。当前，大学生思想政治教育的内容不仅要顺应时代的发展与时俱进，而且应紧跟时事政治，全面涉及大学生生活的方方面面。教育的内容从知识、专业、技能教育拓展到学生的心理世界和精神世界，全面关注大学生日益增长的美好生活需要，全面开发大学生非智力创造性能力等，不断促使大学生思想政治教育形成一个完整且全面的体系。思想政治教育的综合性主要体现在教育目标的综合性、教育内容的综合性、运用方法的多样性和灵活性以及知识借鉴的丰富性这四个方面。教育目标的综合性是指思想政治教育的目标必须要适应党的教育方针所规定的培养目标。新时期思想政治教育的目标已逐步形成了"德育为先、全面发展"的综合目标体系。思想政治教育方法的多样性就是在实践中运用方法的灵活性。一把钥匙只能开一把锁，因此具体情况就应该具体分析。为了完成教育任务，达到教育目的，教育者应该按照实际情况而变换不同的方法，这样才能达到预期的教育效果。知识借鉴的丰富性则是体现在思想政治教育在实践中为了能够在某一层面进行深刻的分析，从而吸收和借鉴其他学科的知识。但是在借鉴丰富知识的同时要保证思想政治教育自身的主体地位，不能主次颠倒，否则就是违背借鉴其他学科的初衷了。

第三节　大学生思想政治教育的改革与创新

一、话语表达的改革创新

（一）话语表达的改革创新的原则

1. 理论性与实践性相结合的原则

理论性与实践性相结合的原则是指在进行实践教育活动中要坚持理论创新，通过理论创新进一步推动实践向前发展，最终实现理论创新与实践活动同步发展，理论成果与实践效果互相促进。理论创新与实践活动是相辅相成、辩证统一的，共同构成了新时代大学生思想政治教育话语表达创新的两股力量，其中理论创新为话语表达创新提供了理论支撑，实践发展为话语表达创新提供了现实依据。没有理论创新，思想政治教育话语表达创新的实践就没有方向指导；同样，实践活动不向前发展，思想政治教育话语表达理论创新就成了无水之源，所以，新时代大学生思想政治教育话语表达创新既要注重理论创新，又要关注实践活动的开展，在理论创新与实践发展中推动思想政治教育话语表达的完善与发展。思想政治教育工作者要不断学习本学科的专业知识，关注该领域最新研究成果，不断创新自己的知识储备，不断对思想政治教育话语表达的内容进行完善和创新，并将最新学习领悟到的理论成果，及时地运用到日常的思想政治教育工作中，实现大学生思想政治教育话语表达内容和方式的创新，引导大学生积极接受最新鲜的思想政治教育理论成果，并内化于他们自身的日常生活中，切实提高思想政治教育的感染力。

2. 创新性与继承性相并重的原则

创新性与继承性并重即创新思想政治教育话语表达既要重视对以往思想政治教育话语体系优秀成果的继承,又要对现有的思想政治教育话语体系不断创新,在继承的基础上创新,创新的过程中又不忽视传统思想政治教育话语表达的内容。现阶段传统的思想政治教育话语体系优秀成果主要是指我国古代传承下来的优良德育理论,也是思想政治教育话语表达创新的理论基础,不注重继承优秀理论,话语表达创新将失去民族特色。创新为思想政治教育话语表达提供了思想引领,而时代为思想政治教育话语创新提供了永恒的土壤,话语表达的主题随时代的发展而变化,话语表达内容随时代潮流的发展而发展,话语表达载体也要随科学技术的发展突破而更新,所以,无论哪个年代话语表达都要根据时代特色进行创新,否则,话语表达就会变成一潭死水,被时代所抛弃。一方面,新时代大学生思想政治教育话语表达要抓住网络社会所带来的新的创新机遇,根据大学生所需求的内容进行创新,立足于新时代,关注实际生活中值得开发的话语资源,进行话语表达创新,切实提高思想政治教育话语表达的影响力。另一方面,思想政治教育话语表达创新要紧紧抓住我们的民族根基,即要把握传统思想道德教育的德育理论。我国的传统德育理论内涵丰富,一代又一代的思想家为我们留下了许多寓意深刻的理论,值得在现代社会细细品味,并加以继承使用。

3. 方向性与开放性相统一的原则

方向性与开放性相统一的原则是指在大学生思想政治教育话语表达创新的过程中既要注重马克思主义中国化理论体系对话语表达创新的方向性引领作用;又要看到世界范围内全球化进程不断加深的形势,保持开放包容的态度进行话语表达创新。也可以说,在话语表达创新中既要体现中国态度和中国立场,又要具备世界眼光,将马克思主义中国化引领的方向性与体现国际化的开放性相统一。体现"中国态度"和"中国立场",启示我们不可盲目地崇洋媚外,要在思想政治教育话语表达中确立民族自信,形成中国风格和中国气派,用中国的理论解决中国的问题,给我国的青年一代打上一剂强心剂,让他们对祖国的发展有信心,对他们的未来有决心。同时,在坚持创新性原则的基础上也要重视开放性,随着我们国家综合实力的不断增强,我国正在向国际舞台中心靠近,但国际形势变幻莫测,我们反而应该主动迎难而上,拿出开放的胸怀,积极赢得国际话语权,用我们国家独特的声音来解说目前的全球化趋势,让受教育者能更加清晰地了解当前国际形势,使得他们对国家的未来发展有更坚定的担当,对民族文化有更强烈的自信心;在提高中国话语自身影响力的同时,还要用开放包容的态度吸收借鉴不同国家的优秀成果，对不同的话语体系进行融会贯通，用不同的视角丰富我国思想政治教育话语表达内容，更好地传播中国声音。

（二）话语表达改革创新的方法

1. 丰富话语载体

话语是人与人交流交往的前提，亦是思想政治教育顺利开展的基本途径，而话语载体是联通话语内容和话语表达的桥梁。话语载体的丰富和创新，无疑为话语表达创造了更多可能性，推动思想政治教育话语形式的推陈出新，进而为思想政治教育保驾护航。如今，全媒体将传统媒体与新媒体有效融合，形成了更全面、更广泛的媒体形式，提供了更多元、更便捷的话语载体，应用全媒体创新思想政治教育话语载体已成为可能。

一方面，巩固传统载体在思想政治教育方面的基础性地位。对于高校学生而言，传统的思想政治教育话语载体以教材、典籍等文本为主。信息化时代，新媒体得到越来越广泛的运用，传统载体易被忽视，特别是青年学生能够静心读书成为难得的美德，导致"快餐文化"盛行，学生理论肤浅，停留在表面，难于掌握理论特别是经典著作的真谛。传统载体具有专业化运作、内容剖析力度强、学术价值高等特点。话语体系是思想理论体系的外在表达，没有科学、坚实的理论作为基础，任何话语体系的构筑都如同纸房子，经不起风雨的敲打。因此，通过传统载体，特别是以文本形式承载话语内容在任何时代都是最基本的传播方式。在高校进行思想政治教育，首先要求受教育者读课本、读经典著作、看官方报纸杂志等，激励大学生多读原汁原味的作品，在品读中认真思考问题，在精读中把握理论的内涵，较大程度上减少个人主观因素的影响。

另一方面，发挥新媒体的思想政治教育话语载体作用。新媒体消解了信息发布者与接受者之间的边界，为受众带来更多的选择和信息服务，有跨越时空的特点。具体讲，一是运用新媒体带来的新形式积极传播思想政治教育话语内容，确保话语影响的广度和深度，提升学生学习兴趣，保障思想政治教育内容入脑入心。新兴媒体较之传统媒体更具有生动形象、传播简单且范围广泛的优势，比如运用漫画传达教育内容，利用幽默、活泼的图画表情或字符表情承载话语内容，如此增强内容的吸引力，并打破了时空限制，使思想政治教育不光局限于课本、课堂，真正达到全程、全员、全过程的"三全育人"效果。近年来，不仅是学校，国家机关、社会团体也会采用新媒体形式进行宣传引领，这样的方式对青年学生具有较强的吸引力，既能提高关注度，也能提高宣传率，一举多得。二是运用新媒体快速、便捷、精简的特性及时传播思想政治教育话语内容，确保受众第一时间接收到党和国家的方针政策，保障思想政治教育话语的时效性。思想政治教育需要紧贴时代发展、紧贴使命任务、紧贴国情党情，具有明显的时效性，新媒体下的视觉型载体传播速度快，传播方式简单，公众号、微博、微信等快速传播，在彰显时效性方面具有无可比拟的优势。传统视觉型载体和新型视觉型载体相互配合，各有优势，相得益彰。

2. 提升话语主体修为

第一，在常学常新中提升文化修养。思想政治教育既要具备丰厚的专业知识储备，也要有精湛的传统文化背景。其一，话语主体提高文化经典的阅读和品鉴能力。话语主体要推动经典阅读常态化，加强从优秀传统文化中汲取养分的能力，包括国学经典、艺术经典、宗教经典等。这些经典之所以具有超时代的地位，在于其蕴含的思想精华是特定历史时期的文化风貌的集中展示，甚至构成了时代之间的分界点，是对优秀传统文化的提炼。阅读经典首先要了解其历史文化背景，理解文本所面临和解答的历史问题及其回应。在理解经典内在学理体系的基础上，话语主体要把文本置于相关经典的"对质"中理解，从与其前或者其后的经典互质中，可以明显获得这一经典深化了哪些问题、突破了哪些困境，同时研究到达了什么程度，引向了什么新论。这样才能形成立体化的研究体系，深入挖掘优秀文化典籍的思想精华。其二，提高专业知识的理解和掌握能力。马克思主义理论是思想政治教育话语的内容主体，话语主体要主动钻研马克思主义经典作家理论，努力学习和传播马克思主义理论。只有深入学习马克思主义理论，才能与马克思主义立场、观点、方法论保持一致。另外，从习近平新时代中国特色社会主义思想中汲取养分也是必要的，其核心要义是坚持实事求是和与时俱进的理论品格。习近平新时代中国特色社会主义思想既准确把握了马克思主义基本原理和马克思主义中国化理论成果的精神实质，又为我国治国理政实践中社会主义建设的现实问题提供了解决方案。思想政治教育工作者要透彻领悟中国特色社会主义理论的深刻内涵，把内在逻辑体系搞清楚，真正做到真学、真懂、真信，将思想政治教育话语的学理基础构筑得更加牢固，将重大理论讲清讲透。

第二，在自律和他律中守护道德初心。区别于一般的话语形象，思想政治教育话语不单单传授理论知识，更重要的是价值观念的引领，落脚点在于规范话语客体的思想和行为。思想政治教育话语学科特质决定了必须要重视话语主体的人格力量，思想政治教育者要系统性构建个体道德结构，增强担当意识和使命精神，用身教启发学生的德性养成；加强道德修养要用好道德他律，要自觉遵守教师道德职业规范，规范职业行为。高校要推动建立教师道德失范惩戒机制，使失德走出私德的范畴，变为自担后果的社会行为。另外，要"明大德、立大德"发挥榜样人物的示范作用。习近平总书记多次批示向优秀典型学习，这既是对模范榜样高尚精神的赞扬和褒奖，也是加强社会主义先进文化建设的内在要求。从国之重士到普通士兵，指明了新时代共产党人应具备的政治品格和精神品质。思想政治教育工作者要学习先进典型的先进事迹，作为前行的航标和灯塔，坚守初心，推动知、情、信、意、行协调发展。加强道德修养，更关键在于自律。首先教师要加强自我管理，坚定职业信念。思政课教师必须要对自己的职业怀有敬畏，尊重自身的教育角色，有高度的敬业精神。失去感情支持的思想政治教育话语是空虚的符号，教育者要对教育对象怀有真诚而又热烈的感情，并在教学实践中体现出来，关注他们的生活。其次，教师要做到自我节制，不是杜绝欲望，而是要将内心的情感和欲求保持在合适的限度之内，不被欲望所裹挟，保持澄澈的心境。历史和现实中正反两方面的经验也告诉我们只有筑牢思想防线，坚持节制，才能保持道德的先进性。最后，教师要勤于反思，做好内省，树立慎独意识，在无人监督的情况下仍然坚守道德准则，不能有丝毫松懈，做到人前人后一个样。教师要培养恒思改过的习惯，对自身的道德心理和行为进行审视、评判，不断修正道德心理。

第三，在贴近现实中凝练实践经验。习近平总书记话语中不乏生动、鲜活的俗文俚语、新词热词，归根到底来源于丰富社会实践。思想政治教育话语也不能成为从理论到理论的空中楼阁，如果缺乏实践经验，就会在客体之间人为悬置一道屏障。要坚持以实践作为现实旨归，为实践立论，解决实践中的突出矛盾。思想政治教育话语要贴近实践，立足国家和社会发展的实际，认真分析大局、大势，加强对社会主义发展实践的认识，回应时代发展和现实需要中的重点问题；要面向社会主义建设实际，从实践中凝练新的话语资源，汲取新的养分。吸取和总结群众智慧和经验，完成话语转译与创新，要贴近日常生活，尊重生命的独特性和体验性，保持对生活的好奇心和感受力，增强生活感知体验。话语主体要正确处理生活交往和社会实践各方面的关系，将生活实践与思想政治教育话语优化自觉结合，在生活中加深思想政治素质形成全过程的认识；同时在话语实践中要坚持科学审慎的态度，避免话语的随意性倾向。此外要贴近网络生活。移动通信技术、数字传媒手段取得巨大进步，我国目前也迎来4G到5G的通信技术变革。这不仅深刻导致了话语传播格局的变化，也带来当代青年人生活方式、思维方式、信息获取方式的极大变革。话语主体也应主动学习新媒体使用技术，加强媒介素质，提高运用能力，用好新媒介资源从而优化传播路径。

3. 拓展话语空间

全媒体拓展了人们生活的广度和宽度，同样也拓展了思想政治教育的话语空间。新时代高校思想政治教育话语场域较过去更为复杂，全媒体搭载的海量信息正在不断丰富和扩充思想政治教育话语内容，新矛盾、新主体、新技术等元素不断改变着思想政治教育话语体系内部的要素构成及要素间的关系。因此，多维度、多角度、多层面地呈现话语内容，拓宽话语空间让受众理解理论的真谛，扩大科学理论的影响力是话语体系建构的重点要求。话语环境是影响话语表达的重要因素，一句话或者一个词语在不同的话语环境之下会有所差异。因此，对于理论的真理性、客观性、科学性的说明和价值观的传播，需要从更加贴近群众、贴近生活的角度出发，融合新媒体技术拓宽话语空间，建构具有时代特色的高校思想政治教育话语体系，以更加多元化的领域、多维度的层面、多角度的分析去阐释思想政治教育话语内容。

首先，延展话语长度。历史是最好的教科书，上下五千年的中华文明积淀了灿烂的文化，中华优秀传统文化是思想政治教育的重要内容之一。马克思主义为什么行？中国共产党为什么能？中国特色社会主义为什么好？对一系列根本问题的认识需要按照历史逻辑寻根溯源。全媒体以立体、直观的方式全景、全程展现中国发展的历史和现状，在整合历史资源方面具有无可比拟的独特优势。中华儿女的智慧与创造、中国共产党的成长壮大、中国特色社会主义的探索与发展、马克思主义的传播与创新等等都强化了思想政治教育话语的解释能力。展望未来，大数据呈现着中国发展的五年计划、十年规划、实现中华民族伟大复兴的"中国梦"的时间表和路线图，通过客观的分析、科学的规划，使人们在回顾历史中坚定信念，在展望未来中增强信心。全媒体让历史情景再现，将未来蓝图描绘，延展了思想政治教育话语的时间长度，也增强了新时代思想政治教育的魅力。

其次，拓宽话语广度。应用全媒体拓宽思想政治教育话语广度体现在两个方面。一方面，拓展了思想政治教育学科覆盖范围和涉及领域。传统的思想政治教育由于教学方法相对单一，通常被视为理论说教，甚至于空洞、乏味，制约了思想政治教育效果。全媒体促进了思想政治教育理论与实践的结合，大量的数字、图片、视频展示着社会发展的成果、存在的问题，海量的网络信息提供了大量的教育资源。学生从各个途径了解社会现实问题、社会热点问题，以各种方式接受思想教育、政治教育、社会主义核心价值观教育、道德教育、法治教育，使思想政治教育不再囿于书本教材。言说主体的增加、话语资源的多样性弥补了教材内容的不足，解决了时空有限性和知识无限性之间的矛盾，生动形象的多媒体教学也在一定程度上促进了思想政治教育供给侧改革，实现了思想政治教育教材内外融通、课堂内外融通、校园内外融通，极大地拓展了教育领域和途径。另一方面，思想政治教育也不再囿于思想政治教育学科本身，拓展到了各个学科、各个领域。高校教师以立德树人为使命，思想政治教育本是每个人的"必修课"，但一直以来，高校思想政治教育都被认为是思政课教师、辅导员、党工团的工作，与专业课教师无关。全媒体的信息传播作用特别是自媒体的广泛应用，使每个人都成为"播音员"和"记者"，成为党的大政方针的传播者，素质和能力在不断提升；同时，大量的媒体信息、网络资源促进了思想政治教育和专业课程结合，"课程思政"落地生花，思想政治教育也成为高校师生人人参与、人人接受的实践活动。

最后，提升话语高度。长期以来，高校思政课作为一门公共课处于被冷落的状态，其他思想政治工作因其"软考核"特点同样不被重视，学生学习思政课态度敷衍，满足于"不挂科"，学习效果较差。党和国家对高校思想政治教育重视程度的提高，特别是习近平总书记在哲学社会科学工作座谈会上的讲话、在学校思想政治理论课教师座谈会上的重要讲话发表后，高校思想政治教育教学改革进入全新阶段，全媒体大力助推，为思政课教学改革带来了新的机遇，教学效果大为改观。

二、教育管理模式创新

（一）构建全员全方位育人格局

第一，聚焦思想政治教育工作，整合校内外数据资源。互联网大数据时代，四通八达的网络信息资源让青年大学生的视野开阔，导致其心理复杂化与多样化，心理发展需求更加动态化。在思想内容相对稳定的状态下，利用网络的云计算和大数据整理青年大学生思想发展的全部数据，通过整合统计及数据分析等方式，将互联网与青年大学生思想政治教育融合起来，具有积极意义。教育者通过数据后台观测到青年大学生的思想情况及对思想工作的积极程度，及时监督管理青年大学生的学习情况，并能从学生的使用情况观察到其心理方面存在的问题。

第二，聚焦整合青年大学生教育全过程数据资源。"青年大学生教育全过程数据资源"是指各个阶段的学习情况总结，根据总结可以判定其平时表现和能否正式毕业。教师可以通过系统记录的分数随时与成绩不及格的学生进行沟通，帮助其养成良好的学习习惯，学校通过对青年大学生的教育全过程进行监控，将信息反馈给学生本人，让学生意识到自己的学习状态，并及时、合理调整自己的学习状态，教师也能根据各个阶段的分数对学生的学习情况有一个大体的了解。

第三，聚焦整合青年大学生教育全方位数据资源。学校应全方位地对青年大学生的言行评论进行合理的整合，集中其意见，并进行正面宣传，以正确引领学生的思想。当代青年大学生多半时间停留在网上，手机阅读消息的行为逐步替代传统阅读方式，因此学校更应该注重网络宣传，多多发起网络活动，让学生参与进来。学校利用线上和线下两种方式，双管齐下，双双配合，将线上线下宣传融入青年大学生思想，正确引导舆论风向，抑制不当言行，形成良好的校园思想氛围。全方位进行知识教育和思想教育，线上线下相结合，有利于让青年大学生拥有方便快捷的教育资源。

（二）增强运用大数据的能力

第一，强化大数据思维素养，构建大数据主导思维。大数据主导思维是网络时代思想政治与数据管理科学高度整合所产生的新思维。在当前大数据深入改变青年大学生的生活方式、思维变革、行为量化的背景下，高校要坚持立德树人，利用青年大学生网络思想政治平台掌握青年大学生个体或整体思想行为动态数据，触及传统思想政治无法涉及的思想政治新视角和新领域，拓宽思想政治育人范围，使青年大学生感受到全方位思想政治数据带给他们的幸福感，发挥出网络思想政治数据的时代感与吸引力。在大数据时代面前，高校要做好青年大学生网络思想政治教育数据的搜集、处理、使用、研究、分析、引导工作，将线上教学作为思想政治教育的主要方式，要重视网上教育，正确引导学生的思想。

第二，创新数据途径，有效运用数据点。高校要让青年大学生可以拥有全方位的线上教育感受，无论青年大学生身处何地，如学生宿舍、学校食堂，即便是居家期间也有可能在线上及时学习有关思想政治理论教育的知识。学校可为青年大学生搭建思想政治理论文化教育知识线上学习平台，工作人员可以通过后台随时收集线上和线下的各种学习数据，采取网上问卷调查等互动形式，及时获取有关青年大学生的线上数据相关信息。目前，青年大学生线上相对于固定的教育数据点主要有职业心理健康教育、就业和创业教育、学风建设教育、德育实践教育等数据。

第三，运用数据方法做到提前准备处理。学校可以利用网络思想政治平台进行青年大学生思想政治教育数据预测，掌握青年大学生未来的思想动态、发展趋势和轨迹，利用"一卡通"等挖掘大学生最真实的状态，并对青年大学生的思想状况、学习情况、素质情况等进行打分，学校根据分数情况精准定位，并引导其树立正确的世界观、人生观和价值观，加深思想政治教育程度。

三、丰富教育内容

第一，以社会主义核心价值观为引领，加强道德与法治教育。习近平总书记强调大学生树立社会主义核心价值观，明确大学生群体作为参与社会治理重要主体的地位，激励他们积极参与社会治理。有的高校开展学习道德模范的系列活动，宣传道德模范的先进事迹，比如"平语近人"系列节目应当成为大学生必看节目，习近平总书记崇高的道德品质与道德践履值得大学生认真学习；组织观看疫情特别节目《时代楷模发布厅》，学习抗疫英雄不畏生死的崇高道德品质。2020年，国家宣布832个贫困县全部脱贫摘帽，但是国家仍然强调"四个不摘"，借以巩固扶贫的效果与质量。当前，偏远地区仍然需要大量人才，包括教师、医生、社会工作者等等。国家应继续推进扶贫与乡村振兴相衔接，同时出台相关优惠政策鼓励人才支援偏远地区。作为大学生必须在实践中持续提升道德认知，强化扶贫教育。高校可引导大学生讲述身边拥有高尚道德品质人物的事迹，用典型人物的鲜活案例及感人事迹，激发大学生自觉承担道德责任的意识，做到"明大德"，考虑国家集体利益，在知行合一中积极参与社会治理。

大学生积极参与社会治理应当提升自身法治素养。高校要引导大学生加强法治意识，在遇到重大矛盾问题时，自觉遵守法律，学会运用法律武器来解决问题。比如突如其来的疫情，与非法买卖及食用野生动物密切相关，这表明关于野生动物保护的法律尚不健全。作为大学生，有责任有义务保护野生动物，自觉学习《野生动物保护法》。通过对一系列真实法律案例的分析，有助于提升大学生的法治观念。

当前，一些重大社会热点事件会直播庭审，高校组织引导大学生观看从中获取案件的详细信息，普及相关法律知识；鼓励大学生参与现场听证会及观看普法类节目，此类节目一般会重现案件经过，并配有专家进行解读，能够给大学生深刻印象；同时，引导大学生群体亲自表演法律短剧，吸引大学生主动参与学习法律知识，增强法治意识提升法治素养，自觉遵守法律并落实到实际行动中。此外，为大学生的职业选择提供法治基础，有助于大学生自觉遵守法律，真正为民办实事；培养为民服务的有为青年，加快实现民主与社会公平正义，为他们参与社会治理积累法治经验。

第二，坚定理想信念，加强爱国主义教育。树立坚定的理想信念，有助于培育大学生的正确价值取向，促使他们自觉承担时代重任。大学生坚守自己的理想，对人民、对国家保持高度的热情，并为实现中国梦奋力拼搏，有助于为党和国家发展事业凝聚力量。高校在常态化教育中，积极宣扬参与社会建设的有为青年的先进事迹，如平均年龄33岁的嫦娥团队、航空团队，5G技术的核心研发者申怡飞、排雷英雄杜富国、疫情防控中奔赴在一线的青年医护人员等。他们拥有坚定的理想信念，不畏艰难，只为保障人民的幸福，正因为他们的理想信念坚定，才担负起时代大任。

回顾近代史，中国遭受重大磨难，但在逆境中成就了今天的中国，这正是因为在不同历史时期，中国人民始终拥有坚定的理想信念。革命战争时期，无数的英勇烈士保卫家，不惜牺牲年轻的生命，但是他们却无怨无悔，因为他们意志坚定，拥有远大理想。时至今日，和平年代依然如此，如保家卫国的军人、保护群众生命财产安全的消防员，他们为保护国家、人民牺牲了"小我"。无论时代如何变迁，中国人民的坚定信念始终未曾改变，因此而取得的辉煌成就让世界震撼。因此，大学生要树立坚定的理想信念，才能克服各种困难，为社会治理贡献力量。

爱国主义教育在社会治理中起着重要的凝聚力作用，其有利于激发大学生参与社会治理的热情与积极性。教师要向大学生讲述鲜活的先进事迹，比如钟南山院士84岁毅然奋斗在抗疫一线，陈薇院士为了研究疫苗，仅仅半年乌黑亮丽的黑发却长出了许多白发，但是她与团队日夜奋战不息，经过不断的努力新冠肺炎疫苗最终研制成功。除了他们，还有无数英勇的"战士"，学校应该组织大学生观看这些抗疫特别节目，了解英雄事迹，引起大学生心理和情感的共鸣，有助于大学生汇聚自己的才能、力量积极参与社会治理。学校还要努力丰富爱国主义的实践形式，组织大学生参观爱国主义教育基地，了解我们的国史、党史，了解革命中为国家人民而牺牲的英勇战士，感化大学生心灵，培养大学生的爱国热情，努力为社会做奉献。学校可利用重大纪念日，举办纪念活动，如端午节开展学习屈原爱国精神活动，养成爱国教育纪念日优良习惯；组织大学生观看爱国类的电影，便于形成治理共识，激发大学生参与社会治理的责任感、使命感。

第三，培育奋斗精神与责任担当精神。青年要艰苦奋斗，持续接力奋斗，开拓创新奋斗，核心思想是为人民而奋斗。培育大学生奋斗精神，要将奋斗与劳动教育、家国情怀结合在一起。积极参与社会治理，帮助解决社会难题，能够让大学生在奋斗中感悟幸福，这也是大学生人生价值之所在。林俊德院士生病之后，仍坚持在病房完成大量工作，在生命的最后一刻仍在为国家、为人民而奋斗，他不怕艰难、顽强拼搏的精神，是大学生群体学习的榜样。

疫情之下，中国人民众志成城，广大医护人员日夜奋斗，建筑工人不眠不休，十五天建成两座医院。科研人员与时间赛跑，其他各行各业的人们也都为人民而奋斗。作为大学生更应该用自己所学到的知识，武装自己，为社会发展贡献智慧。此外，要加强对大学生劳动教育的培育。大学生劳动教育把脑力劳动和体力劳动进行了融合，这有助于培养大学生的家国情怀与社会责任，鼓励大学生进行劳动创造。

培育大学生责任担当精神，能够为社会治理提供强大支撑力。责任担当源于我国优秀的传统文化，历朝历代皆有忧国忧民的仁人志士，他们对国家民族的兴衰发展及人民喜悠充满情怀，凸显了他们的责任担当精神。进入新时代，需要大学生群体为国家建设贡献智慧，需要通过该群体自身的努力，不断提高人民生活的获得感、幸福感。高校要引导大学生以实际行动把为人民谋幸福作为奋斗目标，培育起时代新人所具备的重要品质担当；以透彻的学理，增强大学生对责任担当精神的认同，明确大学生新时代责任担当精神的内涵、来源及为何要自觉践行责任担当。无数事实证明，不仅英雄人物可以有对国家、对人民的责任担当，平凡人同样拥有。尤其是有知识、有能力的大学生群体，更应该自觉担当责任，参与社会治理。

第四，重构思想政治教育内容的生成方式。在传统的内部和外部环境下，思想政治教育内容的生成与创新没有更多考虑过数据的问题，这是一个被遮蔽的场域。人们更多关注的是在生成内容上的要求，如需要考虑到教育内容的历史继承性，需要结合受教育者"现实的人"自身特点，需要与时俱进等诸方面。然而，对于获得这些内容的技术性问题，却往往是模糊的，没有形成一个问题域。大数据环境下，数据对于思想政治教育内容生成的意义和价值凸显了出来。在大数据的条件下，思想政治教育内容生成具有四个层次、四个环节：数据、信息、知识、智慧。思想政治教育内容的确定，首先要经过数据的采集。如对思想政治观点通过搜索引擎进行搜索或通过专业数据库进行查询，对受教育者数据的采集，等等。这些教育内容、教育资源以及教育行为及结果成为思想政治教育原始数据。这些数据再通过大数据技术，如分词、聚类、词频统计、关系挖掘、判断过程简单化、预测、模型构建等，成为有用的信息。教育者再通过对这些内容的进一步系统化，实现了理论化呈现和可视化呈现，使其成为思想政治教育知识，利用这些知识的灵活应用做出教育决策，给受教育者带来能力上的提高。这样一来知识进一步"转识成智"，而变为智慧。在此基础上，则有可能进一步"转智成信"，成为价值观和信仰。思想政治教育内容创新的数据层、信息层、知识层、智慧层、信仰层不是单向的流动，而是在不断循环中不断推动教育内容体系的创新与发展。

首先，数据在思想政治教育内容创新发展中具有基础性地位。内容创新的数据基础本质上是增加了内容的客观性，这是大数据时代为思想政治教育内容的"赋能"。或者说，现代思想政治教育内容创新需要建立在数据基础之上。有学者发现思想政治教育问题需要数据支撑，结合受教育者自身特点增强针对性和亲和力也需要数据支撑。没有数据支撑，就难以做到内容的优选、精准、实效。其次，思想政治教育内容形成的技术含量大大提高。如前所述，应用大数据的基础是技术，通过大数据获得思想政治教育内容需要学习相关的新技术。技术越精湛，就能获得更为符合要求的内容。这说明，思想政治教育内容要做到学术、艺术和技术的统一。所谓学术，就是讲清楚思想政治教育内容是什么；所谓艺术，就是话语方式、谋篇布局要有美的特征；而无论是学术还是艺术都离不开必要的技术。大数据技术成为思想政治教育内容形成和发展的重要推动力。另外，大数据下的教育内容不仅注重理论化呈现，而且注重可视化呈现。再次，思想政治教育过程中教育者、受教育者和机器之间的互动成为内容创新的源泉。大数据使得思想政治教育具有个性化，甚至是"千人千面"，个性化教育增强了教育对象的存在感、获得感，也推动了教育对象以其自身活动参与到思想政治教育内容创造中来，使得内容更具针对性。最后，大数据强化了思想政治教育内容的客观性。用于思想政治教育内容的数据，是在实际中采集而来连续的数据集合。对这些数据的分析不带有主观预设，仅仅是从数据的计算当中去寻找相关性。因此，得出的相关性是客观实际的反映。

四、完善管理机制建设

第一，构建新型管理监督机制。大学生思想政治教育工作一直在新媒体技术的不断发展中开拓创新。新媒体技术显著提升了信息的传播速度，但同时不符合规范的内容也充斥其中。由于网络的虚拟特点，构建这种网络的所有参与者都可通过新媒体技术发表自己的观点，其带来的问题包括：在缺乏有效监管情况下，各种群体都可以根据自己的喜好表达情绪，难以保证大学生接受积极的教育以及形成正确的价值观。

特别是在高校思想政治教育管理中，由于网络发展的快速性和实时性，以及对象群体的多样性和复杂性，高校利用新媒体开展思想政治教育必然面临许多问题。通过对制度和管理机制的分析，提出问题并解决问题，是破解高校思想政治教育管理工作的有效方法。由于高校学生群体的网络教育明显薄弱，学生的网络安全意识和责任意识比较淡薄，通过新媒体开展思想政治教育存在难以监管的问题。因此，加强新媒体时代思想政治教育的监管机制显得尤为重要。为提高新媒体传播思想政治教育的有效性，需要增加相关新媒体内容的监督机构，同时结合互联网的特点制定与思想政治教育传播相关的法律法规。通过规则来约束新媒体内容发布者和传播者的相关行为规范，确保新媒体时代思想政治教育能够引导大学生形成正确政治观、价值观。

第二，提高网络舆情引导和应对能力。网络舆情引导主要是指对网络空间中出现的热点事件、突发事件，通过对大学生思想进行疏通与引导，从而形成正确的舆论导向。网络已经成为大学生学习生活不可或缺的一部分，也是意识形态教育最难管理的地方。首先，大学生本身具有好奇心理，有表达自己心理现状的诉求。在面对网络舆情时，部分学生在现实中表现平平，想通过自由的网络话语权获得情感上的认同，还有一部分学生辨别信息能力有待提高，人云亦云，最终导致舆情进一步扩大升级。其次，西方反华势力以新媒体为载体，通过各种手段和途径对我们大学生输入错误的价值观念、外来洋垃圾文化等，大学生缺乏客观的判断与分析，很容易被外来文化洗脑，对我国主流文化和意识形态造成了严重的影响，因此作为大学生应该提高网络舆情和应对能力。

提高网络舆情引导和应对能力，加强和积极引导校园媒体平台建设，把握舆情主导权。目前，大部分高校都已经开启了各类型的新媒体平台，经调查研究，90%的大学生都会关注学校的新媒体账号。一方面，校园新媒体平台要积极开展多种形式的思想政治教育实践活动，依托当地的红色资源或者网络资源，让大学生通过实践的形式表现出来，让同学们从实践中悟真理，加强大学生思想政治教育工作的引导力和影响力，构建积极向上的校园文化。另一方面，在舆情未明确之前保持大学生应有的理性思维，自觉维护国家的利益。学生可以通过正规合法的渠道进行意见反馈，对错误的观点进行自觉抵制，对有损国家利益的行为进行制止，拒绝一切谣言信息并加以制止。

提高网络舆情引导和应对能力，舆情预警和疏导是重中之重。一方面，看到突发事件后，学校舆情部门对即将要发生的舆情做个系统的分析，包括舆情发生的路径、影响的范围、舆情的起因以及舆情未来的走向。学校进行初步判断之后，要快速地针对舆情问题对外宣布调查程序或者结果，防止不法分子趁机引导不良舆论，让缺乏主见的大学生迷失方向，误入歧途。另一方面，当舆情发生之后，大学生对舆情处于好奇、迷茫期间，学校舆情部门要先引导大学生正确的关注，然后要及时发布与舆情相关信息，让大学生理性认识分析问题，对部分学生的疑惑进行解答，对产生不良行为的学生要及时劝导，帮助其树立正确认识舆情的意识，最后舆情结束之后，要针对整个舆情的发生进行全面总结经验，吸取教训，为类似舆情的发生做好防控。

五、推动教育方式的多样化

新时代人民要求更宜居的居住环境、更公平的教育、更舒适的生活等等，当下党的奋斗目标就是努力提升群众的幸福感，满足道德需求的增长。这需要思想政治教育把握以人民为中心，满足人民对美好生活的多种需要，将思想政治教育的中心转移到人民基层生活中，将教育对象转移到人民群众身上，实现教育开展方式的多样化。

第一，思想政治教育要更加关注人民生活。教育中以人民为中心的教育理念就是要牢牢抓住人民这个教育的核心，增强人民在道德精神文化领域的获得感、满意感和幸福感。现阶段思想政治教育过程中的矛盾主要集中于供给侧和需求侧之间的矛盾上，这就要求新时代思想政治教育在供给侧要提升供给质量，更加关注人民生活，以人民大众喜闻乐见的方式提升教育的实效性。

思想政治教育内容的创造源于基层民众的生活。思想政治要解决教育过程中不平衡不充分的问题，达到教育的成果惠及全体人民，就要更加关注人民生活，以基层群众生活为创作源泉，创造更多的精神文化产品吸引广大受教育者对基层生活的关注。在马克思看来，人民群众是历史的创造者，习近平也曾提到人民群众是创作的源泉，教育要深入人民的基层生活中去。物质决定意识，意识是对客观世界的主观反映，因此思想政治教育作为意识形态领域的一部分，必须深切感知人民群众的日常生活，以此作为创作的源泉和动力，所以思想政治教育并不是凭空捏造的空洞理论，而是源于现实。思想政治教育具有的内隐性导致人民群众对精神领域的变化稍有迟钝，使得一些负面价值观有机可乘，尝试渗透和瓦解社会主义意识形态，所以思想政治教育的创作必须以人民群众的生活为创作源泉，关注基层群众精神领域的变化和需求。

第二，思想政治教育要更加关注基层群众，以大众话语推动思想政治教育深入人民群众内部。马克思主义的唯物史观认为人是社会实践的主体，新时代人人都有受教育的机会，进一步满足人民对于教育的更高要求，就要提高供给质量，尊重个体差异。马克思主义相关著作从外国传入中国，多是经过翻译的译本，言语晦涩，且意识形态领域的内容多为理论知识，高深抽象，这使得多数人民群众望而却步，理论的阐释和传播依赖于少数专业学者。新时代思想政治教育要将晦涩难懂的专业术语以通俗的话语展示，打破传统灌输论单向度灌输的局面。新时代思想政治教育灌输论是教育者与受教育者之间的平等对话模式，应采用研究探讨等方式，吸引人民群众学习马克思主义理论，从而提高自身的精神境界，实现全面的发展，推进"为了人民、依靠人民"的意识形态建设。

新时代思想政治教育以人民为中心开展工作，这就要求教育者要走进基层，真正了解基层人民群众的精神世界，明确人民群众的精神需求的新变化。首先，走进基层群众的生活，调研群众对精神文明需求的变化。社会主义进入新时代，人民群众的精神需求发生了很大的变化，我国的发展总体呈现出不平衡不充分的态势，面对这样的现状，有必要针对不同地域、不同阶段的基层群众进行调研，明确群众真实的思想状况。调研可采用线上线下相结合的方式，与群众直接面对面交流。其次，鼓励群众献言献策。作为社会实践的主体，人民群众是社会主义建设事业的直接参与者和受益者，要鼓励基层群众参与到意识形态领域的建设中。基层群众中不乏对精神文明建设感兴趣的人，要鼓励这部分人积极参与精神文化的创造，比如可定期举办研讨会，听取基层群众意见，并对此大力宣传，不断促进思想政治教育方式方法的创新。马克思主义是一个适应时代发展的普遍共识，同时也是站在群众的立场和角度思考问题的先进理论，因此在教育过程中要广开言路，听取广大群众宝贵意见，宣传马克思主义中国化的最新成果。

第三，思想政治教育要加强开展实践教育。实践作为思想政治教育的重要环节，不仅是创造和丰富人民群众精神文化生活的途径，也是检验思想政治教育成果的主要途径。知识由教育者像受教育者传授的过程并不是思想政治教育的最终目的，教育的最终目标是受教育者将所学知识以实践的形式表达出来。实践育人是理论转化为行动的最直接的方式，具有重要的作用，是受教育者直接参与教育的途径，也是检验所学知识真理性的重要手段。

实践是思想政治教育化解矛盾的核心环节。要想教育方式向实践教育转移，首先应将实践教育放在一个较高的高度，重视实践教育的地位和作用，通过改造主体的思想影响其行为，从而达到改造个体主观世界的目的。在思想政治教育活动中，教育者通过制定教学计划，实施教学活动，在教育活动中纠正受教育者思想上的偏差，修正主观与客观不符的地方，最后由科学的理论和思想指导实践。

在这个过程中，思想和理论的科学性也接受实践的检验，可以说实践是贯穿思想政治教育始终的重要环节。其次，在教育开展过程中，应因材施教，根据受教育者学历背景、思想状况、学习能力等个体差异为其制定不同的教育计划。在教育开展过程中，不同的主体，在不同的发展阶段有不一样的需要，进入新时代，人民需要的层次发生了变化，人们为满足需要所进行的社会实践活动也发生了变化，这就是实践教育的特殊性，要将特殊性与实践教育的普遍性相结合，既要尊重实践教育的普遍性，也要满足不同主体个性化发展的特殊性。所以，针对不同主体的不同需求，思想政治教育应因材施教，创设不同的实践情景。最后，在实践中优化思想政治教育。意识根源于社会实践，社会实践是客观存在的，教育过程的实施以及教育结果的检验都要依赖于社会实践。随着社会实践的变化，教育的目标和载体等都会发生变化。就思想政治教育的具体内容而言，在抗战时期以培育具有无产阶级意识的革命战士为目标，以马克思主义为教育内容，在中华人民共和国成立初期，"以阶级斗争为纲"占据主流意识形态领域，在改革开放之初为经济建设服务，如今以人的需求为导向等，这些都是随实践发展对教育进行的目标及工作方式的调整。因此，新时代的社会实践要求发展新的教育，在新的实践中检验和优化思想政治教育，要遵循知行合一、理论和实践相结合，又要尊重受教育者的主体性。教育者要在践行理论的过程中发展教育，在教育过程中发现问题并及时解决，逐步揭示社会主要矛盾变动与教育之间内在的真理性和规律，发现更为有效的教育途径，增强思想政治教育的针对性和有效性。总之，离开实践谈思想政治教育创新和发展，只能是纸上谈兵，毫无意义。

六、教学场域的情景构建创新

第一，建构公平正义的教学场域，确保师生乐在其中。面对学生之间存在相互竞争的现实，思政课教师务必建立公平正义的教学场域，以公平正义凝聚学生和号召学生。自古以来，中国人对社会的认知有一个最基本的法则，那就是"不患寡而患不均"，中国人对公平正义的追求是刻在骨子里的。对于学生而言，在本就存在差异性竞争的条件下，一位教师如果做不到公平正义，那么就会让学生出现心理排斥，如果一个思政课教师做不到公平正义，不但让学生排斥，更会鄙夷直至无视。为此，作为思政课教师，必须在教育教学活动中坚持公平正义的原则，即便只是上了 8 个课时，认识不全所有的学生，但这一法则不能动摇，如果一位思政课教师做不到公平正义，也会影响其他思政课教师在其他学期的印象，最终带来损失的是思政课的整体教育效果，威胁主渠道的教学实效。目前来说，威胁公平正义的主要表现一是教师价值观不正确，以金钱、地位等作为衡量人生价值的标准，在教学和生活中，自觉不自觉表现出拜金主义，学生发觉或者意识到这个情况之后，就会对教师的形象大跌眼镜，上课时候对这个老师教授的所有也就不以为然了。二是教师在评价环节优亲厚友，对"关系户"学生格外照顾，如果这个学生本身足够优秀，可能也没有学生说三道四，但是这个学生如果没有做出令人信服的成绩，则会在更大范围内影响学生对社会的判断。上述两种情况，看似是小事，实则在学生心目中是大事，直接决定着师生关系和学生间关系的和谐，进而导致人心丧失，学生对教学和上课产生排斥心理，没有任何乐趣可言，当这种认知传染开来，无论当事教师如何有才，也就不会再具有号召力、凝聚力和吸引力了。

第二，建构科学高效的教学场域，确保师生得在其中。科学高效的教学场域能够确保学生学有所得，确保教师教有所获，师生双方同时得到价值实现。为此，科学高效的场域构建需要做好以下几个方面的工作：一是教材体系到教学体系的成功转化，这种转化的成功能够避免照本宣科，避免全堂灌输，避免单一枯燥的讲授，能够将教学重点、难点和教学目标与时代相结合，与学生相结合，与国情相结合，从而使得学生身临其境，感同身受，自觉与祖国人民同呼吸共命运，自觉将人生价值的实现与国家人民的富强幸福有机结合在一起。二是尊重学生成长规律和教育教学基本规律，辅之以特殊事情特殊处理，应用科学合理的方法路径为实现思想政治教育的目的而努力。三是把握思想政治教育的特征，学会灵活应用思想政治教育方法，完成思想政治教育的主要任务。思想政治教育具有导向性、群众性、渗透性和综合性等特征，也有基本教育方法如理论教育方法、实践教育方法以及批评与自我批评方法，还有具体教育方法，如疏导教育法、比较教育法、典型教育法、激励教育法、感染教育法、心理疏导、预防教育等多种方法。依据学科特点，坚持诸多方法的灵活应用，是建构科学高效教学场域的基本要求。只有如此，才能确保师生得在其中。

第三，建构危机管控的教学场域，确保师生在相互感动中携手前行。教学场域作为一个密闭狭窄空间，由师生之间、学生之间的交流互动而构成一个交往共同体，由此决定矛盾的必然性。作为教师，必须做好场域管控，否则会给多方带来不必要的损失。其中突发性性危机事件最为考验思政课教师的教学场域管控能力和创新能力。为此，合理利用场域内突发事件，进行积极转化，避免消极共振，能够在"谈笑间"给学生以巨大的心理震撼，从而达到思想政治教育特别强调的立德树人效果。教育是一种技术，更是一种艺术，教育工作兼具技术性和艺术性。例如学生在课堂玩手机早已司空见惯，很多学校为了杜绝这一现象，采用非常之法，课前收缴集中者有之，不准带入课堂者有之，严厉处罚者亦有之。此类方法不应成为提高抬头率的主要方式，而是对玩手机者进行积极正面引导，帮助他们走到认真自觉听课的路上来。

第五章　新时代大学生思想政治教育的路径

本章为新时代大学生思想政治教育的路径，共四节。第一节为组织建设管理中的思想政治教育，第二节为社会实践活动中的思想政治教育，第三节为校园文化活动中的思想政治教育，第四节为职业生涯指导中的思想政治教育。

第一节　组织建设管理中的思想政治教育

一、坚定理论协同，保证育人科学

第一，理论统一强化协同育人指导。高校思政和大学生党建工作是政治工作和思想工作的集中体现，高校思想政治工作与大学生党建工作之所以能够合作、同向育人是因为二者拥有共同的育人总目标，并且工作领域均归属于高校，同样面对广大的青年学生，而这些因素中最根本、最核心的基础就是始终坚定党的全面领导。二者工作的开展均以党的一切指导理论作为指导思想和核心内容，因此坚定共同的指导思想理论和指导方向，有利于加强对大学生的政治理论指导，实现党对高校育人工作的领导。

第二，理论武装推进协同育人建设。习近平总书记强调"广大干部特别是年轻干部要在常学常新中加强理论修养，在知行合一中主动担当作为"[1]，这就要求干部坚持以科学理论武装头脑，深刻理解重要论述的核心要义、实质内涵，坚持理论学习与解决实际问题相结合。高校基层党组织工作包括对相关工作人员的理论知识、政治素养进行定期考察，而工作人员自身作为党员也需要不断地对自身的理论素养进行严格要求，正确的政治立场和坚定的政治素养会影响到他们对工作的各个环节的态度，或是对下属、相关教师也会同样严格管理要求；若自身理论素养达到一定水平也可以实现以身作则，在高校工作者中起到先锋模范作用。

---

[1] 2019年3月1日《习近平在2019年春季学期中央党校（国家行政学院）中青年干部培训班开班式上的讲话》.

此外，高校基层党组织会在大学生党员中任命优秀青年党员为党支书等职位，这也要求青年大学生党员同样用较高标准的理论素养来时刻要求自己。高校大学生、思政教师与党务工作者虽然在高校中扮演着不同的重要角色，但是因为指导理论同源才决定了理论素养要求相同，因此不论是在学习还是工作中相关人员都要坚持加强理论武装，促进高校思政和党建密切联系，推动高校思政与党建工作的协同育人工作建设。

第三，理论自信提升协同育人效果。为实现立德树人的目标，高校工作必须坚守马克思主义的阵地，大学生党建与高校思想政治工作应时刻坚定党中央的领导。自革命战争年代到和平建设时期，对马克思主义、中国特色社会主义、中国共产党的坚定信仰，"无论过去、现在和将来，这都是我们的真正优势"[①]。作为育人工作开展的主阵地，高校育人工作必须坚持"信仰优势"自信地开展各项工作，通过思想政治教育、党建工作等途径将马克思主义、马克思主义中国化最新理论成果加以宣传与传授，实现党的理论成果武装当代大学生的政治思想和政治立场。党组织领导者和思政教师必须引导大学生旗帜鲜明、积极主动、毫不动摇地学习新时代党的指导思想，使大学生自觉坚定"四个自信"。对于新时代大学生来说，实现党的指导思想对自身思想行为的引导，提高自身解决问题和困难的能力，真正实现无论何时何地"跟党走"才是高校大学生思政和党建工作真正实现协同育人的意义，也是育人目标的高质量实现。

二、理论联系实际，丰富教学内容

理论联系实际是中国共产党思想路线的重要内容。中国共产党从建党之初到现在的百年之中，在革命、建设和改革的历史过程中始终坚持将马克思主义基本原理同中国具体实际相结合，使得我国从站起来—富起来—强起来，取得了一系列巨大的成就。这既是我党在这100年中屹立不倒的重要原因，又体现着她始终坚持理论联系实际这一原则。面对当前教学过程中教育内容单一和以教育者单方面灌输为主的传统教育模式，我们更应该将理论知识融入实践活动之中，以增强思想政治教育的生动性，调动学生的主动性，使教育者和受教育者实现双向互动。马克思说，"全部社会生活在本质上是实践的。"[②] 而作为思想政治教育的主体受教育者，也需要在实践中获得自身的发展。所以在高校党建与大学生思想政治教育

---

① 邓小平文选[M].北京：人民出版社，1994.
② 马克思恩格斯选集（第1卷）[M].北京：人民出版社，2012.

的融合过程中,一是教育者要改变传统"教书匠"的教育理念,加强与党的联系,紧跟党的脉搏,将党的最新理论成果融入思政课课堂之中,一面通过理论讲授和理论学习,使学生在课堂之中学习党的相关知识,树立正确的政治信仰和政治观念;一面通过在课堂上组织相关的教育活动,创设环境让每个学生参与其中,真正做到内化于心外化于行,提高受教育者对思政课的热情。二是教育者应引导受教育者积极参加课外实践活动。如学校或学院可以通过组织学生开展抗美援朝老兵慰问活动,每个人可以将自己的体会记录下来与同学分享;鼓励学生暑期参观延安、西北坡等红色革命根据地,在实践中对党有更深的认识。同时,对一些优秀党员的先进事迹进行宣传,通过身边的真实事例对大学生形成一种激励作用。另外,高校还应增添一些有关党建的趣味知识竞赛内容进课堂,使党的相关理论政策在思想政治理论课堂上"活起来"。三是学校党组织可以将各学院的学生党员组织起来,组成一个以"党史为魂、四史为根"的宣讲团队伍,根据各学院学生党员自身的特点,发挥各个党员的优势,运用理论讲授、实践锻炼、榜样示范等思想政治教育方法在校园内宣讲党史,使广大学生在不知不觉中受到党史熏陶,感受党的魅力,引导他们知史爱党、知史爱国。

三、打造协同育人环节,稳固育人基础

第一,思政课堂深化协同育人力度。基于思政课对于时代发展的意义和价值,为保障培养社会主义建设者和接班人,习近平总书记重点提出"循序渐进、螺旋上升地开设思政课"[1]。在党中央全面的指导下,高校思想政治工作具体通过高校设立的思政专业课程引导大学生学习并理解党的历史和基本理论等知识,而党建工作以思政理论课为出发点,在培养、教育党员方面加强对课堂教育的重视,不断创新党课、座谈会、交流会等的形式和方法。最重要的一点,是要将党的先进思想理论充分融入课堂,紧紧围绕立德树人这一根本任务,不断推动思政课在改进中提升课程质量、在创新中保证建设水平。在大学生党建工作的开展过程中,对入党积极分子的筛选和考核再到对预备党员的培养和考察,到对正式党员的继续教育和监督,针对对象的不同身份实施不同的教育方法,例如可以通过思想政治教育进行个别谈话、言传与身教、集中教育等,对大学生同样进行针对性的教育和分类指导。

第二,案例教学推动协同育人实践。当今高校思想政治工作和党建工作过程

---

[1] 2019年3月18日《习近平在学校思想政治理论课教师座谈会上讲话》

中最棘手的问题就是思想政治教育并不能深入人心、亲和力不够，不能对大学生的生活和学习产生深刻的影响和指导，其中最深层的原因就是思想政治教育只停留在理论灌输层面，而党建工作的教育和指导也趋于形式，缺少与实践指导的结合。当代大学生是具有巨大发展潜能和强大学习能力的青年群体，实践活动是提升学生道德品质的有效途径，其作用是课堂教学无法替代的。为了促进二者协同育人的发展，要不断革新实践活动的形式，丰富实践活动的内容和主题。在大学生学习和生活中，受教育者可开展对优秀人物以及新形势下英勇抗击疫情的平凡英雄的宣传学习，切合实际和生活感受党的优秀传统所带来的影响，通过对这些革命、英雄案例思想行为的剖析，以他们为榜样，学习他们的高尚情操，树立与他们相同的理想信念，从而指导自身实践行为。比如教师可以组织大学生经常观看英雄事例的纪录片，或是将这些案例融入课堂教学，并举办会议、讲座、座谈会、交流会等实践活动来检验大学生的学习情况；还可以通过"三支一扶"、"三助一辅"等活动，结合高校中党组织、党校等基层党建组织的指导作用，让大学生在不同的环境中通过自身实践活动更深刻地接受并认同党和社会主义核心价值体系，提高思想道德素质。由此可以看出，思想政治教育内容可以融入对积极实践案例、重大时事的讨论和分析，党建工作也可以通过对英雄案例、时事政治的教育和宣传来加深基层党组织在大学生中的影响力，除此之外，高校思政教育可以专门设立相关课程和委派人员对于大学生进行就业指导、心理咨询和专业课程帮扶，而不是让一些辅导员和思政教师代理这些工作，这也是重视实践教育的表现。

第三，理念创新应对协同育人常态。从各个方面来说，高校思想政治工作和大学生党建工作息息相关，可以说二者的协同育人存在必然性，即二者协同育人在今后会成为高校育人工作的常态，对于大学生党建和思想政治教育的发展都具有重要意义。开放系统的子系统之间、不同的开放系统之间以及系统与外界环境之间可以带来合作、互补的协同效应，因此无论是促进协同育人目标的实现，还是协同指导思想的引领，无论是教育内容的协同还是协同机制的建立，都离不开高校各个岗位、部门的共同努力、共同治理。为推动高等教育和实践的发展，高校促进二者协同育人还应关注大学生的性格特点和身心发展规律，遵循"以人为本"的工作理念，不断创新大学生党建和高校思政的方式方法，各部门管理者应从根本上树立协同育人的创新理念，建立大学生党建与高校思政协同育人工作机制，以思想政治教育为"生命线"，细化分工、责任，带动各方协同共进，应对新形势下大学生党建和高校思想政治教育工作的发展新常态，为实现育人目标共同努力。

四、齐抓共管，完善高校学生党建工作

学生思想素质是一所高校质量高低的"显示器"，而学生思想素质的提高不仅要靠思想政治教师队伍，也要靠学校党委不同部门与思想政治教育者相互协作。因此，高校应坚持党的领导，坚持"以学生为本"的教育理念，将思想建设摆在首位，紧紧围绕党委积极开展学生党建工作。

第一，高校党政部门和思想政治教育者要充分利用互联网的优势，同时学校也要加强对校园网络的监管，在上面传播关于党的正确思想及最新信息。思想政治教育者也可以通过录播的方式，将党建知识与思想政治教育相融合，使学生能随时学、随地学、随处学。

第二，学校党委要坚持把从严管理与科学治理结合起来。一方面学校党委要建立主体责任制，加强对各学院党支部组织的管理和监督，通过对学生进行发放党建与思想政治教育融合的具体问卷对其进行检查，看党的思想落实到学生思想政治教育之中的实效性。另一方面对于有些党政干部存在"一岗多职""多岗多责"的现象，高校要明确不同部门党政干部的具体职责，避免造成其身兼数职而力不从心或流于形式而走过场的现象，要使其真正做到在其位谋其政，使党的各项工作真正与思想政治教育相融合，从而达到上传下行的效果。

第三，将学生的入党工作落到实处。学生党员要在班级中起先锋模范作用，做到"我是党员我先上"，在学生团体中树立良好的党员形象。这样才能用自己的行动来号召更多的同学加入党的队伍，向党靠拢。对于那些入党是"为小我不为大我"的人应首先纠正他们的入党目的，端正他们的入党态度，对他们进行思想政治教育。对于入党积极分子要严格参照《中国共产党发展党员工作细则》要求，组织他们定期学习，定期考核，让他们从思想上深刻体会到党发展到现在的不易，深知自己肩上党员的重任。对于已经是党员的同学，也要对其进行监督，防止其思想发生转变。

第四，学校党政机关要加强与思想政治教育教研室的联系，不仅学校党委工作者要走进思政课堂，走进学生和教师之中，而且思政课教师也要积极参加党的活动，加强党政工作者与思想政治教育工作者的彼此了解、沟通合作，以达到两者融合，真正从实际上形成党建引领与思想政治教育的有效对接，使受教育者在潜移默化中受到积极影响。

第五，在这个信息爆炸、矛盾丛生的时代，学生的思想道德和价值观念也在随着时代的发展进步发生新变化。对此，思想政治教育既要根据党情、国情、世情探寻新的教育途径，也要根据学生思想上的变化增添新的教育内容，紧跟时代

的步伐。

第六，高校党建工作也应该顺应时代潮流，将党最新理论成果融入思想政治教育之中，将社会主义核心价值观融入学生的生活之中，在"润物细无声"中影响人感染人。如将党的重大事件排演成话剧，让每个学生积极参与，使学生在活动中深受感染，让党的革命精神融入思想政治教育之中，增强党的生命力。

五、建设协同育人队伍，提升育人水平

第一，党建工作者融入思政教师队伍。首先高校要在意识上明确协同育人工作的重要性，自觉建设协同育人队伍，根据实际情况，将大学生党建与思想政治教育的师资队伍在有相交叉的工作环节和领域充分结合。高校的党建基层组织包含学工处、学生党校、纪委团委以及各个院系党支部等部门，其中在岗的基本上都是党建工作的管理人员，对于党建工作的管理和开展具有一定的专业经验，可以委任其为思政相关专业课的教师或是思政实践活动的指导教师，既充分体现了党建工作者的专业素养和教学能力，又可以将党建工作中的指导思想和相关内容与大学生思想政治教育相结合。其次，现如今有很多高校会委任党组织中的党委书记等人员成为思想政治教育相关专业的学生导师，负责学生日常学习和论文的指导工作，在这些过程中，不仅可以通过指导学生、与学生进行学术的探讨从而提升党建工作者自身的专业水平，同时也会让党建工作者深入了解大学生的性格特点和发展规律，提升其管理能力，这些经验更有助于运用到党建工作的开展中。

第二，思政教师参与党建工作开展。从思政课程的教师队伍出发，思想政治课专兼教师自身对于马克思主义原理、中国共产党近现代史发展历程、思想政治教育原理等专业课程的理论知识和教学方法掌握透彻，其价值观念和政治信仰相比之下也更为坚定，其也已经符合担任相关党建工作的人员职能和素养，因此高校可以委任一些教学经验丰富、教学水平高、专业素养较高的思政教师在教学的同时兼任一些党建工作中的大学生党员培养和管理、开展党校课程、举办"形势与政策"相关主题的会议、讲座等工作，并且在这一过程中很好地对大学生的思政社会实践进行监督和指导。高校协同育人工作建设为大学生党建与高校思政队伍的工作提供了许多新的思路和途径，二者专兼师资队伍协同育人能同时促进工作的开展，实现与大学生生活、学习上的融合，有效应对大学生成长过程中出现的问题，使得两方面的工作内容得到较好的衔接合作，使得思政教育者和党建工作者有更多的机会去接触和了解教育主体和教育对象，从而为今后相关研究提供更多的建议和途径。

第二节　社会实践活动中的思想政治教育

一、改进社会实践内容规划

高校社会实践活动丰富多样，不同的社会实践有不同作用，在开展实践过程中，合理的实践内容规划是实现实践目标的基础。如：建立全方位参与机制、丰富实践教育内容、促进大学生知行转化、充分挖掘各类活动所蕴含的思想政治教育元素等，不断调整和改进实践内容，发挥实践育人功能。

首先，建立全方位参与机制。近年来，大学生暑期社会实践活动开展形式越来越丰富，如：助教体验、助农体验以及志愿服务活动等。虽然形式丰富多样，但现阶段社会实践内容缺乏深度和创新性，仍有少部分高校社会实践内容空洞、单一、重复，走形式和走过场的现象严重，实践效果与预期目标差距较大。为大学生社会实践实效实现设置了障碍，使实效不能落到实处。因此，各个高校要与时俱进，把握大学生的鲜明时代性特点，积极探索新的社会实践内容，确保实践活动开展有效。

其次，丰富实践教育内容。一方面，在社会实践中要紧紧抓住以社会实践活动为依托的思想政治教育内容，例如：在实践中要充分利用好关于调查研究、参观访问、志愿服务等活动。另一方面，关于社会实践内容的选择，要充分尊重学生的主体地位，发挥学生的主观能动性。因此，高校在开展实践活动过程中，在内容选择上，要选择合理的、切合实际的实践活动；在渠道的选择上，要充分考虑各个年级和专业的差异性，开展具有针对性和价值性的实践活动；在资源选择上，要合理地利用资源，不仅要充分利用学校的资源寻求更多的实践项目，而且要根据学生自身特点，寻求恰当的实践资源，丰富实践内容。

最后，促进大学生知行转化。社会实践的内容也要促进大学生的知行转化，第一，要增强学生对自身行动的主导，达到知和行的转化。大学生在很长的时期内都在从事理论学习，通过社会实践活动将理论与实践相结合，理论知识得以应用，实践内容得以丰富。实践提升了学生的认知能力、协调能力、促进大学生的全面发展。第二，要丰富大学生在社会实践活动中的情感体验，促进思想意识的升华。学生在实践的过程中，提升了认识和情感的体验，通过在实践中接触到校外社会环境，从置身事外到参与到社会关系中，通过真实的情景加深了情感体验，促进了认知的转化和良好的品德、行为的形成和发展，实践教育的过程也更加自然，效果也更加明显。

二、加强社会实践活动指导

开展实践活动是各个高校的必修课，学生独自组织参与实践活动可能会面临理论和实践经验不足、不知道如何开展或是实践活动开展时注重场面热热闹闹而不注重实际效果等问题，而且很容易忽视了实践中的思想政治教育性。因此，在多重问题可能存在的情况下，社会实践活动开展中应该有专门的指导老师，在实践过程中有针对性地开展指导，增强社会实践教育的效果。

首先，要构建科学合理的社会实践工作体系。社会实践活动的目标划分为知识目标、能力目标、情感态度与价值观目标三个层面，分别指：一是大学生在实践中将学到的知识深化；二是在实践中提升了大学生学习、工作、正确处理人际关系、服务社会等能力；三是增强对国家的认同，激发爱国热情，形成良好的生活作风，树立正确的价值观等。要实现社会实践的目标，就要建立相应的机制。一方面，高校要加强指导教师在社会实践活动中的作用，选派专业的带队教师到学生的实践区域，以备在参与实践活动的过程中，教师能够随时了解实践参与者的情况，在学生需要时及时给予学生指导和帮助，也可以以大学生满意度为依据，促进学生和老师的良性互动。另一方面，在实践活动开展过程中，高校和实践单位都应强化责任意识，建立组织领导机制，也要设立监督管理机制体制，保障实践活动的实施开展。只有带队教师、思想政治教育者、实践单位共同为学生提供支持，一起为大学生出谋划策、解答疑惑，才能提高工作效率，推动实践活动顺利进行。

其次，要建立分类指导体制机制。由于参与实践的学生来自各个地方，固有的成长环境使学生在思想认识的深度上存在差异，单纯呼吁学生参与到社会实践中，可能会存在个别学生参与到实践活动当中缺乏全面性和针对性。因此，在实践活动开展中，第一，要对人群进行分类，实践中要尤其重视对学生个性与共性的归纳和分析，把握好不同群体的接受能力和实际参与能力。然后根据阶段性的思维特征和思想政治教育的标准，设计不同的活动主题，选择合适的社会实践活动的类型。第二，要对专业进行分类，要充分考虑学生的专业、背景以及思想深度等方面的实际情况。如：面对哲学社会科学类专业学生时，则可以充分发挥育人优势，开展具有人文情怀的实践项目；对于理工科学生则可以多引导学生参与数据分析、发明创造类的社会实践；对于艺术类的学生则选择支教、志愿服务等实践活动。通过科学合理利用不同校外实践活动形式，突出不同实践活动的特色和作用。

最后，要做好实践总结与评价工作。在思想政治理论课建设中，善于总结是一项重要能力。中国古人做研究强调点拨，看似简单的一点一拨，往往可以为人打开学术研究与探索的新思路，总结就是点拨的具体途径之一。在新时代背景下，高校重视思想政治理论课建设是一种趋势，然而要想真正研究透，探索深，建设好思想政治理论课，则需要学会总结。总结是对成功经验的梳理，更是对错误探索的反思，总结还是对已有研究成果的体系化梳理与思考。尤其是高校思想政治课建设内涵丰富，包括课程内容、授课方式、实践途径等，都值得研究与探索，若不具备良好的总结能力，就很难推进高校思想政治理论课深度发展，也无法促进思想政治理论与实践应用价值的进一步深化。中国共产党之所以能够一步步从弱小走向强大，中华民族之所以能够在历史的探索中不断成长，就在于民族思维中有总结的能力，总结成功与错误，总结优势与不足，总结过去、现在与未来，找到正确的研究思路，找到正确的发展道路。一方面，高校要做好社会实践总结工作。对实践活动的总结是实现教育的关键环节，实践结束后，要让学生及时总结实践过程中遇到的问题、经验教训，撰写心得报告，对社会实践形成一个可供参考的数据指标。另一方面，高校要做好社会实践评价工作。社会实践评价工作的开展要充分对数据收集整理，进行全面分析。具体而言，高校做好学生参与过程的评价与判断，要利用社会实践中的反馈、鉴别、保障、诊断和改进等措施，针对问题，采取有效措施，提升实践效果。对于学生主要考察其思想政治素质、专业知识掌握的综合情况、综合能力的提升情况等。对于专业带队教师则可以依据量化考评方式进行总结与评价工作，主要从教师在社会实践活动中带领了哪些项目、承担了哪些科研任务、帮助社会解决了哪些难题、对于问题的解决程度等方面考察。对于思想政治教育工作者则主要考察其在实际工作中的引导作用、示范作用，管理和教育，从工作整体实效方面考虑。只有将各方在参与实践中的效果做客观评价，才能增强实践的有效性。

三、构建社会实践管理模式

社会实践活动开展的核心问题是正确处理主导和主体的关系，在目前开展的社会实践活动中，高校教师是实践活动的主导者，对实践的形式以及内容都占主导地位。但也要认识到学生是社会实践的主体，是社会实践活动的主要参与者，只有处理好主导和主体的关系，规范实践管理运作模式，才能保障实践活动开展的实际效果。

首先，要建立健全各项规章制度，保障好社会实践活动的开展的有效性。在新时代背景下，高校要把实践内容设计作为实践的重要部分，同时也要关注实际操作过程，在把握内容和过程的基础上提高社会实践质量。此外，高校还要建立健全分类探索指导机制。由于各个专业之间与各个学生之间都存在差异性，因此，开展社会实践中要建立健全分类指导机制，为各个专业实践的开展提供专门性指导。学校还可以通过建立实践考评机制，保障实践规范性，具体体现在，将社会实践纳入到学分的考核标准之中、将实践列入高校考评过程当中、将实践列入到对教师的考评之中。

其次，要建立全员主体机制。一方面，要树立高校工作人员主体意识。社会实践中既要有党政干部亲自指导，又要有主要领导牵头，包括团委、学生处、学生会、教务处等部门，形成强有力的组织领导机构。建立全员主体机制，需要各个部分共同努力，只有当各个部门各司其职，密切配合，才能发挥全体人员为实践共同努力的意识。另一方面，要树立社会主体意识。在开展实践的过程中，要积极利用社会资源，发挥主观能动性，获得更多资源支持社会实践，形成学校和社会的良好互动，使社会成员也逐渐树立为大学生社会实践服务的主体参与意识。

最后，要明确服务主体。社会实践活动是联系学校和社会之间的桥梁，是学校与社会之间信息有效互动和交流的渠道。高校培育大学生是为了促进学生的全面发展，培育为社会发展做贡献的时代人才，最终目的仍是为社会发展而服务。因此，开展社会实践的机构和单位都要明确实践服务的主体是大学生。高校可以通过结合时代特色、地方特色等，将学生社会实践与地方产业、就业相结合，既服务于学生的成长，又保障思想政治教育功能的发挥。

四、提高社会实践参与程度

要想从社会实践角度推动思想政治理论课建设，参与是第一要求，也是最根本的要求。缺乏参与性容易导致"纸上谈兵"现象的产生，对思想政治理论课建设发展是不利的。马克思理论告诉我们：人民群众是历史的创造者。这是一个理论观点，是马克思从社会历史发展中总结出来的经验。大学生学习和记住这一理论观点很容易，也很快，然而他们了解的仅仅是观点本身，在缺乏实践应用的情况下，他们对于该理论观点的内涵认知是肤浅甚至是缺失的。以大学生村官为例，他们在思想政治理论课程学习中也会接触这一理论观点，然而由于缺乏参与性，理论和实践是脱节的。扶贫是当代中国的重要任务，也是共同富裕的社会发展目标要求，部分大学生村官在遭遇扶贫问题时，更多是尝试向上级政府求助，而很少真正走入人民群众当中，借助人民群众的力量来解决工作中的问题与困难。从社会发展角度而言，上级政府的干预与帮助属于外力，而本地人民群众的努力才是内因。社会发展的根本动力来自内因，外力有促进作用，但并非决定性作用。若大学生村官能够真正领悟"人民群众是历史的创造者"这一理论观点的内涵，则可以依靠人民群众，真正找到当地发展的原生动力，改变当地贫困现状，促进社会的发展与进步。由此可见，只有参与到实践工作中，大学生所学思想政治理论才能够与实践应用有机融合起来，其内涵理解才会更加深刻。

五、优化社会实践传播形式

社会实践中思想政治教育要密切对实践过程的传播，同时要对取得的实效进行及时跟进报道，只有重视过程突出实效，才能为实践教育影响力发挥提供方法。首先，在实践过程中要注重对实践活动的宣传。如：对实践活动的内容、形式以及阶段性成果进行宣传。其次，要注重对实践活动后期宣传。活动结束后，开展实践总结汇报，各个院系可以对优秀实践团队进行汇报展示、对优秀实践团队和成员进行表彰、对优秀实践活动进行宣传。还应充分利用多种群体进行传播，如通过班级、院系、学校，网络媒体等多方传播，提升社会实践活动影响力。此外，还应优化社会实践传播形式，具体如下：

一方面，要提升社会实践在社会中的认知度。社会实践活动对于国家来说，是培养人才的重要手段和途径；对于大学生来说，是提高自身素质和能力的渠道。社会实践活动开展是国家培育全面建设社会主义建设者和接班人必不可少的环节。正是由于社会实践具有重要的价值意义，因此，要通过强化社会实践的宣传手段，使全社会认识到社会实践活动的重要性。相关人员可以通过在各级教育部门张贴开展社会实践教育的公益广告，也可以借助新媒体推送大学生社会实践活动重要性的文章和视频等，提高全社会认识，以争取社会各界对高校社会实践活动开展的支持。

另一方面，要拓展高校社会实践活动宣传渠道。在社会实践活动开展前，学校和学院要充分利用新媒体手段，持续对社会实践开展宣传。同时要加强教师对学生参与社会实践重要性解读和督导作用，通过教师的努力切实将实践活动开展落实、落小、落细。在社会实践活动开展过程中，传播方式要不断与时俱进，可以充分利用新媒体和多种媒体传播，如利用微博、微信、日报等传播方式，让活动的参与过程能够传播出去，同时也获得一定价值和影响力。此外，要进一步深化实践的传播形式，开设社会实践专栏，各个院系相应地对各自的实践活动进行传播，强化实践育人价值，突出实践中思想政治教育的价值。

第三节　校园文化活动中的思想政治教育

一、与时俱进更新校园文化建设

高校探索校园文化体系建设的过程中，最重要的文化内涵就是大学生在参与学习活动和教师开展教学活动的过程中形成的物质文化和精神力量整合，不仅涉及对校园文化的传承，还与文化的创新存在直接的关系。高校在实际推进育人创新发展的过程中，要注意对传统文化思想的继承，并有意识地结合时代背景，引入创新文化元素，丰富校园文化建设的思想内涵。在此过程中，高校要注意对思想政治教育的主要内容进行挖掘，促进思想政治教育内容在高校校园文化建设中的合理渗透。在思想政治教育的正确引领下，促使学校校园文化建设始终坚持社会主义文化建设的方向，促进中华民族优秀传统文化的继承和弘扬；在文化建设中倡导和传播主旋律，使思想政治教育顺应时代发展需求，在推陈出新中形成巨大的影响力，为高校人才培养工作的开展做出积极的引导。例如在对校园文化进行建设的过程中，高校要注意结合思政教育的要求，尽量筛选能体现思政特征的中华民族传统文化、时代精神文化，明确校园文化建设的主题思想，凸显文化建设的特色，充分发挥思政引领作用。在实际工作中，高校可以筛选与中华民族传统美德相关的内容，在校园中采用校园广播故事会的方式向学生分享，使学生能受到中华传统美德思想的熏陶，在潜移默化中促进思想政治教育的实施；还可以挖掘与新时代工匠精神、航天精神相关的内容，以新时代先进的精神理念丰富思政建设的主要内容，提高校园文化建设对学生思想政治素养培养的综合影响力，深化学生的思想认识，在先进文化熏陶下促进学生正确人生观和价值观的树立，引导学生身心健康发展。

二、促进思政教育与文化建设协同

对于高校人才培养工作而言，人才综合素质的提升需要文化环境的熏陶，也离不开高校思政建设的合理化支持。因此在新时代背景下，高校要对思政建设与文化建设的内容进行准确的定位，有意识地促进二者融合发展，形成优势互补，在融会贯通中提高人才培养的整体质量。

首先，挖掘深层校园文化，夯实思政教学基础。高校校园文化活动与时代文化和时代精神的联系紧密，一般具有高层次、高活跃性的特点，能对复杂的社会文化生活状态进行集中的反映。高校校园文化中既蕴含着师生群体对人生价值和生命意义的思考，也蕴含着师生对现实生活的追寻，因此能表现出一定的哲学思想。从这一点进行分析，校园文化建设将塑造学生健康的人格，引导学生形成健康的心理状态作为主要目标，能为高校思想政治教育工作的开展提供有益补充，促进大思政发展格局的构建，从而提高思政教育工作的综合效果，促进高校人才培养质量的提升。

其次，丰富校园文化活动的形式，促进思政工作形式的创新。在发展校园文化活动的过程中，高校思政教师将校园文化建设作为基础，积极探索多元化、趣味化文化活动的构建，能在校园文化活动中潜移默化地渗透思政教育思想，引导学生树立正确的世界观、人生观和价值观，为学生的成长做出积极的引导。从这一点上看，丰富多彩的校园文化活动能承担促进思政教育有效渗透的重要任务，能对思政教育的改革创新产生重要影响，有助于促进思想政治教育灵活化发展，对学生的学习成长产生积极影响，从而促进学生在成长过程中实现全面发展的目标。

最后，突出校园文化建设特色，构建校园思想政治教育的品牌，增强高校育人的综合影响力。在促进校园文化建设与学校思政教育有效互动的过程中，高校重点对特色校园文化建设进行分析，突出校园文化的特色，挖掘丰富的教育资源开展校园文化建设活动，能进一步提升校园文化建设的综合影响力，促进思政教育工作的开展形成品牌效应，在学校思政教育实践中兼顾共性教育和个性教育，使学生的个性化思想成长需求得到满足，对学生做出积极的引导，切实维护学生全面发展，为高校大学生创造良好的学习和成长空间。

三、建立健全协同互动工作机制

高校在积极探索思政教育工作与校园文化建设工作协同互动发展的过程中，需要完善工作机制。一般情况下，对思政教育与校园文化互动机制建设的构建可以凸显思政教育科学严谨的特点，从多角度对组织机制进行创新，能为思政教育的有序开展和高校和谐校园文化的建设提供保障和支持，增强互动的和谐性和有效性，能为学校育人工作的开展和人才培养工作的全面创新提供强有力的支持。高校在积极探索思政教育与校园文化协同育人机制的过程中，需要有意识地保障高校思政教育的组织实施与学校和谐校园文化建设的载体、内容和主要方法保持一致性和协同性，从而促进二者实现有效互动，凸显协同育人效果，为高校人才培养工作的系统推进创造良好的条件，加快高校人才培养工作高质量、高效化发展的进程。

首先，高校应该积极构建思政教育与校园文化建设协同互动的动力支持机制，有意识地从利益驱动、政策推动以及心理影响驱动的角度使二者呈现出协同互动的发展状态。在利益驱动方面，学校可以尽量为参与校园文化建设的思政教师提供相应的物质激励和精神激励，调动教师参与二者协同互动的积极性；心理驱动主要是借助心理层面的教育引导，提高校园思政建设和文化建设协同推进参与者的思想信念，激发他们参与多元互动的热情；政策驱动主要是学校可以从思政教育与校园文化协同互动的视角，制定相关政策规定，为二者实现良性互动创造有利条件。

其次，高校需要构建思政教育与校园文化协同互动的运行机制，促进二者积极互动的作用得到充分发挥，显著增强思政教育与和谐校园文化建设协同发展的长效性和系统性。在实际工作中，高校应该尽量从二者协同互动的角度提供软硬件设施的支持，完善思政教育机制，强化校园文化体系建设，对教师的互动观念进行有效的培养，使师生能共同参与到思政教育与校园文化建设的协同互动工作中，提高互动效果，为高校育人工作的优化开展奠定基础。

最后，高校要构建思政教育与校园文化协同互动的保障机制，从精神保障和物质保障角度入手维护协同互动工作的开展；同时要注意完善二者协同互动的组织架构和制度体系，尽量发挥监督保障、制度保障、经费保障和组织保障的作用，为思政教育与高校和谐校园文化互动体系的构建提供多方位的支持，保障协同互动的完整性和有效性，真正为学生创造良好的学习和成长空间，提高高校人才培养工作的整体效果。

四、注重校风学风增添文化活动

第一，教风建设需要得到重视。作为教学活动中的重要参与者，教师的能力素质以及作风，不仅会影响到教学的效果，也会影响到学生的发展，如果教师拥有非常好的教风，那么也能够促进校风的形成和建设。高校教师指导高校校园文化环境建设活动只靠说教是行不通的，而需要教师不断进行自我约束和规范，通过科学的评价反馈，在实践中总结形成。首先，高校要从政治素养方面对教师进行培养，要让教师能够学习社会主义价值体系，并以此来武装自己。其次，高校要从思想品德方面对教师进行培养，高校教师起到的是一个教书育人的作用，所以首先在道德品行方面就需要保持高尚，这样才能够在约束自己言行的同时，对学生起到积极正面的示范和引导作用。再次，要不断地促进教师专业能力的提高。教学目标的实现需要教师教学水平的提高，这也意味着教师要从知识方面进行不断的补充和更新，在教学方面要不断地提高自己的专业能力；要能够与时俱进地采用一些新的方法和理念来展开教学。最后高校要建立完善的制度体系，对教师的行为规范、思想品德、教学水平等进行评价，从而起到一个激励管理的作用。

第二，要建设积极向上的学风。一所学校的学风可以体现出学校领导作风，也可以体现出学校教师教风，要建设出优良学风，需要各方面的共同努力，但是最终的落脚点还是大学生。高校应该从思想方面对大学生进行教育，让其能够在学习方面养成好的习惯，进而拥有崇高理想。对大学生的培养教育应该是从细节着手，在点滴之间让学生掌握学习方法，提高学习能力，养成优良习惯，拥有坚定意志。学校要发挥出教师的引导作用，制度的规范作用，以及氛围的感染作用，让学生在校期间能够拥有好的态度、习惯。校园文化环境建设并不是一蹴而就的，而是需要经历漫长的时间，需要不断去建设完善，调整改进，这也意味着这项工作是需要高校各个部门的共同努力，从中长期的角度来进行合理的规划，才能够最终完成的。除了师生之外，还需要发挥出学校各部门各人员的积极作用，尤其是管理人员和教师代表的作用，在这个建设的过程中，还需要不断地对教育理念进行更新，不断地壮大建设队伍，才能够实现校园文化环境的积极建设。

第三，也要积极开展健康的校园文化活动。通过组织和开展积极健康、具有高质量和教育作用的校园文化活动，在整个高校内营造出一种有利于校园文化建设的良好氛围。首先，对于校园文化活动，高校要给予支持，要尽量多组织开展一些丰富多样、健康积极的校园文化活动。同时要利用现代化的信息网络、科学技术、新媒体等，来对校园文化活动进行不断的丰富和创新。其次，校园文化活动既要有教育作用，又要带有娱乐性质，能够吸引大学生的兴趣，高校要真正能够从大学生的需求以及实际生活方面，来对校园文化活动的内容进行选择形式进行设计，校园文化活动不仅要健康积极，而且还要具有教育意义。再次，作为校园文化活动的载体，社团应该接受高校管理。有些社团活动是比较低俗的，而且只有娱乐效果并没有教育意义,不能够满足校园文化建设的需求。对于这类社团,高校应该进行严格管理,必要的时候要取缔。最后,为了能够保证校园文化活动是丰富多彩的,策划人员应该积极地听取各方面的建议,要不断地对活动的内容以及组织的方式进行创新,要让校园文化活动对大学生有更强的吸引力,能够丰富其校园生活,让大学生通过校园文化活动能够学到更多课本之外的知识和技能,拓宽视野的同时开阔心胸,产生积极正确的价值观。

五、构建和谐校园文化和思政文化

随着高校招生规模不断扩大,学生来自全国各地,校园氛围深受不同区域文化的影响,思想文化也凸显了个性化特征。高校要创建积极和谐的校园文化气氛,让学生在耳濡目染中对思政教育有新的认知,促进学生思想认知和政治素养的提升。校园文化建设中,高校应根据不同的地域文化,构建多元文化的精神文明,进而促进学校各项工作的开展。高校思政教育需深度融合校园文化,围绕校园文化塑造积极的校园氛围。学校可开展丰富的文化活动,不断提高学生的情操及实践创新能力,让学生在实践过程中感受校园文化与思政教育积极的引导作用。在建设和谐校园文化环境的过程中,高校要注意有意识地结合和谐校园文化的建设发展方向对高校人才培养工作进行准确定位,使和谐校园文化建设工作的开展能为思政建设工作做出积极的引导,从而提高人才培养效果,促进人才培养工作的系统推进,实现协同育人目标。在具体工作中,高校应对和谐校园文化建设工作的内涵进行充分挖掘,在开展校园文化环境建设的过程中,使文化内涵与思政教育、理想信念教育、价值取向教育等有机融合,营造适合高校师生群体身心健康发展的成长环境。高质量校园文化建设体系,有利于对思政教育工作进行全面改革创新,从而贴近学生的实际生活,促进育人工作的开展,保障和谐校园文化与思政教育工作的开展,为高校教育工作的全面推进奠定坚实的基础。

第四节 职业生涯指导中的思想政治教育

一、在课程设置上呈现科学性

一是学校和教师要保障学生职业生涯规划教育与思想政治教育结合内容的实效性。高校和教师在对二者进行结合时,对内容的选择和设置既要保有理论深度,不能脱离理论性，又要与学生的实际发展需求相契合。也就是说，教学内容的选择和设定除了要考虑到是否富含理论知识，还要注意灵活结合学生的实际发展需求。例如可根据师范生今后的教师职业要求进行教师职业道德、职业心理健康、劳动法治教育等方面内容的选取和教授，让学生提前具备教师职业道德认知，培养健康的职业心理以及树立法制观念等。另外，选取和设置的内容还应当具有一定的趣味性，例如可以借用学生身边的人物事迹或众所周知名人大事来作为典型案例进行分析，以通俗易懂的内容带出理论知识和总结汲取经验，从而来加深学生对职业生涯规划教育与思想政治教育相关知识的理解，以此来吸引学生的注意力，激发学生的学习兴趣和学习积极性。

二是学校和教师要注重学生职业生涯规划教育与思想政治教育结合内容的阶段性。学生不仅受到学校教育、家庭教育、社会教育等外部形式的教育，还受到来自内部的自我教育。伴随着年级的提升，其心智都处在发展过程之中，加之职业生涯规划教育与思想政治教育的结合，其内容不是在短时间之内就能发挥其效能的，因此更需要对学生职业生涯规划教育与思想政治教育的结合内容的阶段性提高关注。根据不同时期学生的思想认知水平情况，职业生涯规划教育的不同时期可以结合对应的思想政治教育内容。例如可以把学生在校学习的时间划分为四个阶段，并进行该阶段的针对性教育：对大一新生，可以实行理想信念教育，引导学生坚定理想信念，提高思想道德素质，提前形成职业观；对大二的学生，实行职业道德教育和劳动法治教育，促使学生树立正确的职业道德观和法律意识，对自己未来的职业加深责任认知，并严格要求和规范自我；对大三的学生，对其实行心理健康教育，培养学生过硬的心理素质；对大四的学生，对其实行择业观和就业观教育，引导即将毕业的学生对自己的职业问题进行全面深入的考量并向着实现个人价值和社会价值的统一迈进。值得一提的是，在四年的四个阶段中应该将思想政治教育和学生技能教育贯穿其中，一来保障职业生涯规划的落实顺应思想政治教育的大方向，二来能够确保夯实和提高学生的专业素质。

三是学校和教师要提高职业生涯规划教育与思想政治教育结合内容的系统性。以上对结合内容的阶段性进行了阐述，但是阶段性并没有把结合内容之间存在的关联性割裂、孤立开来，而是根据学生的发展情况做出不同时期的内容上的合理分配。阶段性的实施其实要回归于系统性，最终一同服务于学生的发展。职业生涯规划的内容是一环扣一环的，各个环节之间讲求一定的步骤，具有较强的逻辑性，因而要遵从一定的步骤和逻辑，逐个环节进行讲解，只有做好了具有阶段性的各个部分的内容，才能实现"要素—系统"的联动。例如在前文举例把学生在校学习时间划分为四个阶段进行不同阶段的针对性教育的同时，还要注意阶段内容之间的关系，使得各个阶段的教育内容相互作用，做好内容的系统性联结，为促进学生的发展发挥整体效用。也就是说，结合的内容不仅要按照阶段性逐一开展，还要保障各个阶段结合内容的衔接，从而实现结合内容的系统性。此外，思想政治教育要根据教学需要以及学生的发展需要进行内容的结合，以确保把握职业生涯规划教育的方向以及拓展思想政治教育的涉及面。

二、充分利用第二课堂传播正能量

第二课堂是指由学校组织开设的促进学生全面发展的各种校园文化活动，如文体活动、志愿活动、创新创业、勤工俭学等，能够充分发挥学生个人才能，锻炼综合能力，是第一课堂的补充与扩展，是高校进行思政教育的重要载体。形式上，其不局限于课堂教学，形式多样、丰富多彩；内容上，它源于教材又不限于教材；空间上，其可以在教室，也可以在操场，可以在校内，也可以在社会、家庭开展。

第一，职业生涯教育与文体活动相结合。高校要积极开展有关"职业生涯光荣"的主题教育活动，培育热爱职业生涯、崇尚职业生涯的校园文化氛围。如举办"大学生职业生涯比赛"，邀请企事业模范、先进工作者、企业家等先进模范典型人物到校做专题报告、讲座、体验活动等，强化学生的直观体验、面对面交流，更具说服力、感染力。

第二，职业生涯教育与志愿活动相结合。志愿活动是大学生树立正确人生观、世界观、价值观的重要渠道，对青年成人成才起着重要的塑造作用，学生通过义务职业生涯，公益实践能够养成良好的职业生涯习惯与职业生涯技能，实现"在做中学""在学中做"，不断成长进步、全面发展。高校应积极开展职业生涯型志愿服务，通过暑期三下乡活动、校园勤工俭学、社区公益、爱心支教等形式加强职业生涯教育，强化育人功能。

第三，职业生涯教育与创新创业相结合。创新创业教育是职业生涯教育中富有创新性、富有创造性的部分，二者是相互包含的两种教育：在职业生涯教育中既能体会职业生涯的快乐幸福，又能刺激学生自主思考，产生创新性的想法；创新创业教育培养学生的创新思维与创造能力，启发学生进行创造性职业生涯，产生创造性职业生涯成果。高校要依托大学生创新创业训练计划、"互联网+"大学生创新创业竞赛、"挑战杯"等创新创业活动，搭建双创教育的劳育大平台，让学生发扬创新精神、进行创新实践、实现创新创造，助力建设创新型中国。

三、在教学过程中运用多样的结合方法

一是在理论课时的基础上增加实践课时以实现理论教学与实践教学相结合。从本质上来说，职业生涯规划教育与思想政治教育都不只是纯理论的科学，二者都是既富有知识性又具有生活性的科学，不仅仅需要使用传统的理论教学方法传输理论知识，还需要将这些理论知识推及和运用于生活实践，这就需要教师在教学过程中善于巧妙运用多种多样的方法，也就是在讲好理论课的同时还要注意进一步提高实践教学在整个教学过程中的参与比重。首先，就理论教学来说，教师应该运用多样的教学方法，除了运用传统的理论灌输的讲授法，还可以适当增加诸如讨论法、自主学习法、练习法等其他教学方法，充分调动课堂气氛，吸引学生的注意力和兴趣，引导学生积极参与其中，发挥学生的主观能动性，变枯燥的课堂为生动有趣的双向互动课堂。例如对学生进行教师职业道德教育时，不能只靠教师讲解，还可以运用思想政治教育的实践锻炼法，根据学校和学生实际开展诸如专业实习、学生技能比赛等实践活动，让学生参与其中，发挥其在此过程中的主体地位，还可以运用思想政治教育的示范教育法，充分发挥典型人物和事迹示范的示范作用，引导学生对照、学习、效仿。其次，就实践教学来说，要组织开展实践教学活动以及测评互动，例如在校内举办职业生涯周活动，让学生在活动过程中加深对职业生涯规划的认识，引导学生根据自身情况开展职业生涯规划；可以通过组织学生进行职业测评，帮助学生加深对于自己职业的认知，根据职业目标进行适当调整和改善；还可以通过随堂模拟讲课、组织学生参加学生技能比赛等形式，多方位发挥实践教学的作用。此外，还要构建学生职业生涯规划教育和思想政治教育的实践教学平台，以此增加实践教学的途径。最后，就理论教学与实践教学相结合来说，在开展职业生涯规划教育与思想政治教育时，学校要结合理论学习开展相关实践，使学生通过实践运用并验证理论，加深对理论的认知，使学生成为理论知识和实践经验兼具、符合社会需要的人才后备力量。

二是充分发挥网络载体的作用。大学生对于高科技知识和高科技手段是最为关注和喜爱的，他们是接受信息最快的青年团体。在思想政治教育工作中，高校要联系学生的实际情况开展工作，采用符合大学生的方式。利用信息化手段和高新技术成果来对学生进行教育和管理，采用不同的渠道和方法，去故就新，使思想教育工作符合当前时代的特点，体现出教育手段的信息化和现代化特点。网络载体具有丰富的信息存量，加之其更新和传播也极为迅捷和方便，深受学生们的喜爱和关注，能够抓住学生的心思和兴趣点，这启示教育工作者可以顺势借助网

络的丰富形式来将二者有机地结合起来。一方面可以在理论教学与实践教学相结合的基础上，开展网络辅学。在学校的网课系统中设置针对学生的职业生涯规划、职业道德教育、专业技能培训等相关课程，在线下课程的基础上进行内容上的扩充和深度上的延伸，进一步帮助学生全面把握职业生涯规划与思想政治教育的相关理论知识与实践经验。另一方面是可以借助网络的力量通过社交软件把涉及面和覆盖面拓宽。如：组织学生从步入校园之初就关注学校与就业有关的微信公众号，在公众号中发布关于就业政策、就业形势以及招考聘用等信息，以便学生对自己今后即将面对的就业处境有一个提前感知。学校可以整理和总结近些年招聘单位对学生的详细要求以及往年优秀毕业生的经验，形成文章推送给学生供其阅读参考，鞭策学生根据自己的优势和不足做出调整与改进，做出相应的职业生涯规划并付诸实践；还可以设置职业生涯规划与思想政治教育结合的模块，发布有关文章或推送学校组织的线上教育活动来增强学生的职业生涯规划意识、思想道德品质和政治素养。此外，学校还可以建立微信群和QQ群，在闲暇之余让学生与教师、教师与教师以及学生之间互动起来，就职业生涯规划与思想政治教育展开讨论与学习，这样一来既方便了学生与教师之间的交流与学习，实现了教师与教师之间思想的对接与碰撞，也联络了各个学生的学习情况。

四、高品质实施课程融合方案

第一，提升课程高度，培养社会主义事业建设者和接班人。学校将国家和大学生就业最新形势与政策等有机融入课程教学内容中，引导学生将个人职业选择与服务国家战略、服务地方经济社会发展相统一，到祖国最需要的地方建功立业，有助于涵养学生的家国情怀。近年来，共享经济、在线教育、远程医疗、线上零售、自媒体平台等迅速崛起，涌现了互联网营销师、信息安全测试员、公众号博主、电子竞技工作者等新兴职业。在课程教学中，学校引导学生结合个人的专业特长以及兴趣爱好，主动适应国家经济社会发展的新变化，进行多元化职业选择。课程还结合时事热点和身边榜样，把体现社会主义核心价值观的人物事迹在课堂上以案例式教学等方式传授给学生，融入新时代需要的职业精神，致力于将学生培养成为中国特色社会主义事业的合格建设者和可靠接班人。例如，将抗击新冠肺炎疫情中涌现出的先进个人和集体事迹、投身西部和基层就业的毕业生典型等鲜活案例融入职业品质模块的讲述中，引导学生产生共鸣，有助于激发学生培养新时代需要的职业精神和强烈的爱国主义情感。

第二，挖掘课程深度，引导学生进行自我教育。学校通过集体备课、课程研讨等方式，提升了师资团队的专业素养和授课水平，打造了一支思想素质过硬、授课业务精湛、善于改革创新、理论功底深厚的教学团队。教师在授课过程中表现出来的治学严谨、认真投入的精神面貌，发挥了榜样示范作用，从而对学生产生潜移默化的影响，有助于培养学生的爱岗敬业精神。课程教学团队通过师资培训、考察交流、教学观摩、轮流授课等方式精心设计课堂内容，将思想政治教育元素有机融入课程的关键环节，使思想政治教育润物无声。在授课过程中深入推进"以学生为本"的教育教学理念，通过翻转课堂、实践教学等方式激发学生关注自身成长的积极性，有助于引导学生进行自我启发、自我教育、自我提升。

第三，增强课程精度，满足学生个体差异化需求。学校紧紧围绕办学宗旨和各专业人才培养目标，将专业伦理教育、爱国主义教育、就业价值观引导、就业心理调适等内容融合到职业发展教育课程中，有助于从多角度提升学生的职业品质和职业道德修养。另外，针对不同专业背景、不同学历年级的学生进行行业道德规范教育和引导，更符合教育引导的学科性、阶段性规律。为满足不同学生群体的差异化需求，课程教学还通过个体咨询辅导等方式，实现精准施教，增强了课程实效性和针对性，提升了学生的获得感。

第四，保障课程效度，全方位提升课程教学质量。教师的教学水平对课程教学质量起着关键性作用。学校重视师资队伍的培育和建设，对其进行分阶段、分层次、专业化、多维度培训，从而提升师资力量，提高教学水平，对促进大学生职业发展教育与思想政治教育深度融合起到关键作用。学校加强教学督导，安排相关领域专家对课程进行专项督导和评估，学生对课程进行评价和反馈，教师对选课学生进行后续跟踪，了解毕业生入职后发展状况，将毕业生和用人单位调查的数据反馈到教学环节，为课程教学质量提供有力保障；学校建立课程激励机制，通过教学成果奖评定、辅导员职称评审单列、就业工作绩效考核奖励等制度，为课程教学提供激励机制保障。

参考文献

[1] 钮丽.新时代背景下大学生思想政治教育目标建构设想[J].南方职业教育学刊,2021,11(03):103—109.

[2] 陈思颖."微时代"背景下大学生思想政治"微"教育体系构建[J].办公自动化,2021,26(09):39—40.

[3] 郭璐洁.论新时代大学生思想政治课程创新发展的基本遵循[J].吉林工程技术师范学院学报,2021,37(03):14—16.

[4] 张学凤.新时代视障大学生思想政治教育的理论探讨[J].产业与科技论坛,2021,20(03):153—155.

[5] 赵贵臣.大学生思想政治教育制度体系的优化策略[J].思想理论教育导刊,2021(01):114—118.

[6] 王丽.大学生思想政治教育价值定位[J].湖北文理学院学报,2020,41(12):59—63.

[7] 施春梅.新时期大学生思想政治教育认知结构研究[D].长春:东北师范大学,2020.

[8] 王纪鹏,邢瑞娟.新时代大学生思想政治现状调查与分析[J].重庆科技学院学报(社会科学版),2020(06):9—12+29.

[9] 史艳楠,刘宇轩,赵强,等.新时代大学生思想政治教育工作的创新与实践研究[J].文化创新比较研究,2020,4(32):7—9.

[10] 朱宏强.大学生思想政治教育获得感的时代蕴涵[J].学校党建与思想教育,2020(21):31—34.

[11] 浦昆华,李东明.大学生思想政治状况调查分析[J].学园,2020,13(28):79—80.

[12] 张敬玲.大学生思想政治教育现状及对策研究[J].大陆桥视野,2020(09):130—131.

[13] 赵贵臣,张楚楚.大学生思想政治教育制度体系的结构解析及其反馈机制[J].现代教育科学,2020(05):90—95.

[14] 曾琳方.立德树人背景下大学生思想政治素养提升路径浅析[J].科教导

刊（下旬刊），2020（24）：87—89.

[15] 莫春菊.人类命运共同体视域下大学生思想政治教育研究[J].江苏高教，2020（08）：119—124.

[16] 张莉.新时代大学生思想政治素养状况与教育引导路径[J].百色学院学报，2020，33（04）：134—136.

[17] 袁波.网络环境下共青团对大学生思想政治引领探析[J].黑河学刊，2020（04）：107—108.

[18] 陈锦全.高校大学生网络思想政治教育现状与对策研究[J].教育教学论坛，2020（29）：58—59.

[19] 何辉.新媒体时代给大学生思想政治教育工作带来的影响[J].科技风，2020（18）：273+276.

[20] 邓晶.文化发展视域下的大学生思想政治教育对策[J].农家参谋，2020（15）：157.

[21] 蒋姗莎."微时代"大学生思想政治教育探究[J].公关世界，2020（08）：114—116.

[22] 汪峰.融媒体时代大学生思想政治理论教育创新路径研究[J].宿州学院学报，2020，35（03）：12—15.

[23] 王华.大学生思想政治教育质量提升的理论研究[J].佳木斯职业学院学报，2020，36（02）：41—42.

[24] 保莎，于炎，廖文群.大学生思想政治教育的网络生态建构研究[J].湖北开放职业学院学报，2020，33（03）：89—90+93.

[25] 黄万获.增强新时期大学生思想政治教育实效性的三个创新维度[J].高教论坛，2020（01）：5—7+21.

[26] 刘建军.新时期思想政治工作创新研究[M].北京：中国人民大学出版社：马克思主义研究丛书，2018.

[27] 吴潜涛.思想政治教育教学与研究[M].北京：中国人民大学出版社：高校马克思主义理论教学与研究文库，2018.

[28] 汪铮.大学生思想政治教育研究[M].成都：西南交通大学出版社，2017.

[29] 陈晓东，吴晓明.大学生思想政治教育创新研究[M].北京：新华出版社，2015.

[30] 张季菁.文化视野中的大学生思想政治教育[M].银川：宁夏人民出版社，2009.